共感覚

もっとも奇妙な知覚世界

John Harrison
SYNAESTHESIA *The Strangest Thing*

ジョン・ハリソン
松尾香弥子★訳

新曜社

John Harrison
SYNAESTHESIA
The Strangest Thing

Published in the United States
by Oxford University Press Inc., New York

Synaesthesia — The Strangest Thing was
originally published in English in 2001.
This translation is published by arrangement
with Oxford University Press.
原著 *Synaesthesia — The Strangest Thing* は 2001 年に
英語で出版された。本翻訳書は、オックスフォード大学
出版局との取り決めにもとづき出版された。

図版 1　共感覚者エリザベス・スチュアート - ジョーンズさんが描いたハロルド・ピンター（左）とアラン・エイクボーン（右）の「肖像画」[ともにイギリスの劇作家]。
©Elizabeth Stewart-Jones

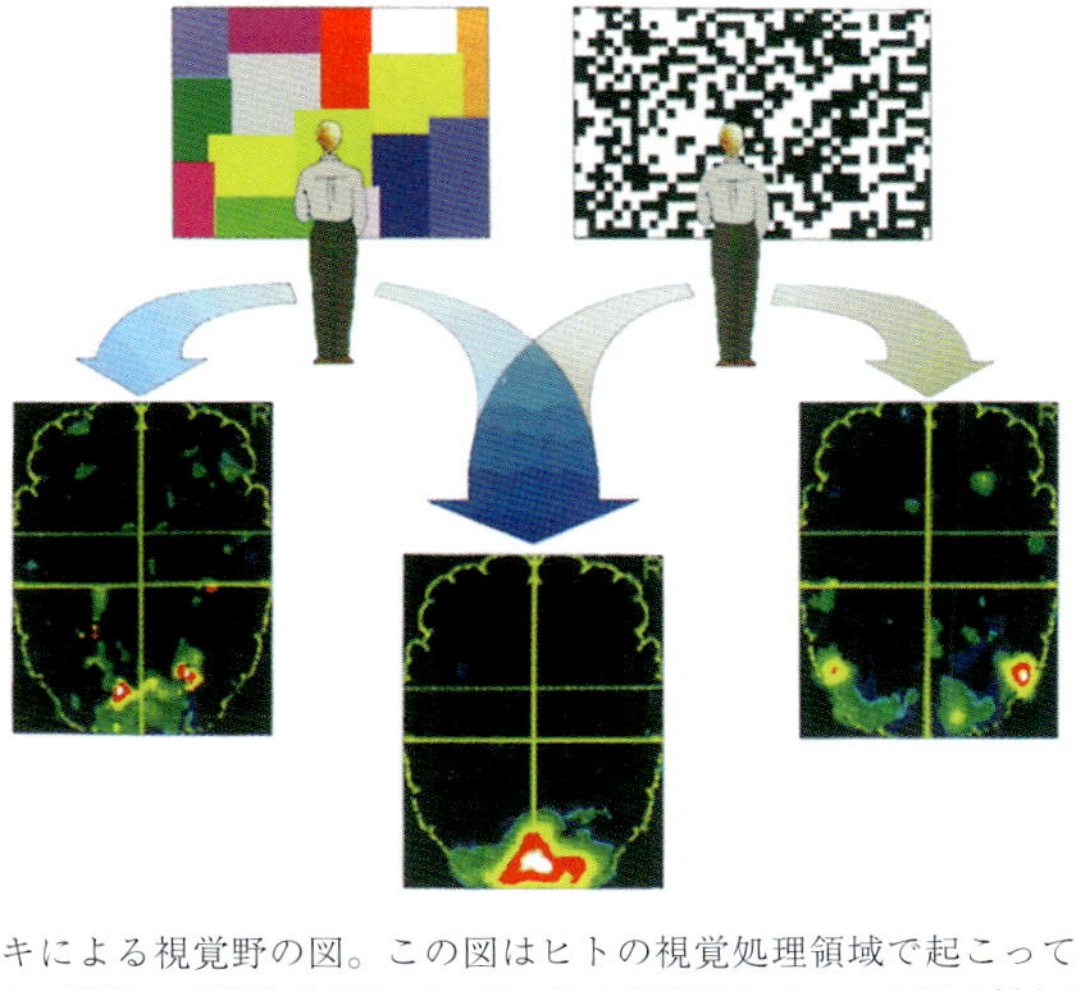

図版 2　ゼキによる視覚野の図。この図はヒトの視覚処理領域で起こっていることが知られている，機能の専門化を示している。色の処理はヒトの V4 野で行われているし，動きの処理はヒトの V5 でなされている。網膜に由来するすべての視覚刺激は一次視覚野 V1 と V2 で処理される。La Recherche の許可により転載。（p.77　図 8 参照）

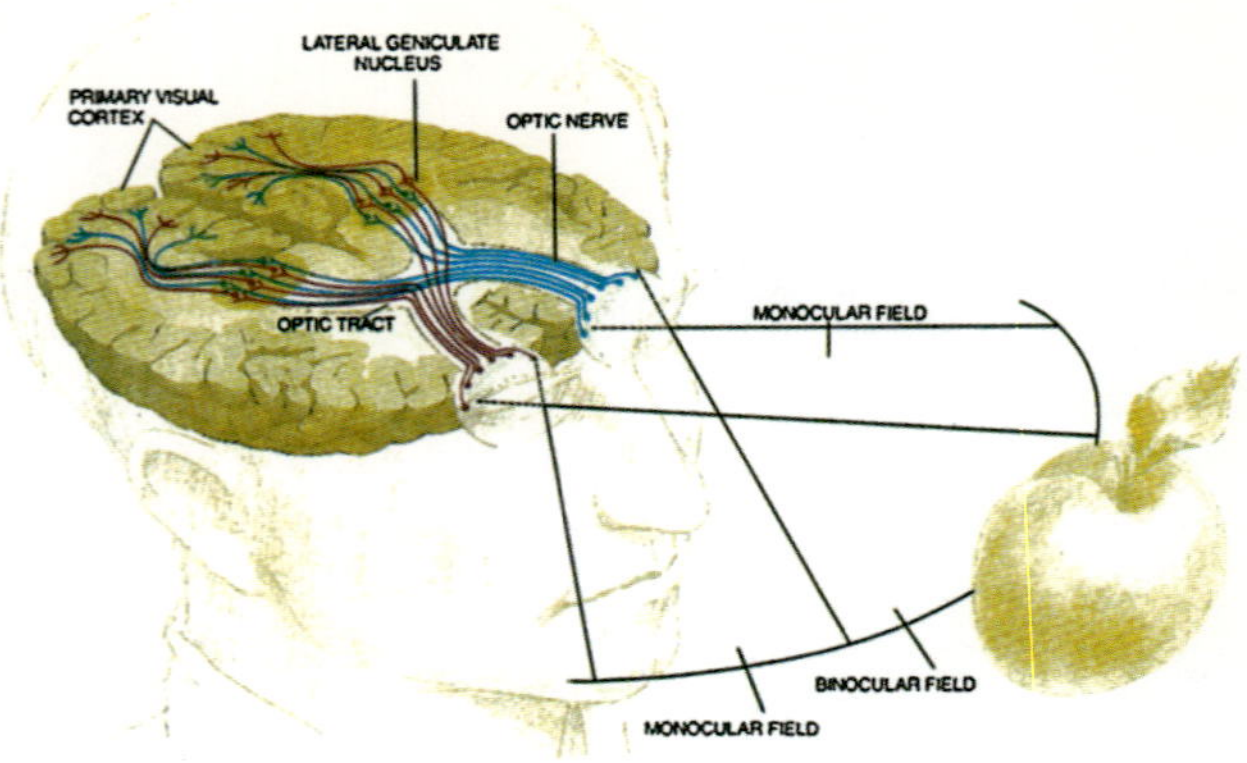

図版 3　成人の視覚経路には神経繊維（軸索）の分離が見られる。右目に対応している神経繊維を赤で，左目に対応している神経繊維を青で示す。それぞれの目における，網膜上の隣り合った視細胞は，神経繊維を外側膝状体の隣り合った神経細胞に送る。同様にして，外側膝状体の神経細胞は視覚皮質に対応関係を保って神経繊維を伸ばす。視覚システムは位置の点で整然としたパターンを成しており，両眼視を可能とする仕組みの一部を形成している。（p.119　図 11 参照）

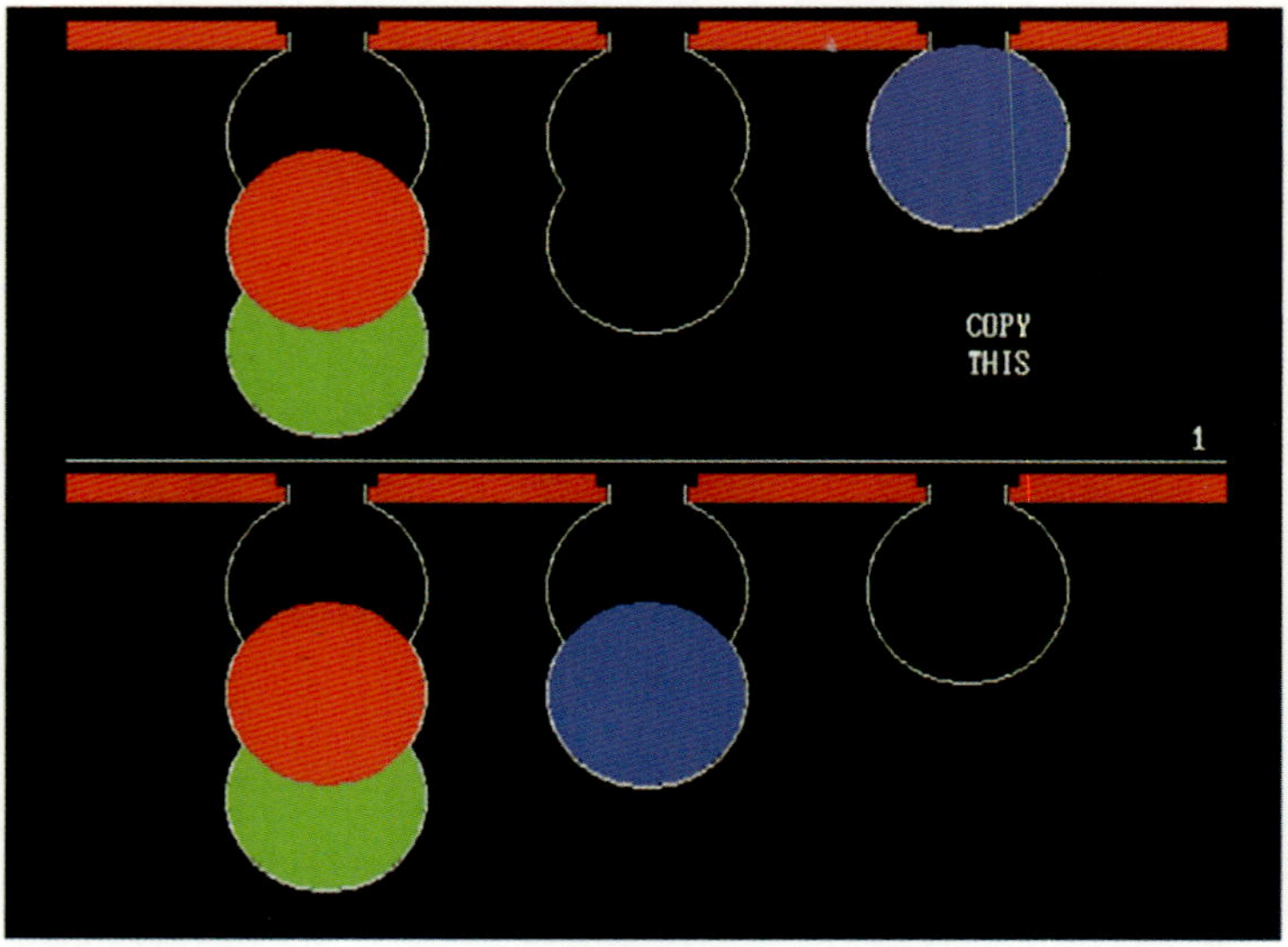

図版 4　（右ページ下）ロンドン塔パズル。ロンドン塔パズル（しばしばバラモンの塔とかこの世の終わりパズルなどとも呼ばれる；訳注　ハノイの塔とも呼ばれる）は，1883年，フランスの数学者エドワール・リュカ（Edouard Lucas）によって考案された。リュカは，あるヒンドゥーの寺院では若い僧たちの精神修養のためにピラミッド型のパズルを用いている，という言い伝えにヒントを得た。言い伝えでは，寺院の僧たちは，この世の始めに64枚からなる金の円盤一積みを与えられた。円盤は上にいくほど少しずつ小さくなっている。僧たちの仕事は，64の円盤を三つの柱のうちのひとつから他の柱へと移し替えることであったが，ひとつ重要な決まりがあった。大きい円盤は，より小さい円盤の上には決してのせてはならない，というのである。伝説によれば，僧たちがこの仕事を終えたとき，寺院は粉々に崩れ去り，世界は消える，という。図の例では，被験者の課題は次のようである：「画面の下半分の絵の中のボールを動かして，上半分と同じようにしてください。」これはボールをひとつ動かす課題例で，真ん中のポケットのボールを右端のポケットに入れさえすればよい。CeNeS Pharmaceuticalsの許可を得て転載。（p.273　図35参照）

科学では、もっとも奇妙なことを取り上げて、
それを徹底的に探求しなさい

本書に寄せて

この本はじつに時宜にかなっている。ジョン・ハリソンと私が１９９０年代に共感覚の共同研究を始めたころは、まだ共感覚はずいぶんと論議を呼ぶトピックだった。大方の神経科学者は、共感覚について、あるいはこの現象が科学理論に果たす意義について、真面目に取り上げようとはしなかった。というのも、共感覚に関する科学的根拠がまだ薄弱だったからだ。十年たつと状況は大きく変化したが、それは証拠が集まり出したからだ。

ジョン・ハリソンは、共感覚を歴史と科学の両面から、学術的でありながら親しみやすい本に書き上げた。共感覚を説明しようとしているさまざまな理論を、公平に扱っている。新発見の手掛かりを得た研究者の興奮を伝えてくれ、読んでいる方まで興奮してしまう。本書が次世代の科学者を触発し、この魅惑的な心理学的・神経学的状態について、さらに学ぶという挑戦に応じて欲しいものだ。

著者は、典型的でないものについて研究することが、典型的な機能に光を投げかけることがあるということをよく知っている。著者のこのテーマの書きぶりには、なぜある人々には共感覚が恵まれているのか、という問題と同じぐらい、なぜそうでない私たちにはこの能力が欠けているのかを理解しようと、心を砕いているのがよくわかる。これはつまり、なぜ私たちの知覚はモジュール式になっていると思われるのか、という問いだ。

研究者仲間にとって触発されるものであることはもちろんだが、それ以上にこの本は、私たちはこの世界を皆、同じ仕方で経験しているのではないという、重要だけれどもつい見過ごされがちな点を、一般の人々に教えることにも大いに貢献するだろう。この本で、共感覚が存在する、ということへの認識が高まるだけではなく、差異に寛容になるという大切な雰囲気が醸し出され、そうして共感覚をもつ人たちが自分は異常だと不名誉に感じたり、病気だと思ったりすることがないようになるだろう。共感覚者の知覚はまったくそんなことはなくて、単に他の人とは違っているというだけであり、多くの場合、より豊かであると言える。幸いなことに、さまざまな形式の共感覚が何らかの不具合を生じさせるのは、非常に稀な場合に限られている（そしてそういった稀な事例から、感覚同士が別々に切り離されていることが時にはなぜ重要なのかを学ぶことができるだろう）。ほとんどの場合、共感覚者は共感覚から逃れたいと望んだりしないのであり、どちらかと言えば、われわれ残りの者が個別の感覚しか持たない存在として生活を送っているのを、やや気の毒に感じているだろう。またおそらくこの有益な本は、今まで自分の感覚状態に名前があることを知らずにいた多くの人々にとって、ああそうだったのかと腑に落ちる思いがするだろうし、自分と同じ性質を持つ人々もいるのだとわかるだろう。こういうすべての理由で、本書には本当に高い価値がある。

共感覚の理解がずいぶん進んだとはいっても、どんな科学でも歴史の目から見れば、十年や二十年などほんの一瞬に過ぎないことを、心に留めておくべきだ。このジョン・ハリソンの本が触媒となって、われわれの理解に新しい発見が付け加わることを期待している。

サイモン・バロン - コーエン
ケンブリッジ大学　実験心理学精神医学部
英国　ケンブリッジ　ダウニング街　CB2 3EB

共感覚　目次

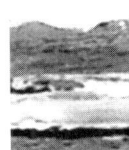

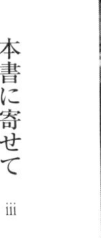

装幀＝加藤俊二

謝辞

十年前、私は共感覚の研究に参加する機会を与えられました。当時、共感覚は「ロマン派の神経学」と見なされていて、しばしば、一体全体、共感覚とは何なのか、と訊ねられ、説明しなければなりませんでした。十年の歳月が経ち、共感覚のことを知っている神経科学者や一般の人々が出てきたことを大変嬉しく思います。この変化の理由のひとつは、共感覚研究が新聞やラジオ、テレビ、マルチメディアで報道されるようになったからです。こういった報道は私たちにはきわめて有益で、報道に接した共感覚者が連絡をくれ、多くの場合研究を助けてくれました。これらの一群の人々は、国際共感覚協会の賛助により、今では共感覚者仲間と共感覚について議論する機会を持つようになりました。この本を書く過程で、喜んで私たちと経験を共有しようとしてくださったことに、心からの感謝の気持ちを申し上げます。皆さん本当にありがとう。

本書は基本的には共感覚研究の時間軸に沿って構成しています。まず時のかなたから始め、現在と近い将来で終わっています。私たちの研究はこの間を通じて主な方法論を変えてきましたが、これが幸いして、時の流れを妨げることなく、それぞれの章で私たちの研究の異なった側面を扱うことができました。すなわち、本書はまず歴史的な概念から始まって、次に心理学的な単一事例研究と集団の研究に進みます。次に心理学から解剖学（脳部位の研究）へと進み、さらに生理学（脳部位間のつながりの研究）へと進みます。脳部位と脳部位のつながり、および、脳部位と行動とのつながりの両方を、本書の終わりにかけて論じます。またその結合を形成する仕方を決定している可能性がある、遺伝的な影響についても論じます。

本書を執筆したのにはいくつかの目的があります。まず最大の目的は、共感覚について書くことです。しかしまた、ある種の技術指南書とする目的もあって、私たちが研究に用いてきたさまざまな手法について説明したいと思います。本書にこういう側面を加えることで、関心のある一般読者に、現在、神経科学者が使用することの可能な技術のおおよそをご理解いただけるでしょう。それから、面白い雑学情報も盛り込みました。私にとって読んで最も楽しい本はというと、しょっちゅう心の中で「そりゃあ面白い」とか「へーえ、そんなこと知らなかった」とつぶやかせてくれるような本なのです。この本をお読みになる間、少なくとも一回くらいは、これと似た心の働きが起こって欲しいものです。それから、「もっと早く知りたかったなあと思う事柄」と書けば最もよく言い表せるようなことについてのちょっとした情報も、盛り込みました。これは私が職業としている神経科学に特に関わる内容なので、これから心理学や神経科学の研究に乗り出そうとしている人々に特に役立つだろうと思います。そうでない方々にもまた、これらの情報を有用と思っていただければと願っています。

このまえがきは、この十年間、ともに研究に携わってきた人々への感謝を記す絶好の機会でもあります。まず私が感謝すべき最大の人は、サイモン・バロン‐コーエンで、１９８９年の夏、共感覚に、そして共感覚者に引き合わせてくれました。サイモンの指導は、興味をかきたて、示唆に富む刺激的なもので、しばしばその勤勉さと思考の明晰さに敬服の念を抱かずにいられないものでした。これまで感謝の気持ちをきちんと言い表わす機会がなく、その共感覚の科学に与えてきた影響力を称える機会もありませんでした。精神医学研究所に行くことになって、サイモンとローラ・ゴールドシュタイン博士の下で勉強したことは、私の一連の幸運の始まりでした。１９８９年から１９９９年にかけて、イギリスの神経科学分野の最も卓越した人々の何人かと一緒に研究し、交流する機会に恵まれました。今、それらの人々のお名前をすべて挙げることは不可能ですが、次の方々のお名前をあげて感謝しないならそれは怠慢というものでしょう。王立ロンドン病院にいた間、私の博士号取得研究のスーパーバイザーをしてくださった、レスリー・ヘンダーソン教授、クリストファー・ケナード教授、スーザン・グッドリッチ博士のご指導と英知の恩恵に浴すという計り知れない幸運がありました。特にレスリーは限りない強い励ましと忍耐を示してくださいましたが、それは時として困難なものであったに違いありません。教授は今でも私が科学的な面で最も恩義を受けている方です。クリスチャン・リュ一ク博士とマルコム・ホーケンも、王立ロンドン病院時代に励ましと刺激を与えてくれた人々です。後に、チャリング・クロス・アンド・ウェストミンスター医学校で、卓越した科学者集団とともに研究する恩恵を得ました。その中でも特に感謝すべきは、アイリーン・ジョイス博士、リチャード・ワイズ博士、リズ・ワーバートン博士、ジョン・ウェイド博士、ドナ・コールストン博士、ティム・マシューズさんです。ハマースミス病院、英国医学研究審議会のサイクロトロン・ユニットで客員研究員になったこともやはり、イギリスの神経科学分野の粒よりの人々に囲まれる機縁となりました。特に、リチャード・フラコウィアク教授、デイヴィッド・ブルックス教授、クリス・フリス教授、セミール・ゼキ教授、エラルド・ポーレス博士、キャシー・プライス博士、ハリー・ジェンキンズ博士に感謝します。また長い撮影時間を非常に楽しいものにしてくださった放射線技師の皆さんにも感謝します。

ケンブリッジ大学で、卓越した研究者であるパトリック・ボルトン博士の下で働いていた間、数々の有益で博識な人々と一緒に働くという素晴らしい幸運がありました。そこで、イアン・グッドヤー教授、トレヴァー・ロビンズ教授、バーバラ・サハキアン博士、アドリアン・オウェン博士、ジョアンナ・イドン博士に感謝します。他にスティーブ・ウィリアムズ教授、イアン・マクドナルド教授、ジェフリー・グレイ教授、リチャード・シトーウィック博士、アリソン・モトラックに感謝しなければなりません。それからまた、本書の草稿を読み、コメントするという苦行を被ることになったたくさんの友人・同僚に感謝しないわけにはいきません。特にヘレナ・グレンとサイモン・コギンズに感謝したいと思います。

最後に、妻のレイチェルの忍耐と娘のコーデリアの与えてくれるインスピレーションには、言葉に尽くせないほど感謝しています。

J・H

イーリーにて

2000年6月

第１章

物理主義者の告白

触る晩餐会

たいていの人にとって、感覚というのは、触覚・視覚・聴覚・味覚・嗅覚、つまり「五感」にきっちり分けられている。でも芸術の世界では、いろんな分野で、これらの感覚を一緒にしてしまおうとする試みがいろいろとあった。たとえば画家のカンディンスキーは、カンバスに音的要素（「クランゲン」）を吹き込もうとしたし、スクリャービンなどの作曲家は、音楽によって視覚的な印象を作り出そうと工夫した。おそらくその最もよい例はリヒャルト・ワグナー（１８１３‐１８８３）で、楽劇『ラインの黄金』の冒頭の部分で、ライン河の情景を呼び起こさせようとしている。変ホ長調の１３５小節が、どうやらライン河の波が打ち寄せる動きに触発されて作曲されている。打ち寄せる波が、作曲家が眠っているときの心の中にあまりにも染み込んだために、目覚めたとき頭の中にこのテーマ、「ライトモティーフ」が鳴っていて、すぐに五線紙に書き込めたんだろう。別の芸術家は、複数の感覚を同時に引き起こす、なんともわくわくするエキゾチックな方法を表現している。たとえば、イタリア未来派の詩人Ｆ・Ｔ・マリネッティ（１８７６－１９４４）は、こんな、触る晩餐会を提案している。招待客は、「スポンジや、コルクや、紙やすり、フェルトといった、さまざまな手触りの材質で作られたり、覆われたりした」パジャマを着るように求められる。晩餐会のコースでは「触感の菜園」が供される。これは、手を使わずに皿に顔を埋めて食べる。肌や唇に青葉の香りと質感を直接触れさせることで、本物の味覚を刺激するというしかけだ。客が噛むために皿から頭をあげるたび、その顔にウェイターがラヴェンダーの香水とオーデコロンを吹きつける。触覚の悦びを徹底的に追求するのが晩餐会の趣旨だから、料理と料理の合間には、隣の客のパジャマを絶えず触って指先を楽しませる。

『未来派の料理』を翻訳したレスリー・チャンバーレインは、そのはしがきの中で、マリネッティの詩の精神的指導者たち、特にフランスの詩人ボードレールやランボーについて書いている。このふたりともその詩作の中で、感覚の混合を思わせる表現をしている。この感覚の混合は、二十世紀への変わり目に多大な影響力をもったテーマのひとつで、第5章で再び取り上げよう。

マリネッティが意図していたのは、感覚を混合させる方法として五感を同時に直接的に刺激することだ。でも、そんな工夫など必要ないという人、味覚が自然に触覚を伴ってしまう人に、マリネッティはどうするだろう。ちょうどそんなケースが、アメリカの神経学者、リチャード・シトーウィックが最近書いた『共感覚者の驚くべき日常――形を味わう人、色を聴く人』［訳注　邦訳が山下篤子氏により草思社から出版されている］に報告されている。リチャードは最初の章で、訪問した家の主人マイケルがチキンのソース煮の味をみて、「このチキンにはとがりが足りない」と言ったことについて述べている。リチャードはこの奇妙なことばを丁寧に受け止め、その本の第1章を、マイケルに次のように説明するところで締めくくっている——君は、共感覚を持っているんだ。

あったかくて甘い、冷たくて酸っぱい？

ここで注意しておきたいのは、五感の間の壁は、私たちが普通信じているほど固くはないということだ。最近、科学雑誌『ネイチャー』に、舌の上のわずかな部位の温度を変えるだけで味覚を引き起こすことができるという、非常に興味をひく記事が載った。この研究者たちの実験に参加した人の中には、舌の先を20度から35度まで温めると、弱いけれどもはっきりとした甘みの感覚をもつ人々がいた。同じ部位を冷たくすると、今度は酸味あるいは塩辛い味を知覚した。でもこれは、普通の実験参加者が温度変化によって味覚を引き起こされる、という話で、シトーウィック博士の書いているマイケルの共感覚とは明らかに質的な違いがある。こういった質的な違いのすべてに相応しい特別な用語が、「共感覚」だ。

ギリシア語にはそれをさす言葉がある

それでは、共感覚《シネスセジア》の定義は何だろう。イギリス英語では synaesthesia、アメリカ英語では synesthesia と綴るこの言葉は、ギリシア語の「感覚」（aisthesis）という言葉と「一緒に」あるいは

「統合」（syn）という言葉を合わせたもので、二つ、あるいはそれ以上の感覚が同時に起こる経験のことを意味している。ここで、またひとつ重要なことを指摘しておこう。共感覚を持っている人に会ったり検査したりしてみると、ほとんど全員が、聴覚刺激によって視覚が起こるケースなのだ。この観察は過去の文献ともだいたい一致していて、フランス語の Audition Colourée、ドイツ語の Farbenheren（いずれも色のついた聞こえ、「色聴」を意味する）という別の用語がよく使われることにもそれは表れている。だが、リチャード・シトーウィックの本でも明らかなように、色聴以外の共感覚も報告されている。この本の大部分では、色聴の人々について私たちが研究してきた結果について述べる。でも私たちは、共感覚に対する自分たちの見解を絶えず試そうと思っている。それで、別の共感覚を持っていると主張する人々についても、しばしば入念に調べてきた。そういうわけで、この本には色聴以外の共感覚についても出てくる。それから、読んでいけばわかってくるが、共感覚という言葉はとても広い意味で使われていて、いろんな種類の事柄や行動が同じ共感覚という言葉で呼ばれている。サイモン・バロン-コーエンと私がいろいろな方々の助けを受けながら調べてきた共感覚は、もっと狭い意味での、ある特定の共感覚だ。この本で論じる他の共感覚と区別するために、「特発性《とくはつせい》共感覚」と名づけることにした［訳注　特発性とは原因不明のものについていう］。

科学と証明の義務

まえがきでも触れたけれど、共感覚について科学的に調べたことについて書きたいという気持ちの他に、この本を書こうと思った動機がもう二つある。ひとつ目は、自分が面白いと思ったことで、もっと前に知りたかったと思った事柄を、本を読んでくれる人々と分かち合いたい、という動機だ。明らかに、私には、今この本を読んでくれている人が何を知っているのか、推測することしかできない。それはわかっているが、この本の中で最低でも一回くらいは、「それは面白い、そんなこと知らなかった」と読者がつぶやいてくれることをほんとうに願っている。二つ目の動機は、科学的な方法に不案内な人々に、神経科学のもっている前提や、利点、欠陥や落とし穴について、わかりやすく紹介したいということだ。

　この二つ目の動機、つまり、科学的な努力とか、科学を支配している法則について、読者に説明する、ということにはちょっと心配もある。この本は軽い読み物として書いているのに、教育的になりすぎてしまう危険があるからだ。そこで、科学的方法論についての部分は、なるべく噛み砕いてわかりやすくするように努めた。まず最初に重要なことがある。私個人がもっている偏見について、理解しておいてほしい。というのも、「物事の性質」についての基本的な考え方が、誰でも同じというわけではないというのは、よくあることだから。共感覚についていろいろな人々に講演してきた経験からいって、このことについて最初に「おしゃべり」しておけば、少なくとも、科学の仕事をする上で私が前提としていることを知ってもらえるし、またおそらくは、いったいどうしてそんなものの見方をすることができるのか、と不思議に思ってもらえることがわかっているからだ。

物理主義者の告白

ところでこの本は、ここ数年の間に頼まれてしてきた講演に基づいている。講演は、関心をもってくれた普通の市民を対象にすることもあれば、芸術や文学、映画にたずさわる人々、またときには科学者たちにすることもある。このように幅広い聴衆に接する機会があったから、心の世界について、科学者ではない大勢の人々がもっている見方と、ほとんどの科学者（すべてではない）のもっている見方とが大きく隔たっていることに、はっきりと気づくことになった。本質的には、何種類の心理学的な「もの」が存在すると考えているか、という問題にかかわっているので、まずはこの点について検討して、私自身の偏見をはっきりさせておきたい。

物質的、霊的および心的なもの

ラテン語の「reader 読む人」にあたる単語は、ローマカトリック教会で聖書を読む人を意味する「lector 読師」だ。そんなことはとっくにご存じだったかもしれないけれど、ここでの議論のために、この事実を今初めて知ったものと仮定しよう。そして今、トマス・ハリス［訳注　日本でも上映された人気映画『羊たちの沈黙』『ハンニバル』の原作者］が、みんなが大好きな連続殺人者の名前をハンニバル・レクターにしたのは、ハンニバル「読師」という意味なのに違いない、と好奇心をもったとする。

もし、読者＝レクターということを今、思い出すことができるなら、それは記憶の中にそれが加えられていた、ということだ。これは、日常用語でいえば心的出来事というやつで、精神生活が新しい情報によって広げられたわけだ。このことについて、少しじっくり考えてみることにしよう――ところで、「じっくり考えて」いるのは、どこでだろう？　まず、心的な「もの」で考えているんじゃないか、と思ったかもしれない。でも多分、思考は中枢神経系を形成する組織の中でも起こっているだろう、と思っただろう。神経科学の標準的な見方では、新しく入ってきた事柄に対処するために、脳が物質的に変化する、と考える。この過程が正確にどのように起こるのかはまだはっきりしないけれど、何か物質的な変化が起こった、ということ自体は確かだと考えている。それにしても、心と物質の間の関係はどうなっているのだろう？　ひとつの考え方は、二種類の「もの」がある、というものだ。ひとつは心的なもので、思考を担当しており、もうひとつは物質的なもので、記憶を貯蔵している。これはフランスの著名な哲学者ルネ・デカルト（１５９６‐１６５０）の考え方だ。デカルトは、世界は物質的な世界（延長）と精神的な世界（思惟）からできていると考えた。残念なことに、二種類のものが存在することにすると、解決できない問題が生じる――二種類のもの同士は、どのように影響しあっているのだろうか？　いい質問だ。デカルトは松果体（図１）が両者の作用する部位だとしたけれど、説得力はない。

　別の解説を聞いてみよう。ノーベル賞を受賞した生理学者ジョン・エックルス卿（１９０３‐１９９７）によると、身体と精神の相互作用は、量子レベルで起こっているのかもしれないという。そうなのかもしれない。

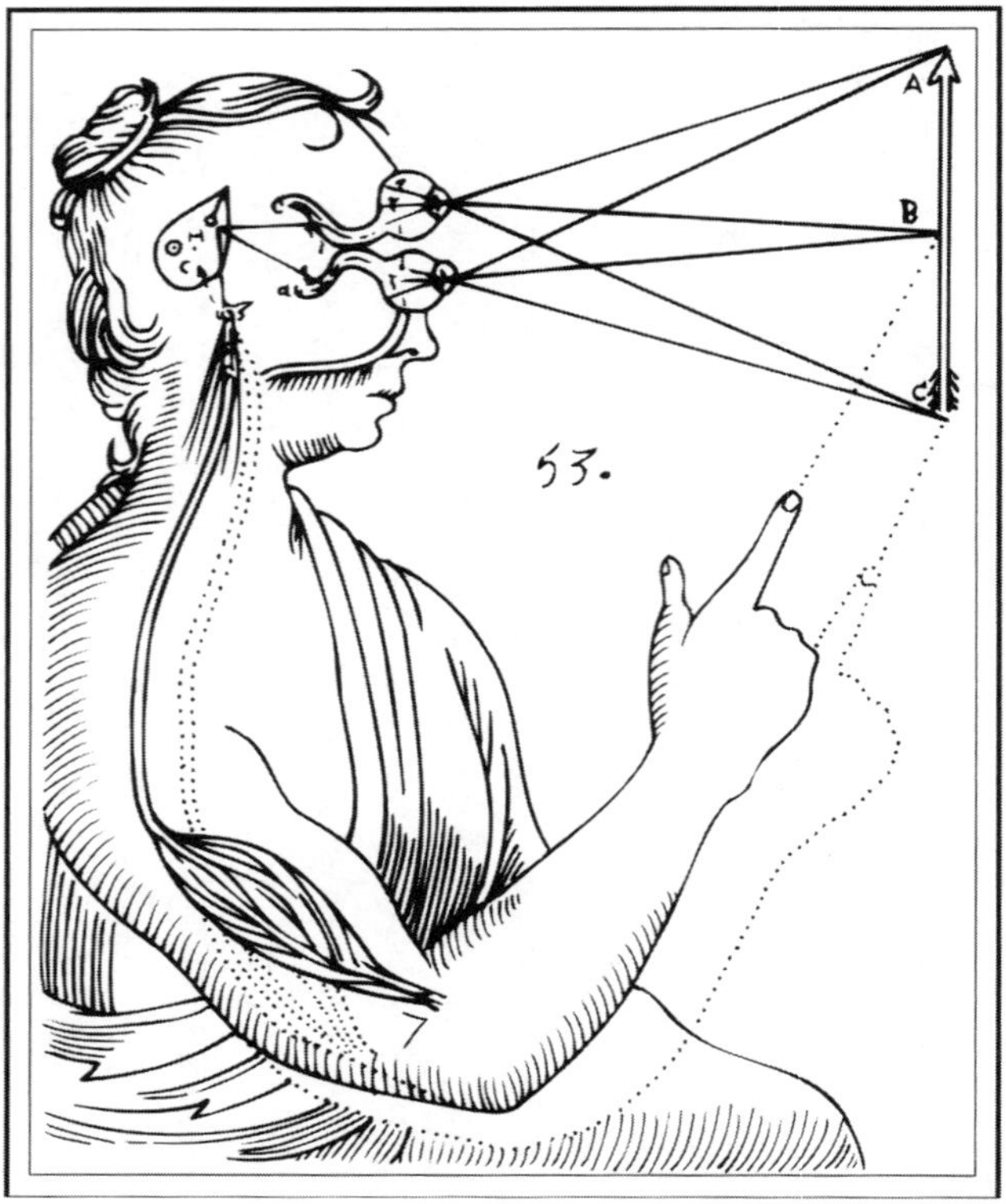

図 1　デカルトによる松果体の概略図。デカルト 1644 年の著作『哲学原理』から取ったこの木版画には，デカルトの視覚理論と，視覚と松果体との相互関係が描かれている。光線は細かな粒子を目の中に押し込むのだとデカルトは信じていた。映像はそこから松果体に運ばれていき，松果体は心と体を結びつける働きをしている。この図では，外界の刺激は松果体によって，意志に基づく行動，ここでは「指差し」に変換される。

さらに別の可能性もあって、ほとんどの神経科学者が採用しているのはこの考え方だ。精神と身体というのは、究極的には同一のもので、単に二種類の別々のことばを使って述べているだけだ、と考える。このモデルを使うと、すべての事柄は、科学の別の分野の用語を使って複数の仕方で説明することができる。その関係が図2に示してある。

この階層的な見方に従うと、どんな心的現象でも、図の上から順に、心理学、生理学、解剖学、生物学、生化学、それに物理学の用語を使って説明できるはずだ。

で、誰が正しいのか？ さあ、どうなんだろう。それぞれにもっともな言い分があるし、どの見方も知的に真っ当な見方に立っていることを思い出すのは肝要だ。では次に、たましいの世界、スピリチュアル・ライフの可能性について考察を加えてみよう。霊魂というのは、心の一部なんだろうか、それとも、またもや質的に別なもの、つまり、三つめのものなんだろうか？ 十分すぎるほど明らかなのは、私にはわからないということだ。これについてきちんと論じるのは、この本の限界を超えているということも確かだ。ただ、私たち科学者の居心地ばかりをあまりよくし過ぎないように指摘しておくと、物理主義者の間でさえ、必ずしもお互いに意見が一致しているわけじゃない。

それでは、私の偏見を打ち明けよう。私は、紛れもない物理主義者だ［訳注 物理主義とは哲学的な立場のひとつで、すべての現象を物質的なものを基礎として捉える考え方］。つまり、私の世界には、たった一種類のものしかいない。つまり、物質的なものだ。さらに悪いことに、ある心理学的な概念を科学の別のレベルで説明することが困難だということが証明されたならば、その概念の存在を却下することを真剣に考えるべきだ、とも信じている。そういうわけで、私は多分、極端な物理主義信奉者と

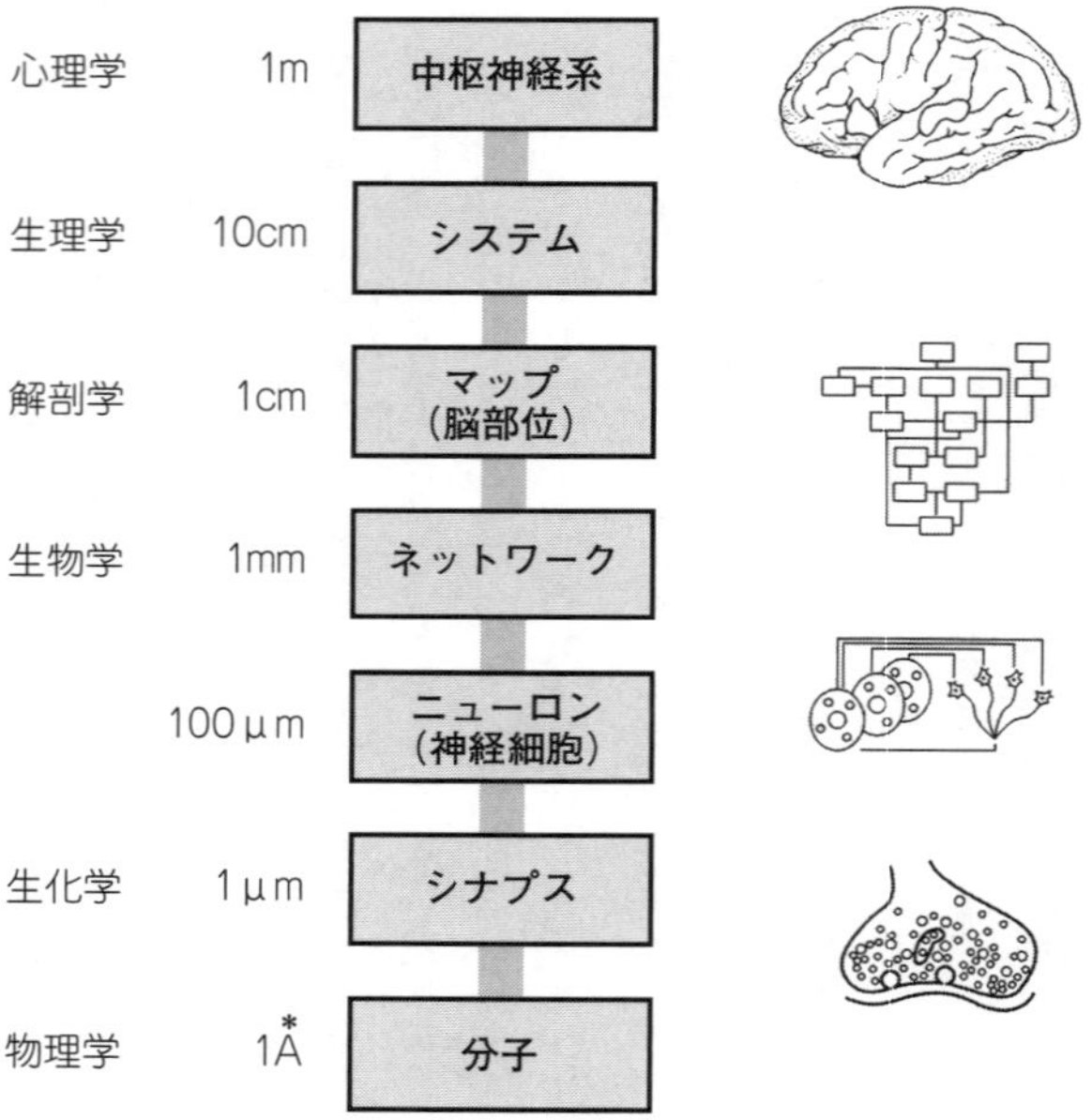

図 2　神経科学の階層。神経科学研究に含まれるいくつかの学問分野の理論的な階層と，その学問分野が一般に扱っているレベルについて示す。階層の一番上位に心理学が置かれているが，これが直ちに学問上の優位を示すものではない。下記の文献から許可を得て転載：Churchland, P. S. and Sejnowski, T.S.（1988). Perspectives on cognitive neuroscience. *Science*, 242: 741-745. American Association for the Advancement of Science

しての資格がある。私たちが現在その実在を信じている心理学的概念のいくつかは、二次的な現象であるにすぎないことが判明するだろうことは、私には自明に思える。ただし、この考えを支持するような決定的な証拠は何ひとつ提示することができないから、私の方がまったく間違っているかもしれないという可能性があることも認めよう。

ようこそＢＢＣへ

図2の神経科学の階層図を見ればわかるように、共感覚をいくつか別の方法で説明することが可能だ。ある心理学者のグループ（行動主義者、第2章でくわしく述べる）は、目で観察しうる行動についてしか語らないように自らを制限した。別のグループは、行動と認知の両方の用語を使った。さらに別の人々は、行動の生物学的な基盤、「脳」について語ることにした。この本では「ＢＢＣ」、つまり、脳（brain）、行動（behaviour）、認知（cognition）の三つについて話す贅沢を自分に許そうと思う。先へ進む前に、この三つ組についてもう少し詳しく見てみよう。図3を見れば、三つの間の関係がもっとはっきりするだろう。

人間のどんな行動も、ＢＢＣのすべてのレベルで説明が可能だ。そのことを説明するため、先に触れた「レクター」の出典について考えてみよう。もし私が今、読者に、「『レクター』とはどういう意味ですか?」と訊ねたら、多分、「読者、という意味です」と答えてくれるだろう。私がその答えを聞き取る、ということは、その行動を評価する、ということで、そうした行動観察結果に基づいて、

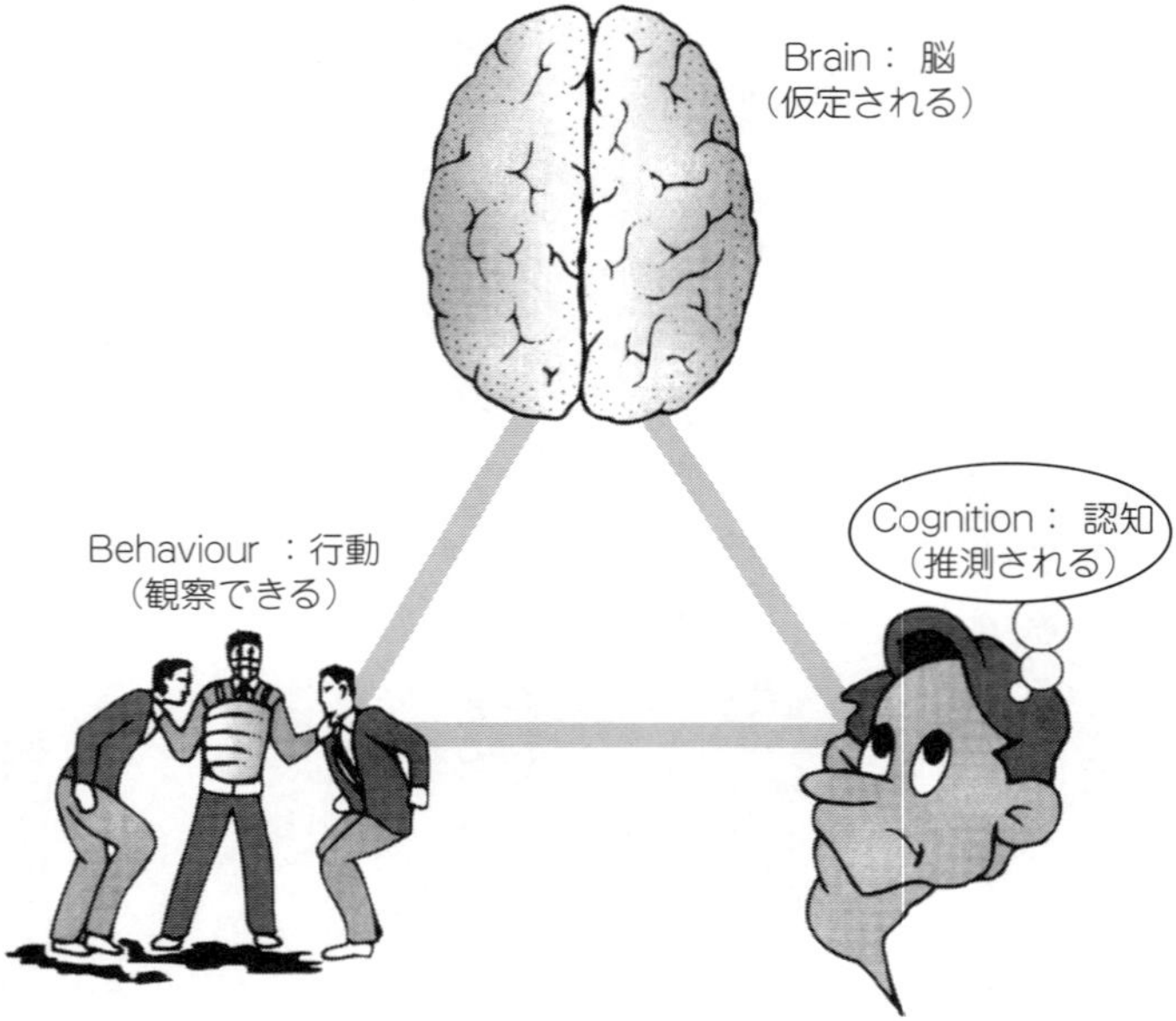

図3　脳（brain），行動（behaviour），認知（cognition），すなわちBBC。神経科学の基本的な前提では，ヒトの行動は脳によって制御されていると考えている。これにより，観察された行動は，脳の中で起こっている何らかの作用と関係があるはずだと仮定して研究を進める。しかしながら，脳で何が起こっているのか，機能の面から詳述するほどには，脳の働きについてはまだ十分にわかってはいない。そのかわり，「思考」，「記憶」，「集中」，「学習」，「注意」などの日常用語を，脳で起こっているはずの出来事の説明のために使うことができる。ここにあげた心的過程は，ひとまとめに認知と呼ばれる。認知は，直接見ることができないが，われわれの直感に合っているため，その実在を推測しているものである。

「この事実を想起できたっていうことは、その事実についての記憶痕跡を持っているという証拠だ」と結論することだろう。私は物理主義者だから、最終的には、その事実を思い出せるということは、何か物質的な変化が脳の中で起こったということだ、と考えるだろう。以上で明らかなように、行動は測定することが可能で、本当にレクターの正しい訳語を知っているのかどうか、調べてチェックすることができる。でも脳の場合は、ちょっと難しくなる。確かに、何か新しいことを学んだときに脳に起こる変化を計測できるような技術が、現れてきてはいるけれど。ところが認知となると、これはもう推測することしかできない。記憶という名で知られているような対象あるいは過程は、存在しているに違いないと私たちが仮定しているような何か、にすぎないのだ。

共感覚にまつわる話にも、これと似たような事情がある。ある共感覚者が特定の音に対してもつ色の体験を正確に叙述する能力を、測定することはできる。脳機能画像法（第6章参照）を使って、共感覚者が共感覚を感じている時の脳活動が、共感覚を持たない人の脳活動とは異なっていることを示すこともできる。「見る」ことができないのは、脳と行動とを結びつけている、認知だ。そうではあるけれども、共感覚を完全に理解するためには、ＢＢＣ階層の全部のレベルについて説明することが必要だ。サイモン・バロン-コーエンと私は、一緒に編集した共感覚についての本の中で、異なった階層レベルを結びつけて説明する共感覚理論の骨子を述べた。以降の節で、この理論をもう一度概説することにする。もう予想しているかもしれないけれど、これまでにたくさんの理論が共感覚の説明のために提案されてきた。それらのうち私が知っているものについては、後の章で詳しく説明して検討する。でも、まず、現時点での私たちの見解から始めよう。

結論から始める

普通科学読み物は、まず前菜に知的なカナッペの数々を並べ、そしてメインコースへと進み、最後に、吟味してきたトピックについての説明を含むデザートをふるまう、という順に書かれる。しきたりを破って、この本では最初にデザートを出すことにした。

備えあれば憂いなし……

ブランスフォードとジョンソンが１９７２年に行った記憶の実験で、実験参加者のうちの一グループは次の文章を示された。

> 手続きは実のところ至って簡単である。まず、モノをいくつかのグループに分ける。もちろん、やるべき量がどれだけあるか次第で、一山で十分ということもある。もし設備がなくてどこか別の場所に行かなければならないなら、それが次のステップだ。そうでないなら、準備万端である。物事はやりすぎないのが肝心だ。つまり、一度に沢山すぎるよりは、少なすぎる方がよい。これは短時間なら重要には思えないだろうが、容易に絡み合ってしまうのだ。間違いも同様に高くつく。最初は手続き全体が複雑に見えるだろう。でもすぐに、単なる生活の一コマに過ぎなくなる。近い将来、この仕事が必要でなくな

るという見通しをもつのは困難だが、しかし、誰だって未来のことはわからない。手続きがすべて終わったら、それぞれのものを適切な場所に収める。やがて、それらはまた用いられ、サイクル全体がまた繰り返されるであろう。

もしこの文章が支離滅裂だと思ったのなら話が早い。前述の実験参加者もそう思ったのだから。でも、もし最初に、この文のタイトルが「洗濯」だと教えられていたら、文章の意味をもっと理解できたのではないだろうか。タイトルを与えられていた実験参加者は、この文を理解しやすいと報告し、またタイトルを与えられなかった実験参加者よりも、想起した文の数が多かった。

似たような効果が、この本の場合にも起こるのではないだろうか。もしここで、共感覚の原因について私たちの理論を書いておけば、次章以降に書かれている研究の妥当性や重要性を理解してもらいやすくなるのではないかと思う。

共感覚の理論

これまで、共感覚を説明する数々の理論が出されてきた。これらについては第8章でまとめるけれど、まずここでは、サイモン・バロン - コーエンと私が『共感覚——古典文献と現代の文献』(*Synaesthesia: Classic and Contemporary Readings*)［未訳］という本の第7章で概略した内容をまとめる。もちろん、関心のある方はこの本を読んでほしいと心から思っている。

たいていの心理学者は、私たちはみんな乳児期の記憶を失っていると考えている。つまり、だいたい三歳から四歳より以前の出来事を想起するのは稀だということだ。この本を読んでくれている人の中には、さっそくこれに異議を唱えている人がいるだろうし、実際、私の知り合いの中にも、ごく初期の出来事を想起できると強く主張している人たちがいる。もちろん、この人たちが想起できる事柄というのは、その出来事について他人から聞いたことから無意識に再構成した「記憶」かもしれない。というのは、私たちの記憶が「本当」ではないこと、つまり、フイルムのような完全な想起ではなく、再構成的、つまり、起こったことや、起こったと考えたことの構成であることを示すたくさんの証拠があるのだ。私たちの研究の中で、共感覚がいつ頃からありましたか、と訊ねると、たいてい「物心ついたときから」という答えが返ってくる。私たちはそれを、「少なくとも三、四歳から」というふうに記録する。共感覚を持つことが検査によって確認された人が、誕生時、あるいはそれ以前から共感覚を持っていたということは、もちろん、完全にありうる。どうしてこんなことをいうかというと、生まれて二、三ヶ月の時期には、後から思い出すことはできないけれども、誰もが皆、共感覚を持っている、というのが私たちの理論だからなのだ。

先に、研究についてわかってもらうために、神経科学の階層のことを取り上げた。次に私たちの理論を、図2に並べた学問階層図に沿って説明しよう。

解剖学的レベルの説明

第3章で見るように、人間の脳は、いくつもの特化した部位が集まって構成されているようだ。後頭葉（頭の後ろの部分）についての数々の研究から、この脳部位は、目で受け取った視覚情報を処理する場所だということが確認されている。それから、耳で受け取った情報（聴覚データ）は、大部分、側頭葉で処理されることもわかっている。いずれの脳細胞も、他の脳細胞から七つ分以上は離れていない、と一般的には考えられているので、ある意味では明らかに、すべての脳細胞は繋がっている。でも、普通は視覚と聴覚とを混同したりしないから、機能的に特化されたこの二つの脳部位の間には、十分な違いがある、と考えてもおかしくない。これは大人にはたいてい当てはまることだが、子どもの場合はどうなのだろう？

新生児にも多少は機能の特化があるようだけれど、それは基礎的な視覚処理過程に限られているらしい。この主張の根拠は、新生児に大まかな視覚弁別の能力があることだ。それから、しばしば指摘されることだが、一次視覚野の脳細胞（ニューロン）は、他の脳部位と比較して、誕生時から互いによく分離されている。ニューロンによって運ばれる情報は電気化学的な性質のものだから、情報を運ぶ電気的「火花」が隣のニューロンに漏れないようにするのが重要なのは、明らかだ。この漏れを防ぐため、ニューロンは、お互いどうしを効果的に遮断する脂肪組織の被膜を発達させる。この脂肪組織はミエリンという名で知られているが、神経繊維を中心とした同心円状の層に発達する。ある脳部位では、青年期あるいは大人の初め頃までにならないと充分ミエリン化しないようだ。それは前頭前野の発達の特徴で、この脳部位は、いわゆる「高次認知機能」、つまり、計画とか抽象的推論とか行動のコントロールの座だと広く信じられている。ということは、若者が性急なのは、脳細胞の周りに脂肪が欠けていることに、ちょっとは原因があるのかもしれない。

生理学的レベルの説明

脳の機能局在についての理解が進むうちに、聴覚情報を受け取って処理する部位と、視覚情報を受け取る部位とは異なっていることが明らかになった。大部分の人にとっては、この二つの脳部位の活動は十分に分離されたところで起こるので、聴覚が視覚に入りこむことはない。でも多分、共感覚者には、これが当てはまらないか、あるいはあまり当てはまらない、ということなのではないだろうか。こんなことを言って、あまりに軽率だと思うかもしれない。これまでのところ、共感覚者では聴覚中枢と視覚中枢との間を結ぶ神経回路が使用されている、という直接的な証拠はないのだから。もちろん、証拠がない理由の大部分は、それを実証するのに必要な実験を行うことには、倫理的に問題があるからだ。そういうわけで、私たちの理論が正しいらしいということを示すためには、よく「収束的」な証拠「訳注　直接的な証拠ではないが、さまざまな傍証が、一致してある事実を指し示していること」と呼ばれているものを引き合いに出してくる必要がある。ありがたいことに、好都合な収束的証拠があるので見てみよう。

少し前のことになるけれど、トロントのマクマスター大学のダフネ・マウラー博士が、いろんな生物種が感覚刺激にどう反応するかについて、ある有益な事実を私たちに教えてくれた。マカクザルとネコの聴覚野と視覚野との間に直接的な結合が存在することを示す、実質的な証拠があるらしいのだ。ただし、ひとつだけちょっと注意しなければならないことがある。これらの経路の寿命は短くて、通常は生まれて三ヶ月ぐらいの間に消失してしまうようなのだ。このような結合がヒトにも存在するという証拠はないが、でも自然にはある着想をもったらそれを変えない、という傾向があるから、人間も似たような発達過程を辿るだろうと考えてもいいのではないかと思われる。事実、私たち人間という種にも似たような発達段階があるという、間接的な証拠がいくつかある。すぐにくわしく述べる。

もし、似たような一時的な投射（神経繊維の繋がり）がヒトにも見つかるかもしれないとしたら、これにはどんな意味があるだろうか。第一の、そしておそらくもっとも大きな意義は、この証拠によって、人間はみな、生後三ヶ月ぐらいまで共感覚を持っているらしい、と考えられることだろう。では、この考えを支持する証拠とは何だろう？

途方もなく騒々しい混乱？

心理学全体を実質的に覆っている論争のひとつは、遺伝的な仕組みと環境・経験のいずれがより重要なのか、というものだ。この遺伝‐環境論争は、新生児が自分の環境を理解するための装備がいかによく整っているかをめぐっての議論の中で、大きな論点となってきた。二つの学派が論陣を張ってきた。一方は経験論者で、その系譜は思想家ジョン・ロックの書物に遡ることができる。もう一方は「生得論者」だ。ロックは、心は生まれたときにはタブラ・ラサ（白紙）であり、経験によってその上に書き込まれていく、と主張した。生得論者は、人間の新生児は生まれた時点から、世界を意味づける準備が実によくできている、という見方をとることが多い。現代の心理学では中間的な見方をとることが多く、遺伝も経験も両方とも重要な役割を果たしている、と考える。新生児がある特定の刺激配置、特に顔に惹きつけられるらしいのは明らかである一方で、世界を知覚する仕方が経験によって形作られるものであることも、また本当だ。どうしてそんなことがわかるのかって？　新生児に質問して、もっと年のいった実験参加者になら訊ねられるようなことを聞いたりはできないのに。幸いなことに、発達心理学者は、認知活動を推測できるような特別な反応や行動の証拠を集められる、エレガントな実験をデザインすることにとても熟練している。方法のひとつは、脳活動に伴う電位変化を直接測ることだ。新生児の刺激に対する反応についてさらに検討する前に、脳の電気活動を計測するために神経科学が用いている技術を、少し見てみよう。

脳波と誘発電位

従来、脳の電気活動は、脳波計（ＥＥＧ）によって計測されてきた。この技術を最初に使ったのはリバプールの医師リチャード・ケイトン（１８４２－１９２６）で、動物の動きに伴う脳電位変化を記録した。ケイトンは最初、脳の表面から直接脳活動を計測したが、後に頭蓋からでも信号を取得して記録することができるのを発見した。ＥＥＧは近年、脳のどこで電位変化が起こっているのかをより正確に検出できるようになり、特にてんかんを調べたり見つけ出したりといった臨床応用に利用できることが示されている。てんかんというのは神経学的な疾患のひとつで、脳に異常な放電が見られることがわかっている（図４）。

ケイトンがこの技法を使ってやってみせた最も劇的な実演のひとつは、実験参加者の目に光を当てると、電気活動がはっきりと増加するのを示したことだ。これはおそらく、誘発電位実験という名で知られるようになった枠組み《パラダイム》が実演された、最も初期のものだ。これによって、ある特定の感覚システムを刺激すると、その情報を扱うことがわかっている脳部位の活動を検出することができる、ということが示されたわけだ。つまり、たとえば視覚によって賦活される電位（視覚性誘発電位）を捜す場合なら、普通は視覚皮質に活動の変化が見られる。同様に、聴覚によって賦活される電位（聴覚性誘発電位）なら、普通は側頭葉からの電気信号に変化が起こる。こういう、刺激と電気活動との相互関係は、健康な大人の実験参加者や幼い子どもでは見られるが、新生児、少なくとも三ヶ月より前の赤ちゃんには見られない。その代わりに驚くべきことがあって、新生児に聴覚刺激を与えると、後頭皮質の視覚野から信号がくるのが観察される。マウラー博士はまた、身体感覚によって誘発される電位（体性感覚性誘発電位）の研究でも興味深いことが起きるのを報告している。体性感覚性誘発電位は、普通は触覚刺激の結果、増大する。ところが新生児では、聴覚刺激であるホワイトノイズが流れたときに、体性感覚性誘発電位の反応が増大するのが観察されたのだ。

こういうわけで、直接の証拠はないものの、間接的な証拠がたくさんあって、初期には聴覚情報を

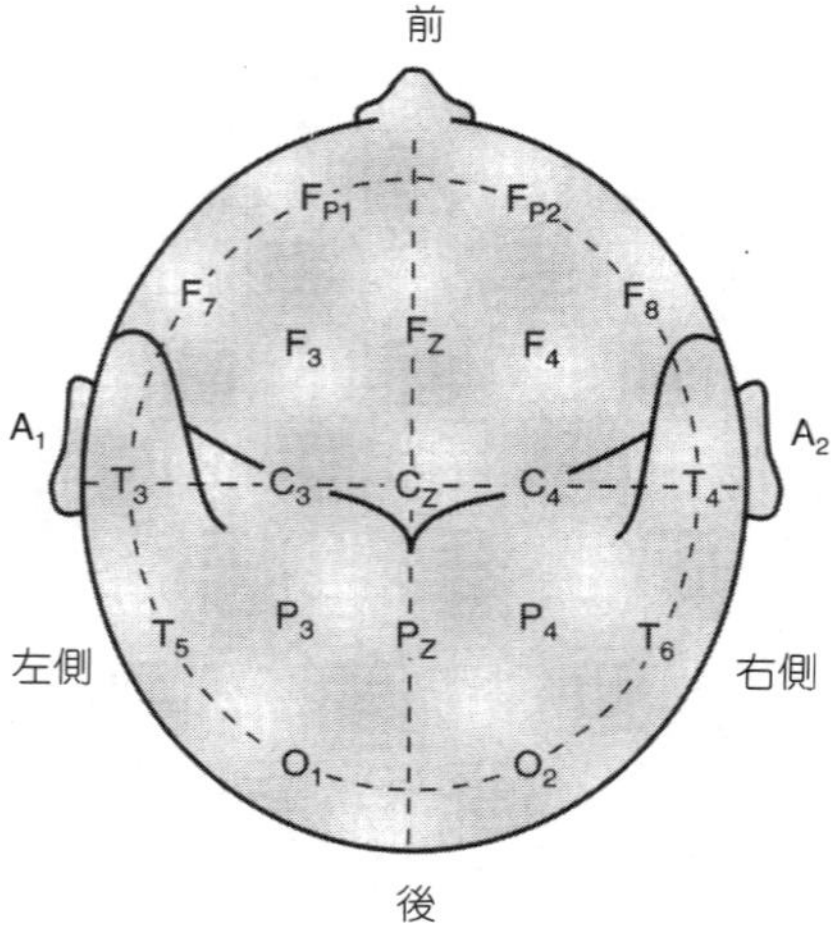

図 4　脳波計測（EEG）で標準的に置かれる電極位置。図は 10 から 20 の電極配置システムで，電極の下に存在している大脳皮質部位との位置関係を元に配置を決める。図に示されている各ポイントは，電極の配置として候補となる場所を示す。各位置には英文字（脳葉の頭文字）と，数字ないし大脳半球内の位置を示す別の英文字が付される。英文字の F，T，C，P，O はそれぞれ前頭葉（frontal lobe），側頭葉（temporal lobe），中心部（central），頭頂葉（parietal lobe），後頭葉（occipital lobe）の頭文字である。（「中心葉」という脳葉はなく，ここでは位置の同定のために用いられていることに注意。）偶数番号（2, 4, 6, 8）は右半球，奇数番号（1, 3, 5, 7）は左半球に付される。英文字 Z は中心線に置かれた電極を示す。数字が小さいほど，中心線に近い位置にあることを示す。

脳の視覚野に運ぶ一時的な経路があるらしい。そこで私たちの理論では、共感覚を持つ人々は成人してもこれらの経路を保持しているのに対し、共感覚を持たない人々はだいたい生後三ヶ月ぐらいまでのどこかの時点でこの能力を失ってしまい、異なった感覚からの入力を区別するように、脳の構造や接続が変化してしまったのだ、と考えている。この理論を採用すると有利なのは、共感覚者には「新しい」余分な神経結合が発達している、と仮定するかわりに、神経経路が通常の期間の後までも繋がったまま残されている、という可能性を支持できることだ。そうすると、面白い可能性が出てくる。つまり、私たちはみんな、ある時期までは共感覚者だったのかもしれない。これは、共感覚について論じている人たちの一部にとっては、まさに予想通りのことだ。たとえば、フランスの実存主義哲学者モーリス・メルロ-ポンティ（１９０８-１９６１）が、１９４５年に書いた見解を見てみよう。

> 共感覚的知覚が普通であり、われわれがそれに気づかないのは、単に、科学的知識のために経験の重心が移ってしまい、ものの見方、聞き方、一般的に言えば、感じ方を、捨て去ってしまったからにすぎない。

共感覚についての面白い見解ではあるけれど、私たち科学者としては、知覚を優位におくことが重要だ、とただ主張すればよいという贅沢は許されない。もう少し証拠という形で示さなければならない。それはさておき、私たちの理論の説明に戻ろう。聴覚情報が、新生児以来保存されている神経経路を通って、視覚野に送られるらしいという知見をかき集めてくるのは大いに結構だけれど、どうしてまたそれらの神経経路が残されたままでいるのだろう？　次に、そのメカニズムとしてどんな可能性があるかを考えてみよう。

分子生物学的レベルの説明

これまで見てきたように、生理学的な説明と解剖学的な説明とはつじつまが合っている。でも、そもそも視覚野と聴覚野は、どうやって繋がるんだろうか。そして、もし私たちの理論が正しいのなら、この神経結合が、どうして一部の人にだけ残されるのだろう？　人生の哀しい事実は、いったん脳の初期発達が終わると、もうそれ以上神経細胞を増やすことができないことだ。さらに嘆かわしいことに、平均的な大人では、一日に数百もの神経細胞が失われている。幸いにも、最初の神経細胞の数は非常に多い。通常の脳では、必要とするのよりもずっとたくさん脳細胞がある。つまり、予備の、あるいは「余剰の」脳細胞をたくさん持っている。例をあげよう。パーキンソン病は、黒質という脳のある特定の部位が損傷されると引き起こされるらしい。脳のこの部位に蓄えられているメラニン［訳注　動物の体内組織にある黒色ないし褐色の色素］のため、名前の通り黒い塊に見えるのでこう呼ばれる。でも、この部位の脳細胞の約80パーセントが失われて初めて、震えや硬直、動作の緩慢化や姿勢の不安定といった基本徴候が表れるようだ。どうやら、私たちは徐々に脳細胞を失ってしまうので、正常に機能するためには相当の余剰を必要とするのだと見える。私たちは脳の10パーセントしか使っていない、という話をきっと聞いたことがあるだろう。この見たところ暇を持て余している、残りの組織を活性化することさえできれば、私たちはみんな、すぐにとてつもない天才になれる、というわけだ。このおめでたい見解は、残りの組織を活性化することができる、ということを前提としている。でも別の、多分あまりロマンティックじゃない見方をすると、それらの余分な組織はみんな、私たちがたくさんから始める必要があるから存在するので、一生涯続く脳細胞の喪失がいったん始まった後でも、まだまともに機能していけるようにするためなのだ。

　ところが、脳の相当な量の細胞死が、幼い時期に起こる。実は、生後二、三ヶ月という、特別早期に起こる出来事なのだ。これは矛盾に見える。どうして、生後の一年間に膨大な数の細胞を自滅させるためだけに、そんなにも多くの脳細胞が胎児期に生成されるのだろうか。現在考えられている説によると、これもまた細胞の余剰に関係がある。これについてだけは細胞死の評判はとてもよくて、思慮深い刈り込みであると見なされている。出生直後の脳に細胞死が起こるのは、投げ込まれた環境の中でそれぞれ生き延びるために、可能な限り有利なように個人の脳を形成するためだろう、というのだ。ここで前提となっているのは、この過程（アポトーシスと呼ばれる）は遺伝的な仕組みだけではなく、個人の経験によっても左右される、ということだ。多分、この、脳をスリム化する過程によって、より有能な臓器が生み出される。可能な限り環境に適合するように、経験と遺伝的素因とによって「形成」されるのだ。さてそれでは、この過程は、共感覚のメカニズムの理解にどう関係しているのだろう？

　解剖学的レベルのところで述べた説明では、聴覚情報と視覚情報とを処理するために、それぞれ異なった神経解剖学的構造があるのを仮定している。生理学的レベルの説明では、この二つの中枢を結びつけ、入ってきた神経刺激が視覚野を活性化できるような経路があるとしている。でも、どうしてこれが非常に少数の人々にしか起きないのだろう。第7章で見るように、共感覚は遺伝するらしいことを示す証拠がいくつかある。もしそうなら、共感覚というものの存在は、新生児期の聴覚野と視覚野の間の経路が、共感覚を生じやすい遺伝的素因のある人々においてはそのまま残される、ということを意味しているのかもしれない。つまり、たとえば共感覚者ではない人々では、アポトーシスの過程によって、生まれた頃の聴覚野から視覚野への経路が刈り込まれ、一方、共感覚を持つように遺伝的にプログラムされている人々では、これらの経路が維持され続けるのかもしれない。この理論には好ましい側面が一つあって、余計な経路、つまり聴覚と視覚との間の余分な結合を仮定する必要がない。もちろん、これはまだ可能性にしか過ぎない。だが、倹約の精神からすると、生まれた頃の経路が保持されているという方が、共感覚者の脳には異常な結合があるというのよりも、より満足のいく仮定ではないかと思う。

最後に、心理学的理論……

ここまで共感覚について、解剖学、生理学、分子生化学といった自然科学の用語を使って説明を試みてきた。それで、ここに仮定されている結合経路の結果、共感覚者たちはどんな感覚を持つのだろうか。これをみる方法のひとつは、解剖学からモジュールの概念を借りてきて、心理学的説明をモジュール的な用語で表現することだ。ある知覚が視覚、聴覚、嗅覚その他であることを「知る」ためには、ある感覚と別の感覚の種類を区別して同定するすべを発達させていなければならない。ということは、感覚に対するモジュール構造があって、情報をある感覚システムに特有のものであると区別することができるようになっていそうだ。モジュール性というのは、心理学ではよく見られる仮定のひとつだが、決して批判なしというわけにはいかない。この概念については、また第3章でもう少し詳しく論じる。ここでは次のように言っておけば十分だ。私たちのモジュール性理論では、共感覚者でない人においては聴覚と視覚とが機能的に分離しているのに、共感覚を持っている人ではモジュール構造の崩壊が起こっている、と考えている。その結果、色聴の共感覚の場合には、音が視覚的特性を持つことになる。

この理論をどうしたら証明できるか？

研究方法のひとつは、共感覚を持つ人々の脳を調べて、そういうような経路が存在するのかどうか確認することだろう。第6章で論じる脳機能画像法は、残念ながらまだそういった経路を検出するのに充分なほどは感度がよくない。だが最近発展してきた、拡散や灌流を用いた画像化［訳注　いずれも血流など物質の流れを利用して画像化する手法］はかなり期待できる。普通ではない脳の構造を調べる別の方法として、死後の脳を解剖するというのがある。つまり、誰かが亡くなって、その人の脳を直後に手に入れることができれば、神経化学物質の状態についてまで、正確に調べることができる。大まかな解剖学上の違いや、細胞の数や構造の違いについても、きわめて容易に特徴をつかむことができる。でも、死後に神経経路を辿るのは、まだ挑戦するのが難しい。死後の脳に標識化学物質（トレーサー）が使えるようにいくらかは進歩してきたが、成人の脳に見られるようにミエリン化した組織では、まだ使えない。神経解剖学者や生理学者の技術レパートリーがさらに増えるまで、待たなければならないようだ。

この百年間に、共感覚について数々の説明が出されてきた。それらのうちのいくつかは、この本の後の方で論じるつもりだ。でもまず、共感覚や共感覚を持っている人々について、何が知られているかを探ってみよう。

第2章

ルネサンス

私は今この章を、前の千年紀が終わってまだ二、三日しかたっていないうちに書いている［訳注 公式には2001年が新千年紀の始まりとされるが、2000年からとする見解もある］。当たり前だけれど、1999年から2000年へという人為的な変化に伴って、空から飛行機が落ちたり、市民の反乱が起こったり、ヨハネの黙示録に書かれているような破滅がつぎつぎ起こったり、なんてことは別になかった。とは言っても、前世紀末には、差し迫った災いに対する不安や、独断的な物言いや、大げさな考えやらがたくさん見られた。世紀末熱とでも呼べるが、とても面白いのは、1899年と1999年とで、人々の主な関心事が非常に似通っていることだ。私はユージン・ウェーバーが書いた『世紀末のフランス』という本が好きで、「その日」に対する不安について書かれているのだが、これが私たちの時代と無気味なほど一致している。貧困層の出現、技術の容赦ないペースの進歩、犯罪の増加といったことについての心配がみんな出揃っていて、現代の大衆紙の誇大表現がすっかりおとなしく見えるほどの言いようで述べ立てられている。たとえば、健康産業では次のような病気が懸念されていた。「特に若年成人がかかりやすいように見える神経の衰弱で、身体的および精神的な倦怠感、無気力、エネルギーと熱意の欠如、持続する疲労感となって表れる。」この病気は「神経衰弱症」と名づけられた。今の目でみれば、なんのことはない、要するに慢性疲労症候群のことのようだ。

　共感覚を研究する立場から特に興味深いのは、ほぼ同時期に共感覚への関心が高まっていたことだ。実は、現代の研究によって見いだされる知見の多くが、１８８０年から１９２０年にかけて蓄積された研究成果の内容に酷似している。それから、最近百年間の研究を見ると面白いことがあって、そのうちの五十年ぐらいの時期は、共感覚に関する研究成果が実質的に何も公刊されていないようなのだ。この章では、共感覚についての現代の研究と、一世紀前に行われた研究との類似性を取り上げ、また五十年間の沈黙についても説明したいと思う。というのも最近、共感覚への関心に復興《ルネサンス》が起こっていて、それで贅沢にも、十九世紀末の文献を「古典」文献と呼び、最近の文献を「現代」文献と呼ぶことができる。

時の霧のかなた……

　共感覚に関する文献の中でも最も有用なものの一つは、ローレンス・マークスが『サイコロジカル・ブレティン』に発表した論文だ。マークス教授が書いていることの中でも特に役に立つのは、視覚‐聴覚の共感覚について公刊された研究のまとめで、紀元前六世紀のピタゴラスにまで遡っている。心理学者の立場から見て、この史的記述には魅力的な特徴がいくつもあるが、なかでも次の二つは特

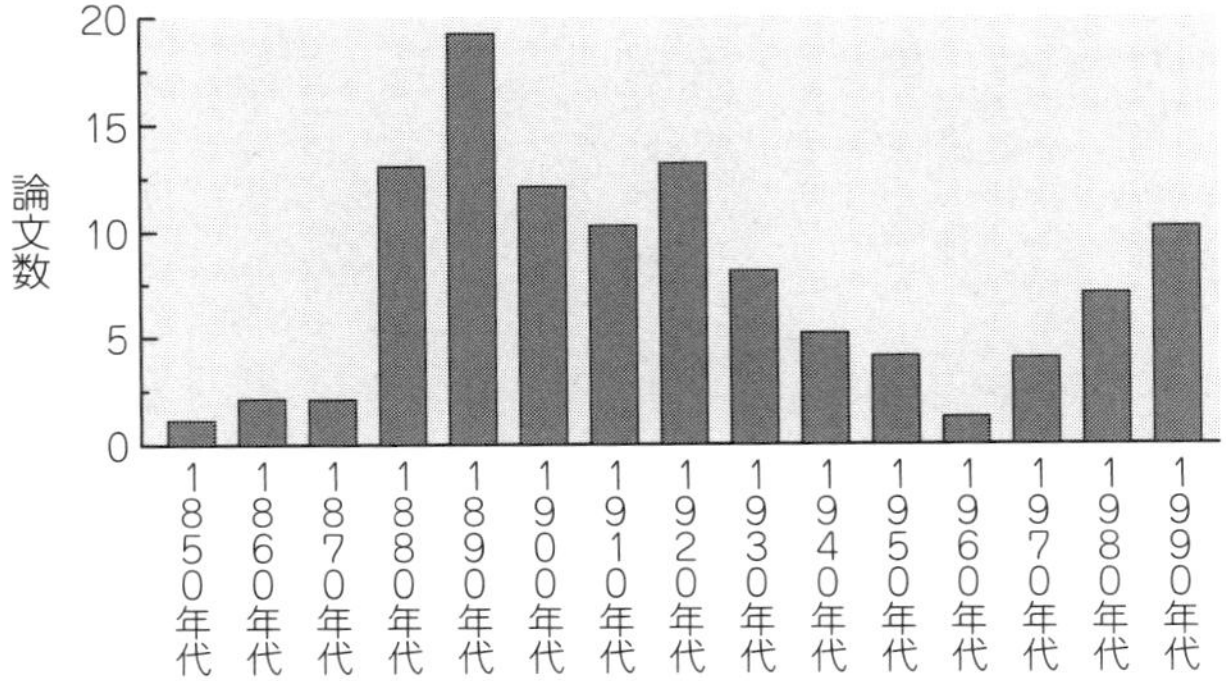

図５　1850 年代から 1990 年代に公刊された共感覚についての論文。この棒グラフは 140 年を 10 年区切りにして，各 10 年間に公刊された論文の数を示している。見ての通り，1880 年代と 1890 年代には非常に関心が高まっており，行動主義が心理学の優勢なパラダイムとして君臨していた年月では著しく先細っている。そして関心は 1960 年代の低点を境に，着実に高まっている。

に注目に値する。ひとつめは、共感覚についての文献が、１８８０年から１８９０年代にかけて、相対的に見て洪水のように出版されていることだ。この年代というのは、ライプチヒにヴィルヘルム・ヴントの研究室が設立されて（１８８９年）、心理学史を学べばわかるように、心理学という学問分野が生まれた、と一般に認知されている時期に一致している。もうひとつ面白いのは、心理学研究の最初の波に、共感覚の研究が多いという特徴があることだ。１８８２年から１８９２年の間、二十七もの論文が公にされている（図５）。それなのに、奇妙にも、この洪水はあまりにも素早くポタポタのしたたりに変わってしまった。

　当時の大方の心理学研究と同様に、これらの報告はほとんどすべて、共感覚を持つひとりないし数名の個人について、単に記録しただけのものだ。その頃の科学者も、綿密にデータを集め、そのデータの平均や分布がどうなっているか報告することはあっただろう。いわゆる「記述統計学」だ。でも科学では、結果が単に確率的なばらつきにすぎないのか、それとも真に何かの現象の表れによるものなのかを決定するための方法が必要だ。十九世紀の末に活躍していた科学者たちは、こういった推測統計学的手法をまだ手にしていなかったから、自分たちの理論の信憑性を検証する方法がなかった。にもかかわらず、十九世紀終わりの理論や実験結果の多くは、現代の科学者によって再検討されて、基本的には正しいことが見いだされている。後の章、特に第6章では脳機能画像法について述べ、現代の技術的躍進が共感覚の理解をどれほど進めることができるかを考えてみることにしよう。現代の文献を見る下地とするため、次に古典文献の中の主な知見を概観して、１８８０年から１９２０年の間に公にされた重要な研究をいくつか説明する。まず、１８８３年に刊行されたフランシス・ゴールトン卿による、『人間の能力およびその発達の研究』という本に書かれていることから始めよう。

優生主義者は語る

悲しいことに、フランシス卿は、良かれと思ってのことであったにせよその不愉快な信条のゆえに、これからも思い起こされることだろう。ヒトという種の高貴さを、交配を制限することによって維持するべきだ、劣等と見なされる人々には、強制的に避妊手術を行なうべきだ、と述べたのだ。このことほどには知られていないが、この本には共感覚についての章があって、ゴールトンが知っていた何名かの共感覚経験について詳細に描かれている。これらの人々が、今日の科学的な共感覚研究のほとんどに適用されている、厳しい基準をパスするかどうかは定かではないが、記述の細部の数々が、私たちの研究結果と驚くほど似ている。その際立った一例が、ゴールトンが結びの言葉として書いていることで、それは実験参加者たちの共感覚的知覚の個別性についてだ。

> 色の連合をもつ人々の批判は容赦がない。普通の人々にとっては、これらの説明はどれも、同じように途方もなくてばかげているように思われるであろう。しかし共感覚者の場合、ある見え方が別の人に伝えられると、その伝えられた方の人はその色をまた違ったふうに見ているのは確実であって、伝えてきた人の異論に憤慨し、ほとんど怒ってしまうのだ。

共感覚者が二人いる部屋にいたことがある人なら誰でも、ゴールトンが書いている情景を理解できるだろう。私たちが共感覚を研究してきた十年間でもっとも記憶に残っている経験のひとつは、１９９５年、チャリングクロス・アンド・ウエストミンスター医学校で行われた、国際共感覚協会の創立総会だ。想像してみてほしい。医学校の講堂全体を占める共感覚者たちが、色の連合についてお互いに比較し合っているのだ。共感覚者が、ある言葉が何色であるべきか言い争い、同意することがないとは言わないけれど滅多にない、ということも、科学的に見て興味深い。この章の後の方にもまた少し出てくる。

古典文献

私たちが研究してきた過去十年間、共感覚の面白いケースにたくさん出会った。でも研究の大部分は色聴の共感覚の事例に限られていた。その理由は、実験参加者をなるべく均質なグループにしようとしたことにある。マスコミの取材を受けるたびに、研究のことを知った共感覚者が連絡をくれて、実験参加者が増えた。それで必然的に、私たちが普段の研究で採用している基準には当てはまらないタイプの共感覚事例が集まってきた。私たちは時間の許す限り、これらの人々を調べた（第6章に、これについてもっと述べる）。たいてい、古典文献にも似たような事例が載っていて、百年前の科学者の研究と、今の時代に共感覚を理解して説明しようとしている努力との間に、きちんとした繋がりができる。今の時代の研究は後の方の章で論じることにして、ここでは、１８８０年から１９２０年の間に公刊された研究論文のうち、現代の研究に最も密接な関係があると思われるいくつかの事例について述べよう。

色聴について――GLのケース

「１８８７年、私は注目すべき色聴の事例に出会った。」フレデリック・スター教授はこのような書き出しで、共感覚者ＧＬの三回にわたる検査について述べている。ＧＬは「並々ならず回転の速い聡明な若い女性で、多少とも芸術的才能があり、優れた文筆家である。」ＧＬに関する説明を読むと、現在の共感覚研究でお馴染みのテーマや考えがたくさん出てくる。たとえば、ＧＬはどうやら幼少の頃から自分の共感覚に気づいていた。それから、ほんの小さかったときに、名前に色がついている、と言ったために人に笑われたことがあると語った。この両方とも、現代の共感覚者との面談でも出てくる事柄で、後で論じる（第4章）。スターは、共感覚的知覚が時間を超えて一定していることに気づいた。だから、三回の検査（１８８７年、１８９１年、１８９３年）のそれぞれで、ＧＬがまったく同じ色の言い方を再現できることを実証する絶好のチャンスがあった。残念なことに、それぞれの検査で違うリストが使われたため、このチャンスは生かされなかった。でもその後の『ネイチャー』誌の報告によると、ホールデン教授という人物が、自分の娘のミルドレッドが色の連合を持っているのを発見して、ちょうどそういう研究を行ったようだ。ホールデン教授は、ミルドレッドが八歳の時に色の連合を持っていることに気づくと、数、文字、曜日などからなるリストを作成した。それ以降、十歳半、十三歳、十四歳半、十七歳半のときに再検査を行った。そのいずれにおいても、ミルドレッドは完璧に同じ色の名前を再現したということだ。これについて１８９３年ウィリアム・Ｏ・クローンは、「各リスト間の非常に注目すべき一致は、それが単なる記憶ではなく、鮮明で永続的な連合であることを大変簡明に示している」と評した。

　スターは１８９３年の論文の締めくくりで、盲人の共感覚について触れている。スターは、先天盲の人々には色の概念がなく、「そのため他の感覚で色を想像するはずはない」と指摘している。その通りと思えるが、共感覚に関する文献に頻繁に引用される資料とは食い違っている。それはある盲人と深紅色の概念について書かれたもので、出所は信頼できる。あの哲学者ジョン・ロック（１６３２

－1704）だから。

ある勉強家の盲人が、物が見えるとはどういうことか理解しようと精力的に努め、本や友人たちの詳しい説明を利用して、しばしば出会う光や色の名前を理解しようとしていた。ある日、自分は深紅がどんな色か、今ではわかった、ともらした。それを聞くと彼の友人は、それで、深紅はどんな色なんだい、と訊ねた。盲人は、トランペットの音に似ている、と答えた。

この文はしばしば引用されるが、これが本当に共感覚について書かれた早期のものである、と考えてよいかどうかは、かなり疑問だ。スターが書いていることの中で最も面白いのは何かというと、「子どもの頃に色を理解した後で失明した人々は、すぐに聞くことによって色の感覚を知覚するようになる」のではないかという疑念だ。このスターの疑念の根拠は、色を理解した後失明したという基準に合う六人のうち三人までが、「かなり強い色聴」を持っているのを見いだしたことだ。これに対して、生まれつきの盲や赤ん坊の頃に失明した別の六人には、何の共感覚的感覚もなかった。スターは次のように示唆して論文を締めくくっている。「盲人における色のついた音、そして心的イメージは、格別に興味深い研究対象であると私は確信している。」最近の研究は、スターが正しかった可能性を示している。最終章で、このテーマに再び立ち戻ろう。

共感覚の一事例（１９１４）

チャールズ・マイヤーズは幸運にも、アレクサンドル・スクリャービンという、共感覚者として最も頻繁に記載される歴史上の人物のひとりに会った。実は、スクリャービンの主張、というかむしろスクリャービンの代弁者たちの主張の妥当性には、かなり疑いがもたれているのだが、そのことについては第5章で述べる。スクリャービンとの面会の様子について書く前年、マイヤーズは、単音や和音を聞くと色が見えると主張する三十歳の男性について書いている。マイヤーズの論文の大部分は、さまざまな音によってどんな色の感覚が引き起こされたかの記録で埋まっている。音叉や、その他「ゴールトンの笛」や「アップンの測音器」［訳注　いずれも音の発生装置で、最初期の精神物理学的心理学で用いられていた］といった道具によって鳴らされた音だ。この論文で特に興味深いのは、共感覚に関する一般的な説明や状況についてで、後の章で書くつもりだが、私たちが面接した共感覚者も同じような内容のことを言っている。たとえば、マイヤーズの実験参加者Ａは、思い出せる限り、以前から共感覚があったと述べている。なかでも興味深いのは、共感覚の感じ方について主観的に説明しているところだ。Ａははっきり次のように述べている。「色を心の中に見ているんじゃないんです。色をイメージしているのでは全くありません。」Ａは同様に、異なった色が塗ってある紙を見せられていても、共感覚を感じるのに何の影響もないこともはっきりさせた。マイヤーズが評して言うに、Ａの共感覚は「非常に稀」で、音に限られており、単語に対しては共感覚はなかった。マイヤーズの観察は私たち自身の経験によく合っていて、共感覚者として出会う人々の大多数は、単語群、典型的には曜日とか月とか季節とか数といったものの名前に引き起こされる共感覚だ。この点については後で詳しく述べよう。それからマイヤーズは共感覚が起こる原因についても、私たちと同じ考えを先取りしている。たとえば、共感覚は「おそらく感覚の分化や精緻化の原初的な段階、またそれらの機能的な内的関係の発達の原初的な段階が、残存していることに帰せられるであろう」と述べている。

色のついた味覚の事例

何度も出てきたように、色聴以外の共感覚はとても稀にしか起こらないようで、そのため次のような事例はいつも関心を呼ぶ。１９１１年、ワイオミング大学のジューン・ダウニーの論文の事例だ。論文の冒頭で、色のついた味覚がそれまであまり報告されてこなかったことについて述べ、それは、この種の共感覚の頻度が少ないからではなく、その人たちが味（や匂い）によって色の感覚が引き起こされることに気づかないからだとしている。ダウニーはその理由について、匂ったり味わったりする物は、普通は自然に色をもっているはずなので、共感覚で起こる色を覆い隠してしまうからではないか、と述べている。これは正しいかもしれないし、正しくないかもしれない。でも私たちの経験では、たとえば色のついた匂いの共感覚を持つ人は、匂いのする物体の色や、匂いによって引き起こされる色の知覚に、非常に敏感だ。

ダウニーの実験参加者の男性Ｓは、記憶の及ぶ限り、ずっと色のついた味覚があったと述べた。私たちの色聴の共感覚者に見られるのとは違って、Ｓは共感覚の起こる位置を特定することができ、それは口の中だった。Ｓはまた面白いことを言っていて、ある色はいい味だが（たとえばピンクとラベンダーのように）、他のもの、たとえば赤系統と茶系統の色はまずい。Ｓには青い味というのはなかった。これら共感覚についてのS自身の主観的な説明を聞き取った後、ダウニーは次の問いに答えることに取りかかった。

1　Sは正常な味覚を持っているか。

2　Sが味によって感じる色の色合いは、味という複雑なものの中の、ある特定の要因によって、単一に決まるのだろうか。

3　引き起こされた色の感覚は、本当に感覚なのか、それとも想像なのか。

ダウニーはこれらの問いに答えるため、いろいろな味を与えてSの反応を記録することから始めた。この精神物理学的実験でわかったのは、Sは甘味（サッカリン）、塩味（食塩）、酸味（硫酸！）、それに苦味（キニーネ）を、それぞれ薄く溶かした溶液に特に敏感であるようだということだった。でも、Sはある種の味については区別が難しかった。たとえば、キニーネと唐辛子とを区別できないようだったし、ペパーミントの味だとわかるまでに三分もかかった。二番目の問いへの答えはノーのように見えるが、ダウニー自身は「徹底的に分析すれば、さまざまな味の色合いを決定している、一定で単一な原則の存在が示せるであろう」と望みを捨てていない。実験結果をもとに考えると、この望みには見込みがないようだ。というのは、Sは、たとえばキニーネ（オレンジがかった赤）のように、味についてある単一の色を言うことができたが、同じ色を赤唐辛子、苦アーモンド、それにミョウバンにも言ったのだ。同じように、サッカリン、アニス、さくらんぼシロップ、サルサ・シロップ、タール水は、みんな黒の感覚を起こした。なかでも最も奇妙なのは、サッカリンは色の知覚を引き起こすのに、グラニュー糖や角砂糖は全く共感覚を起こさないのだった。

　ダウニーとその色のついた味覚の共感覚者の話を終える前に、三番目の問いについて考えてみよう。ここで起こった共感覚は、感覚なのか、それとも想像なのか？　この問いは少しずつ違った形ではあるが、この本全体を通じて繰り返し出てくる。この問題の本質は、色の感覚を引き起こす物質を単に味わいさえすれば、それが共感覚を引き起こすのに必要十分なのかどうか、ということだ。言い換えれば、共感覚者は、ある匂いが与えられたら、そのすべての場合に、自動的にその匂いに対応した色を「見て」しまうのだろうか。もしこの答えが「イエス」なら、その知覚は、ダウニーの言うところの「感覚」として起こっているということができる。でももし、その共感覚者が色を感じるのに何らかの努力を必要とするのならば、その知覚は「想像」と呼ぶのが最もいいだろう。この区別は共感覚に関するさまざまな理論や説明を理解する上で、非常に重要だ。経験から、用語を定義しておくと共感覚問題の議論に役立つことがわかっているので、ここで二つの異なった用語を定義して、これら異なった仕組みについて言うのに用いることにする。共感覚のうち、自動的で、一定していて、起こるのを抑えることができないと本人が確信しているタイプの共感覚について言う場合、この本では「対応（correspondence）」という用語を使って、第一の感覚と共感覚的な知覚との間の関係を述べることにする。これに対して、学習された共感覚で、そのため、自動的でも、一定でも、起こるのを抑えることができないということもない共感覚について言う場合、「連合（association）」という用語を使うことにする。学者にありがちな形式主義に聞こえるかもしれないが、ここで明確に定義しておいた方がよい理由は、この本を読んでいくにつれて、だんだんはっきりしてくるだろう。

イサドー・ヘンリー・コリアット（１８７５－１９４３）の共感覚者たち

１９１３年というのは、このボストンの医師にとって、いろんなタイプの共感覚者に注意を向けさせる当たり年だったようだ。重要な注意点があって、以下のケース・スタディは全員、以前から精神病を患っていると説明されている。これは必ずしもすぐに、そういう人々の言うことは信用できない、ということにはならないが、覚えておいていいのは、現代の神経科学では、精神病の患者は実験対象からは注意深く取り除くことが多いということだ。特に、共感覚という主観的な認知状態を扱う場合には、こういう用心をしておくのが賢明というものだろう。コリアットは多分、その著作『夢の意味』（１９１５年）や精神分析学者としての方がよく知られているし、特にボストンで、１９２８年にボストン精神分析協会を再興したことの方が有名だろう。ところで、コリアットの共感覚研究について見る前にちょっと寄り道して、普段よく混同される、心理学（psychology）と精神医学（psychiatry）と精神分析学（psychoanalysis）の間の関係についてはっきりさせておきたい。これら三つの全く異なった専門分野はよく混同されるけれども、その理由は、三つとも英語ではすべて同じ五文字（psych）から始まっている、という以外にはない。ここに、この全く別々の専門分野の定義を述べておく。

精神医学者（精神科医 psychiatrist）とは、統合失調症や躁うつ病、うつ病などといった、精神病を専門に研究することを選んだ医師のこと。

心理学者（psychologist）は、普通は医学的訓練を受けていない。したがって診療はできない。心理学者の多くはカウンセリングや心理療法の技術を持っている。［訳注　日本ではカウンセラーとしての訓練を受けていない心理学者も多い。］

精神分析学者（psychoanalyst）の大部分は精神科医で、この人たちが採用するのを選んだのは、精神分析学（あるいは精神力動学とも呼ばれる）の一派の人々が書いた哲学や技法だ。精神分析学者として最もよく知られているのは、ほとんど間違いなくジークムント・フロイトだが、ユング、クライン、シルダーといった人々も影響力がある。読んでくれてありがとう。これらの違いをはっきりさせたいと思っていたので。

さて、コリアットの最初のケースは優れた知性を持つ四十一歳の女性で、何年間も不安神経症を患っていた。コリアットは問診から、その患者の共感覚は神経症の発症より前に始まっていると判断した。これは患者自身の「物心ついたとき」から共感覚があった、という言葉からも裏づけられた。その患者の共感覚で、注目すべきことでもあり、またがっかりさせられることでもあるのは、その知覚はいろんな色合いの青に限られていたことだ。たとえば、「ネリー」は薄い空色で、「ルーシー」は明るいサファイア色、という具合だった。私たちの研究では、こんなに範囲の限定された共感覚者に出会ったことは一度もない。私たちが面談してきた共感覚者と同様に、このコリアットの患者も、共感覚はいつも一定であると明言した。コリアットの言葉で言えば、「同じ音や言葉は、いつも同じ色と連合していた」。この患者の共感覚には奇妙な点があって、普通は共感覚の引き金となる言葉、たとえば曜日、数、一年の月を表わす言葉には、色の感覚が起きなかった。コリアットも、共感覚は「神経システムの先天的な異常で、ある中枢への刺激が別の中枢へと送られてしまう」のが原因であると考えた。

　コリアットのその年二番目のケースは四十歳の女性で、色のついた痛みを患っていた。この女性はたくさんの症状を抱えていたようで、夢遊病、疲労（神経衰弱症状）、片頭痛などがあった。色のついた痛みのほとんどを発症したらしいのはこの片頭痛で、よくあったのは、激しくてしつこい頭痛に伴う青色の感覚だ。軽い頭痛は白い痛みの共感覚を引き起こすことが多かったし、重い頭痛は鮮やかな深紅色の知覚を引き起こした。

　ドクター・コリアットの症例簿最後のケースは、自分が実際に診察した患者ではなく、どうやらコリアット自身によってフランス語から翻訳されて抄録の形で掲載された共感覚事例だ。この共感覚者は実際にはマリネスコ博士という人物によって診察され、１９１２年に報告された。この抄録の症例は三十五歳の女性で、六歳のときから共感覚があったと語った。このケースで注目すべき点は、といっても、共感覚者に過去の経験について聞いたことがある人ならお馴染みのことだが、この人は十四歳頃になるまで、「他の人々も言葉を聞くと色が見えるのだと信じて少しも疑いを抱かなかった」ことだ。この言葉も、後の章で見るように、私たち自身の調査結果を先取りしている。

ウェルズリー大学プロジェクト

十九世紀末から二十世紀初頭にかけての共感覚研究をめぐるこの小旅行を、共感覚というのはもっと広い可能性があるのではないかという考えでもって終えようと思う。特に、共感覚は、以上に述べてきた研究者たちが考えていたよりも、実はもっとありふれているのかもしれない、という見方である。今から述べる事柄の多くは、第８章でも再び議論する。第８章では、共感覚は、ゴールトンがまさに予想したとおり、大部分は遺伝によるのではないか、という可能性について検討する予定だ。

以上に論じてきた研究の多くは、共感覚が比較的稀であると指摘している。たとえばコリアットは両方の事例の文献を、「共感覚の事例は大変稀なので、どんな新しい観察も記録し分析する正当な理由がある」という序文で始めている。だが、集められたデータに偏りがあるのは明らかで、一般市民から代表的なサンプルを取り出すことから始めた研究はひとつもなく、病院の診察や偶然で出会ったケースをもとにしている。共感覚の出現頻度を正確に推定するためには、人口を代表すると考えられるサンプル集団を調べ、共感覚をもつ人々がどれだけいるかを数える必要がある。これについてはさらに第８章で述べる。ここでは、共感覚がどのくらいの頻度で見られるのかを推定しようとした初期の試みである、ウェルズリー大学プロジェクトについて見てみよう。

この研究は、当時この大学の心理学助教授だった、メアリー・ホワイトン・カルキンズという人物の発案だった。研究は１８９２年の春に始まり、５２５名について調査した。このときには合計で３５名（６・７％）が、カルキンズ言うところの「偽性色彩感覚」を持っていると主張した。でもそのさまざまな偽性色彩感覚を詳しく調べてみると、すべての言葉に色の知覚を持っていると報告したのはたった4名で、全体の1%以下だった。カルキンズ助教授はゴールトンと同様に、「ある被験者に色がどのように表れるのかを正確に理解するのは非常に困難である」と述べている。共感覚がいつから始まったかという問いに対し、やはりこの研究でも、物心ついて以来、と参加者たちは答え、近親者にも共感覚を持つ者がいると答えた。

カルキンズ助教授は、数々の統計値に加え、偽性色彩感覚事例の詳細についても書いている。これらの事例報告は、一世紀以上もたった後で私たちが集めたものと驚くほど似ていて、この本の後の方で再び取り上げる数々のテーマを例証してくれている。以下に2名の参加者、ＡとＢのケースの概略をまとめる。

【ケースＡ】

Ａは十九歳の女性で、記憶の及ぶ限り幼い時から共感覚を持っており、それが異常なことだとは思ったこともなかったと述べた。彼女は文字の名や単語を聞いた時にのみ、色が見える。つまり、誰かがそれを言った時である。読んでいる時には、自分でその言葉を言ってみない限り、色の印象は起こらない。

この現象は、特に文字（母音および子音）そして単語において、最初の文字が残りの部分に色を付ける形でのみ起こった。たとえば、ａは青なので、アリス（Alice）は青だし、ｓは黄色なので、サンデイ（Sunday日曜日）は黄色であった。

【ケースB】

Bもまた十九歳の女性で、子どもの時、読み書きできるようになるずっと前から色聴があった。彼女の場合は、色はまず名前と結び付いており、色とアルファベット文字とが結び付いたのは後になってからだ、と彼女は考えていた。母親が最初にBの変わった点に気づいたのは、Bに遊んでいたおはじきに名前を付けてくれるよう頼まれたときだった。母親が名前をつけてみても、Bは合わないといってほとんど退けてしまった。なぜなら、それらの名前はおはじきと同じ色ではないから、と言うのだった。

色と単語とを連合させる決まったルールはないようだった。それぞれ異なった単語や文字が別の色を持っており、たとえ同じ色が表われそうに思えるときにも、その色合いにははっきりした違いがあった。たとえば、サラ（Sarah）とステラ（Stella）は同じ頭文字で始まっているが、全く異なった色をしており、サラは明るい青で、ステラは薄い黄色なのである。

カルキンズ助教授はその後もウェルズリー大学の新入生の調査を続け、偽性色彩感覚の頻度を記録した模様だ。驚いたことに、1892年には6・7％だったのが、1893年には2倍以上の16・82％になり、1894年には23・3％に跳ね上がった。これはおかしい。こんな爆発的上昇を何と説明できるだろう。共感覚が突然広まった可能性はゼロに近いから、多分、回答者が相手に合わせる義務を感じたのだろう。もしかして、「身内」のひとりになるためには、共感覚者になる必要があったとか？　確かにそれはありうるだろう。この奇妙な結果は、認知状態について主観的報告のみを不動の証拠と見なすことの危険を如実に示している。だからといって、当事者の主観的報告が重要ではない、ということではない。ただ、その報告を支持するような客観的データも取得する必要がある、ということだ。

古典文献から何を学びとれるか

以上に論じてきた文献から、いくつもの重要な知見が浮かび上がってくる。後続の章のため、箇条書きにして覚え書きとする。

・色聴は、間違いなく、共感覚の中でも最もよくあるタイプのものらしい。
・他のタイプのもの、たとえば色の付いた味覚や色の付いた痛みも報告されているが、どうやら大変稀である。
・色と単語との対応は、個人ごとにきわめて異なっている。
・共感覚者は、思い出せる限り幼い時から共感覚があったと答える。
・共感覚は、心の目によって「見える」というものではない。
・たくさんのサンプルを集めた研究により、共感覚は比較的よくあるものだということが示唆される。
・共感覚者は、家族にも共感覚を持つ者がいると答えることが多い。

・色聴の場合、単に読むだけでは共感覚を起こすのには不十分で、単語は聞こえてこなければならない。

最後にひとつコメントを述べて、次の話題、共感覚研究熱がどのようにして、なぜ、落ち目になったかという議論に移ろう。以上に見てきた古典文献だけでは全体を見通すのには少なすぎるとはいえ、報告されている共感覚者がたいてい女性であることには興味をそそられる。文献から引用部分を選択することには危険が伴っていて、図らずも（あるいは時として故意に）間違ったイメージを伝えてしまうかもしれない。そこをあえて言うのだが、最近、『アメリカン・ジャーナル・オブ・サイコロジー』という学術雑誌に１８９３年に掲載された論文のコピーを手に入れた。その論文の中で著者のウィリアム・クローンは、共感覚においては「その被験者の大多数が女性」であると述べている。そうして、クローンがたいへん古めかしい考えを次のように続けているのも触れておくに値する。「すなわち、内省的な思考ができるとは言い難い人種である。少なくとも、男性には劣る。」うーむ……十九世紀文献の珍奇なるところではないだろうか。クローンは次のように文を終えて、女性をなぐさめている。「――しかし、女性は観察力がより鋭い」！　おわかりのとおり、この二つの度の過ぎた一般化には、科学的根拠は少しもない。それはさておき最初の点に戻ると、１８９３年の昔にはすでに、心理学者は共感覚者のほとんどが女性だということに気づいていた。これもまた、古典的研究と現代の研究との一致点で、すぐ後で述べるテーマを浮き彫りにしている。

大量絶滅

というわけで、共感覚への広い関心は科学的学問としての心理学の設立と時期を共にしており、論文が連続して出たという特徴があるけれども、実験によって確かめられることはほとんどなかった。どうしてだろうか。要するに、実験するためには、考え出した理論が正しいのかどうかを決定する方法が必要だったからだ。そういう判定が可能になったのは、１９２０年代に確率論や推測統計学が発達してからである。それにしても、どうしてこういった統計学の発達が、科学にとってそれほどまで重要だったのだろうか。次にそれを説明してみよう。

なぜ科学者は統計学を使うのか

要するに、科学者が統計学を用いる理由は、実験で得られた結果が偶然によるものなのか、それとも何らかの「本当の」効果によるものなのかを知りたいからだ。もちろん、これはもっと詳しく説明する必要がある。何にでも言えることだけれども、こういう複雑な事柄は例をあげて説明するのが最もわかりやすい。私は最近、実験における統計学の役割について簡潔に示す素晴らしい小品に出会ったので、それを使おう。

それでは、それが起こる確率は？

歴史はイギリスをお茶（紅茶）飲みの国の代表としてきた。この見解を支持する証拠はたくさんあるが、ここではマレーネ・ディートリッヒ［訳注　ドイツ出身の往年の大女優。リリー・マルレーンの歌やナチス政権に抵抗したことなどで有名］の言葉を取り上げよう。イギリス人の生活におけるお茶の役割についてで、ちょっとうらやましそうだ。

> イギリス人には決して切られたことのない「へその緒」みたいなものがあり、それを通って常にお茶が流れている。イギリス人が、突然の恐怖や悲劇、災害に見舞われた場面を観察するのは興味深いものである。どうやら心臓は止まり、何もなされず、どんな動きも起こらないが、それは「一杯の美味しいお茶」が急いでいれられるまでのこと。お茶が安心をもたらし、心を静めていることには疑いがない。すべての国でお茶に対する意識がここまで高くないのは何と残念なことであろう。世界平和の会議は、もし「一杯の美味しいお茶」がちょうど良い時に飲めるのであれば、もっとスムーズに運ぶことだろう。

これ以上うまくは言えない。それにしても、理想的に美味しいお茶って、どうやっていれたらよいのだろう[1]。もっと限定して言うと、ミルクは常にお茶を注ぐ前に入れておくべきなんだろうか？ここで鍵となっている問題は、ミルクがお茶より先に入れられたかどうか、誰かわかるのかどうか、ということだ。この問題が、ロナルド・アイルマー・フィッシャー卿（１８９０－１９６２）とムリエル・ブリストルの知性を刺激した。有名な統計学者のロナルド卿と、ブリストル嬢（ウェッジウッド財閥の相続人）とが一緒にお茶を飲んでいるとき、まさにこの問題が持ち上がった。これを解決しようと応接室で実験が行われ、8杯のお茶が用意された。4杯にはお茶を先に注いで後でミルクを入れ、残りの4杯にはミルクを先に入れて後からお茶を注いだ。ロナルド卿（実験者）はブリストル嬢に、お茶を先に注いだのは8杯のうちのどれか、ミルクが先だったのはどれか、正確に当てるよう求めた。ブリストル嬢は8杯のうち6杯までを正しく言い当てた。見たところ優秀な成績だ。でもロナルド卿は、そういう一見して並外れた成績でも、もしかしたら単なる偶然かもしれないと考えた。それでは、偶然そのような成績になる確率はどのくらいだろうか。フィッシャーの直接法という統計方法を用いて計算すると（8杯のお茶からどこへ行き着くか、これでわかってくれたと思う）、ブリストル嬢が8杯から6杯を偶然正しく言い当てる確率は0・243、つまり約4分の1となる。この数値なら、ブリストル嬢は8杯のお茶がどういれられたのかを本当に言い当てることができたのだ、という主張を却下するのに十分なほど大きいという印象は与えない。ここで当然、次のような疑問が浮かぶ。結果が偶然ではなく、本当の効果の表れだという証拠にするには、どのくらいの数値ならいいのだろうか。これについてはまた後で述べよう。

---

［1］公式にはイギリス工業規格の BS 6008（ISO 3103-1980）に「官能検査に用いる茶溶液の作成方法」と題する手引きがあって、たった8ページだから、参照することをお勧めする。

霧は晴れてきた

ロナルド・フィッシャー卿は1919年に数学の教師を辞め、ロザムステッド農業試験場で生物学者として働くことにした。といっても、ロナルド卿は統計学者として最もよく知られている。その理由は主に、小規模サンプル（女性相続人ひとりとお茶8杯では、とても大規模サンプルとはいえない）の統計法についての業績と、分散分析という、科学者にとてもよく知られている統計テクニックを発明した業績のためだ。フィッシャーが農業試験施設であるロザムステッドに転職したのは風変わりなことに見える。でも心に留めておいた方がよいのは、いろいろな農業技術によって得られた穀物の生産高を比較する必要から、ある農業技術が別の農業技術よりも本当に優れているのかどうかを決定する方法が求められていたことである。こういう農業技術からの名残は、今でも「分割プロット法」［訳注　英語のプロットには小区画の土地という意味がある］といった統計用語の中に見ることができる。

農業や化学、生物学などで用いられる厳密な科学的手法を適用することで、その他すべての科学領域で実験を行う研究者に、自分で理論を立てて検証するための方法が与えられることになった。心理学者がこの手法を用いようとすれば、観察可能なデータを集める必要が生じる。生物学者なら神経細胞を計測すればいいが、認知という他人の頭の中にある思考は、どうやって測るんだろう。次にこれについて考え、心理学者が出した解決策を見てみよう。

パラダイム・シフト

科学哲学や科学史の研究者が注目してきたことがあって、科学の歴史はある一群の前提ないし手法から別の一群へのシフト（移行）によって区切ることができる。それから次のようなことも哲学者が好んで指摘していて、こういったシフトは急激で、通常はそのときに優勢だったパラダイム（概念的枠組み）の説明能力に不満足であることが引き金になる。おそらく心理学における最も劇的なシフトは、認知主義からいわゆる行動主義への移行で、１９３０年代に起こった。五十年間続いてきた共感覚研究は、それによって死の宣告を受けた。

行動主義——動物の性質

定義から始めよう——誰かが行動主義者であるという場合、正確にはどういう意味だろうか。またどうしてそういうパラダイム・シフトが起こったのだろうか。以上に見たような推測統計学が発達した結果、科学は実験によって検証しようとしている理論を弁護するための方法を手に入れ、ある特定の効果が起こったのは、統制され、前もって指定された要因のためだ、ということを実証できるようになった。つまり実験用語を使って言えば、独立変数を操作して、それが従属変数に及ぼす効果を計測することが可能になった。さあ、ここが最重要ポイントで、認知に関心のある心理学者のジレンマがここにある——どうやって測ったらいいのか？　つまるところ、測ることができるものと言ったら、行動だ。例として、記憶を調べる簡単な実験を考えてみよう。実験参加者は一分間にできるだけたくさん単語と色を連合させるように求められる。一方のグループの人は心的イメージ（記憶術）を用い、もう片方は機械的丸暗記（単語をただ繰り返す）を用いる。こういう実験ではたいてい、記憶術を用いた人たちの方が丸暗記の人たちよりもたくさん単語を思い出せる、という結果になる。それはさておき、この実験で重要なのは、「記憶」という認知概念を測るのに、思い出せた単語の数を数えること、つまり実験参加者の「行動」を使っている、という点だ。要するに実際に測っているのは「思い出せた単語の数」であって、それを記憶の表れと見なしている、ということになる。１９２０年代から１９３０年代に影響力をもっていた心理学者の多くは、観察できないような仮説的構成概念に頼って行動を説明するというのは、学問としていかがなものかと考えるようになり、そのかわりに観察できるものだけを計測して報告することに自らを制限するようになった。単語リストを覚えるという方法なら、学習理論を使って論じることができるから、学習理論が、行動主義的な考え方の大黒柱となった。

パブロフとその有名なよだれを垂らすイヌ

いったい何が、それほど多くの心理学者にこんなにも劇的な影響を与えたのだろうか。面白いことに、どうやらロシアの生理学者イワン・パブロフの研究だったようだ。心理学者だったことなんか少しもないだろうと目される人物である。次にパブロフの研究の要点をまとめて、その行動主義心理学における重要性について見てみよう。

イワン・ペトロヴィッチ・パブロフ（１８４９－１９３６）は、唾液分泌の生理学的メカニズムの研究に着手する前に、消化についての研究ですでにノーベル賞を受賞していた。パブロフは神経が消化過程をどうコントロールしているのかを研究する計画を立て、唾液の分泌量の変化を測ることにした。このためパブロフは唾液腺の管のひとつを外科的に迂回させて特別なチューブを通るようにして、唾液を簡単に計測できるようにした。これらの実験のさなかに、驚くべき予期せぬ事実が浮かび上がってきた。最初は口の中に食べ物があるときだけ、唾液分泌量の著しい変化が起こった。その後イヌが装置の中でしばらく過ごすうちに、以前には中立的な意味合いしか持たなかった合図にも唾液を出すようになることがわかった。イヌは次第に食べ物をただ見るだけで唾液を出すようになり、食べ物を入れる皿を見るだけで出すようになり、食べ物をいつも運んでくる人の姿を見るだけで、しまいにはその人の足音を聞くだけで、唾液を出すようになった。これらの偶然の観察からパブロフは別の研究計画を思いついて、すぐに学習の法則を研究することに切り替えた。パブロフは、動物に起こる出来事を操作することで唾液の量がどう変わるのかを調べることにした。たとえば、ブザー音と食べ物の提示との間に決まりを作り、食べ物を出す直前にブザーを鳴らすことにした。すると、ブザーを何度か鳴らした後で食べ物を出すというのを数回行えば、ブザーの音だけでもイヌは唾液を出すように「学習」することがわかった。パブロフは、イヌがブザーに反応するように「条件付け」られるという原理が働いているのだと考え、パブロフ言うところの無条件反射と条件反射とを区別するよう提唱した。パブロフの考えによれば、無条件反射とは事実上生まれつきの反射で、しかるべき刺激によって動物の経験とは無関係に無条件に引き起こされる。口の中に食べ物があれば唾液が出る、というような反射のことだ。これに対して条件反射は獲得されたもの（つまり、動物の経験という条件付きのもの）であり、このため脳に新しく形成された結合に基づいて起こる。イヌがブザー音にも唾液を出すよう条件付けられたような場合に起きている反射がそれだと考えられた。

　この理論は「古典的条件付け」理論と呼ばれ、行動主義の基本原則のひとつだが、もう少し一般化した言い方で説明しよう。すべての無条件反射は、無条件刺激と無条件反応の間の結合に基づいている。右の例では、口の中の食べ物は無条件刺激であり、唾液の分泌は無条件反応だ。条件反射の方でこれに対応する用語は条件刺激と条件反応だ。条件刺激は初めは中立的な刺激（ここではブザー音）で、無条件刺激（ここでは食べ物）と一緒に与えられる。条件反応（ここでは唾液の分泌）は条件刺激と無条件刺激の組み合わせを何回か行った後に、条件刺激によって引き起こされる反応のことだ。普通は条件反応と無条件反応はとても似たものになるが、この二つは必ずしも同じでなくてもよい。古典的条件付けでは無条件刺激を条件刺激と同時に、あるいは直後に与えることがとても重要で、この無条件刺激と条件刺激の対を何度か繰り返せば、それだけ連合は強化される。強化は古典的条件付けにおける別の重要な問題で、もう少し詳しく見てみる価値がある。

正の強化と負の強化

学習理論の中心教義は何かというと、行動は正の強化によって起こりやすくなり、負の強化を用いることで起こりにくくなる、というものだ。では正の強化、負の強化とは何だろうか。イヌのトレーニングの話をもう少し続けて、これらの現象について説明してみよう。イヌのトレーナー（調教師）は訓練中のイヌがある行動をしたら、よく小さなスナックをあげてごほうびにする。これはどういうことかと言えば、イヌが何か人の気に入ることをしたら、スナックをあげたりほめたりして動物にごほうび（報酬）をあげれば、その後似たような行動を起こりやすくできる、という考えだ。同じように、言葉で叱ったり罰を与えたりして負の強化をすれば、ある行動を止めさせるだろう。この理論を実践するときに難しいのは、行動を条件付けしようとしている動物や人間にとって、何が正の強化で何が負の強化になるのか、見極めることにある。そのいい例が、教室で乱暴に振る舞う生徒に当てはめる場合だ。直感的に考えれば、叱りつけたりして何か罰を与えて非難すれば、負の強化として働くんじゃないかと思う。だが研究によれば、このようにすると実際にはよく逆効果になって、望ましくない行動をさらに助長してしまう。というのは、先生は図らずも、その子どもに注目する、という正の強化を与えてしまうことになるからなのだ！　行動療法の専門家によれば、こういうときには子どもを無視すれば、その子のよくない行動に報酬を与えないですむ。

この行動主義の原理（哲学とは呼ばないまでも）は、今でも教室での行動矯正プログラムやおねしょ治療、痛みの医療ケアに応用されている。この最後の痛み《ペイン》のケアに応用できる、というのは意外かもしれない。痛みは、間違いなく最も純粋に精神の状態なのだから。実は行動主義者によれば、というかもっと普通に言うと新行動主義者によれば、痛みは「純粋に精神の状態」というわけではない。行動主義から離れる前に、新行動主義の視点から痛みについて考えてみよう。

さて、痛みを精神状態と無関係に説明するのにはどう取りかかればいいだろう。実は、とっても簡単なのだ。痛みではなくて、痛みの行動について考えればいい。でもこう思うかもしれない。「へーえ、そりゃ結構。でもきっとそんなのは単なる言葉のまやかしじゃないの?」そうではない、と行動主義支持者ならすぐに答えて、次のような状況を考えてみて、と言うだろう。

ジョーおじさんは仕事中に小さな事故にあって以来、長引く頑固な腰痛に悩まされてきた。この痛みをすっかり取り去ってしまいたいと思い、痛みの総合クリニック《ペイン・クリニック》に入院した。入院時、おじさんは痛みを10段階のうち9と評定する。これは、0が痛みはなし、10は想像できる限りもっともひどい痛み、というものだ。入院して一週間後、お見舞いのために病院に行ってジョーおじさんに会いたいと言うと、受け付けの人が言うには、面会は構わないが、その前におじさんを担当している心理学者に会うようにと言われる。その心理学者のいる部屋に案内されて、特定のことについて念押しされる。こんなふうに。前にお友達やご家族の方が見えたとき、自分と同僚とで観察させてもらっていると、訪問してきた人々はよく、ジョーおじさんなら多分十分自分でできるだろうというようなことまでやってあげてしまっています。ジョーおじさんの後をついてまわることで、お友達やご家族は「ジョーおじさんの痛みの行動を強化する」ことになっているかもしれないのです。さあここが重要ポイントだ。痛みは、痛みの行動で説明できる。その痛みの行動は、ジョーおじさんが自分でステッキに手を伸ばした時、痛みにちょっと顔をしかめるのを見るや、ステッキを手渡してあげてしまうことで強化されてきた。その証拠に、ジョーおじさんがひとたび自分で物事をこなそうとし始めると、痛みの評定値が減少していく傾向があるのだ。

何かを見失っているのかもしれない

見てきたように、行動主義は、行動を引き起こす出来事（刺激と呼ぶ）と、引き起こされる行動それ自体、つまり反応を、観察したり記録したりすることに依存しているのが特徴だ。際立っているのは、精神生活にはまったく触れないし、精神生活の存在の余地もないことだ。心理学者の多くにとっては、精神を表わす用語を使って説明することが禁じられたため、心理学はかなり味気ない学問になってしまった。行動主義は心理学者に、意識とか共感覚とか信念などなど、大好きなことをおしゃべりするのを禁じてしまった。行動主義が居座っていたのは、ただただ心理学者が「自分たちの学問を科学であると認めてほしい」と望んでいたおかげだった。とはいえ、行動主義が受け入れられて心理学のパラダイムとして優勢になった後でも、観察することが可能な行動ばかりを当てにして、人々（や他の動物）の行動内容や理由を説明する、ということに、いつも何かしら不満感があった。この「推測されることではなく、観察されるものだけを信じよ」という要求は、妙な気分をもたらす。自分はひょっとして、心理学における何か面白い重要な要素を見失っているんじゃないか。この自分自身の直感への不信は、次のジョークによく捉えられている。何年もの間、心理学者の間でよく知られてきたジョークだ。

二人の行動主義心理学者がある晩、遅くまで仕事をしていて、正の報酬のメカニズムについて話していたら、急に情熱に火がついてしまい、お互いの服をはぎ取り、研究室にあったベンチのまさにその上でセックスするところまでいってしまう。二人が性交後のタバコを楽しんでいると、ひとりがもうひとりを振り返って訊ねるには、「ねえ、あなたには良かったけど、私にとってはどうだったのかしら？」くだらないジョークだが、ポイントを鋭く突いている。

痛みなくして得るものなし

行動主義は心理学の優位なパラダイムとしての権威を失墜したが、それは五十年もの間頂点にあり続けた後にようやくのことだった。実際には、心理学は行動主義を完全に取り除き切っているわけでは決してないし、今日でも行動主義の原理はたくさん応用されている。でもどうして行動主義はそんなにも急速に、１９５０年代後半に支配的なパラダイムとして君臨していた栄光の座から滑り落ちたのだろうか。そう、たくさんの理由があるが、多分、行動主義に対する最も致命的な告発は、言語獲得についての行動主義的な説明に対する言語学者ノーム・チョムスキーの批判だった。

B・F・スキナーの「言語行動」

心理学を学べばすぐにわかることだが、心理学的な過程の多くは理解するのに自分の直感を当てにできない。私が思うに、子どもの言語獲得についてよく考えてみれば、これがとてもよくわかる。子どもがどのように言葉を学ぶのかを素人心理学的な考えで説明すると、子どもは周りにいる人々から学ぶのだ、ということに、多分、なるだろう。事実、子どもは言葉を教えられている。ここがスキナーの出発点だったようだ。でもスキナーにはまだわからない部分が残っていた。この言葉が教えられる過程は、どういう仕組みになっているのか？　スキナーは、子どもは強化のスケジュールの結果として言葉を獲得するのだと考えた。特に、子どもは報酬を受けるとそれだけその発話を繰り返しやすくなるのだと考えた。その後の研究により、これはたくさんの理由からありそうもないことがわかった。その問題点の中でも一番なのは、親は文法の正しさではなくて、話している内容の正確さや真実さに対して報酬を与えるのが繰り返し観察されることだ［訳注　ここでの報酬は、親が子どもに注目したり返事をしたり、といった内容になる］。たとえば飼っているイヌが部屋を出て行くのを見ていた子どもが「エルヴィス行った出たよ」と言う方が、「エルヴィスは建物を去ってはいない」なんて言う子どもよりも、より報酬をもらいやすい［訳注　たいていの親ならば「それを言うなら、エルヴィスは出て行った、でしょう、ばかねえ！」などとネガティブなことを言ったり、あるいは無視したりするのではなく、「そうね、行っちゃったわね」といった応答をするので、正しい内容を話すことに対して正の報酬となる、ということ」。スキナーの理論が正しいなら、言葉はとても正直ではあるけれども文法的にはとても誤ったものに発達することになってしまう。何が注目に値するかといえば、私たちがどうやって文法を身につけるかだ。結局のところ大人たちのほとんどは、教える文法ルールを不十分にしかわかっていない。それなのに、十分に言語にさらされれば、私たちはみんな文法に則って話せる能力を普通は獲得する。実際私たちは無意味な文に対し、それが文法的に見て正しいかどうかを判断することができる。この点こそ、チョムスキーが指摘したことだ。「無色な緑の概念が猛然と眠っている」という文は、文法的には正しいと判断することができる。この文を聞いたことが一度もなく、どういう意味だか説明することができなくても。

チョムスキーが完膚無きまでスキナーの本を批判したことによって、行動主義的アプローチの不十分な側面が照らし出された。少なくとも言語獲得に関してはそうだった。とはいえ、行動主義は他のたくさんの方面からも攻撃された。煎じ詰めれば、行動主義に対する最も大きな批判は、そんなドライな哲学で人間の行動の豊かさをすべて捉えられるとはとても思えない、ということだった。行動主義という言葉が「単なる」という軽蔑語に続けて呼ばれるのを見るのは珍しくない。これは不幸なことだ。確かに、行動主義の哲学が思い描いたのよりも、人間の心理学には森羅万象もっと多くのことがある。だが行動主義のパラダイムは、その哲学の全体とは言わないまでも、今でも有効であり続けている。

認知主義のルネサンス

認知主義が戻ってきたようだ。1960年代には認知心理学が興り、再び心理学（や神経科学）に携わる人々が、「心の状態」の性質について思索にふけることができるようになった。私たちは確かに心ゆくまでこの自由を楽しんでいる。多分、いくつかの精神状態についてはちょっと考えすぎかもしれない。いずれにせよ、この本の残りは、今日優勢なパラダイムである認知主義に則って書かれている。

第3章

非凡なる共感覚者？

認知革命、より正確には認知ルネサンスによって、心理学者は再び心理学における面白いこと、つまり、目には見えないけれどその存在が推測されるような認知能力について論じるという、快楽を許された。ほぼ時を同じくして、別のルネサンスが起こった。心理学の広い分野の中の別の一派である、神経心理学の復活だ。といっても、神経心理学の死の理由は、認知心理学のそれとはとても異なっていた。これについては後で述べる。この章で論じる共感覚の科学は、神経心理学の方法論とその多くが重なっている。まずその類似点について述べよう。

一　事例の力

前の章では次のような話だった。十九世紀末から二十世紀初頭にかけての共感覚の文献は、どうしても事例研究報告で構成されてしまったが、その理由は主に推測統計学がまだ発達していなかったからだ。これが主な理由ではあるが、でも多分、共感覚者を集団として報告することを阻んだもっと大きな障壁は、データが少ないことだった。なにしろ共感覚者はきわめて稀らしい。私たちの研究では人口の０・０５％ほどという値が出ている。これと同じ制限が神経心理学者の研究、つまり脳損傷を受けた人々の認知活動を調べる研究にもあった。それはおかしなことをする、と思うかもしれない。どうして脳損傷の患者を見ることによって、正常な認知プロセスがわかるのか、と。でもこれは見かけほどおかしなことではない。この章の後の方では神経心理学者によって用いられている方法論に頼る必要があるので、次にしばらく、神経心理学の歴史と方法論について簡単に説明しよう。

出っ張りを触らせる

十九世紀初頭に有名な討論があって、ヨーロッパの科学界における二人の重要人物の間で行われたものだ。二人は脳機能について全く異なる見方を提唱していた。主役の一人はフランスの生理学者ピエール・フルーランス（１７９４‐１８６７）。フルーランスは、大脳皮質のさまざまな要素はどれも等しい潜在能力を持っていて、原則としてすべてがどんな認知機能でも遂行できると信じていた。赤コーナーに立つのはフランツ・ヨーゼフ・ガル（１７５８‐１８２８）で、全く異なる見解を持っていた。ガルの職業は解剖学者で、認知能力は異なった皮質部位に局在していると信じていた。十九世紀前半に集められた生理学的な証拠からは、フルーランスが正しいことが示されていた。にもかかわらず、ガルは膨大な裏づけを持っていて、自分の「骨相学」を通してそれを活用し普及させていた。

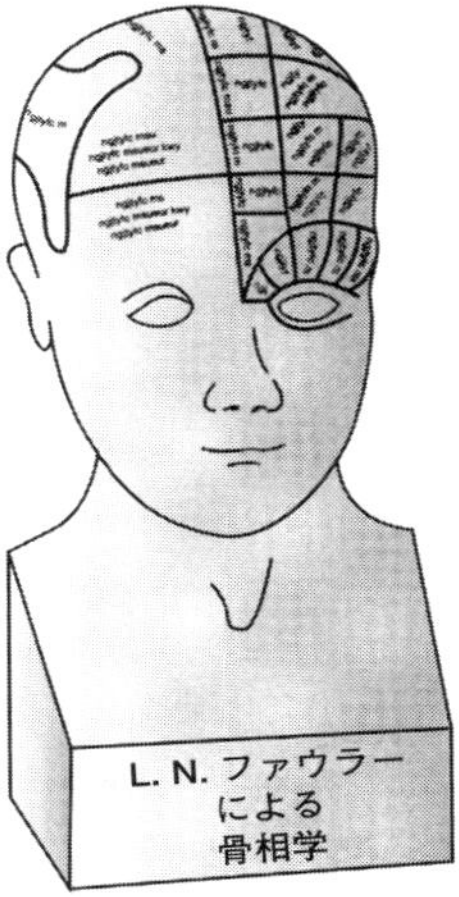

図 6　L.N. ファウラーによる，骨相学的説明の書かれた頭部。これはロレンゾ・ナイルズ・ファウラー（Lorenzo Niles Fowler, 1811-1896）による，頭部の隆起を診断するガイド図である。骨相学はある種の尊敬をかちえていたと見え，アミスタッドの反乱者の首領「ギンカ（Ginqua)」を鑑定するのにファウラーが呼ばれたほどであった。ファウラーは『アメリカ骨相学誌文集（*American Phrenological Journal and Miscellany*』(1840 年第 2 巻, 136-38 頁）に，「ギンカ」の所見を次のように記述している。「編集長閣下：我々の国土に最近現れたアフリカ人は，この国の様々な地域で非常な興奮を呼んでおりますので，貴誌を通して，彼らの首領，すなわちジョセフ・シンケ（Joseph Cinquez), あるいはギンカの骨相学的発達と特徴について，短い描写を公衆に提示することも興味深いであろうと考えました。9 月 5 日，私は当時アフリカ人らが監禁されていたニューヘブンに赴き，シンケの頭部を検分いたしました。さらにパリの石膏（せっこう）によって，頭部の正確な模造を取り，宅の保管庫に収容してございますので，ニューヨーク・ナサウ街 135 号にお越しくだされればどなたもご覧になれます。この外観から得ました次の描写は，おそらく読者にシンケの頭のおおよその正しい見え方について伝えるでありましょう。シンケの頭は独特の形をしており，長く高く，しかし狭いのであります。脳の基礎部分はあまり大きくありません。これはつまり，低級な動物の性癖が，彼の性格の主要な要因となってはいない，ということです。シンケの気質は精神的および身体的訓練に非常に向いており，気難しい神経とかなり楽天的な部分とを合わせ持っています。シンケはどちらかといえば背が高くほっそりしていますが，体格はよく，大いなる身体的および精神的な力の発揮に適しています。シンケの外観は頑健さと強い忍耐力とを示しています。シンケは大変細くしなやかな髪を持っており，薄く柔らかい皮膚を持ち，強く際だった神経能力と運動能力を持っています。彼の頭部を計測しますと，自由を愛すること，独立，判断力，野心，自国やその他神聖で正しいと考えることへの敬愛に対応する能力の部位で優れています。また，実際的能力と観察力，抜け目なさ，機転，管理能力，加えて通常以上の道義心と誇りの性質とに優れております。」

この章の後の方で見るように、十九世紀後半に得られた証拠は、どちらかといえばガルの局在論的な見方を支持している。

ガルやその他の骨相学者は、顧客の頭蓋骨を文字どおり手で触って、その認知機能の特徴を診断することで生計を立てていた。ガルはヨーロッパの宮廷でもてはやされるようになった。ひとりひとりの持つさまざまな精神能力がどのくらいであるかを診断できると主張したからだ。ガルの考えでは、脳の個々の部位は異なる能力を宿していて（図6）、ある部位が大きく出っ張っていればそこに対応している能力が高いことを意味し、出っ張りが小さければその能力があまりないことを示していた。

骨相学者らが主張した脳構造部位と機能との関係は、今では、その妥当性が大いに疑わしいことがわかっている。だが、脳のさまざまな部位が異なった認知能力に寄与しているという考え自体は、ガルが貴族の頭を触り始めて何年か後の科学者たちの研究によって、ある程度妥当性があることがわかった。

神経心理学の誕生

十九世紀中頃になるまでには、臨床医や科学者といった人々には、脳に損傷のある患者にはどうやら特定の障害が見られるらしいことがわかっていた。でもよくわからないままだったのは、脳損傷の部位と観察された機能障害との間の関係だった。十九世紀の終わりにかけて、この問題にいくらか前進が起こった。多くの研究者がその最初の瞬間と見なしてきたのは、１８６１年、フランスの臨床医ポール・ブローカ（１８２４‐１８８０）がその研究を公刊したときだ。

ブローカは、生前に話す能力を失っていた人の脳を死後剖検で調べると、脳の左半球に病変があることが多いのは知っていた。でもブローカは「タン」としか話す能力のない患者に出会って初めて、言語産出機能を特定の脳部位に位置づけることができたのだった。

このブローカの患者は脳損傷のために話すことができず、ある一つの単語しか言えなかった。そのためその単語をとって、「タン」さんと呼ばれていた。タンさんにとっては気の毒なことに、ブローカに会った直後に亡くなってしまい、「言語産出以外の認知能力は見たところ健康なままの症例」として、ブローカの死後剖検の手術台に登ることとなった。ブローカはタンさんの脳を人に見せるのに時間を無駄にはしなかった。なんと、その脳を人前に出したのは、タンさんが亡くなった翌日の会合でなのだ！　ブローカは死後剖検の結果、あるとても特異的な特徴を見つけた。タンさんの脳で唯一病変のあった部位は、左半球の第三前頭回だけだったのだ。その脳部位はその後「ブローカ野」という名前で知られることになる。ブローカはその後も失語症の症例を集め続け、脳の病変部位がいつも同じ場所にあるようなのに注目した。つまりブローカが当時言ったように、「われわれは左半球で話す」というわけだ。さて、これが大勢の神経心理学者がとった研究方式で、認知機能障害と脳損傷の関係を示す証拠を見つけるという方法だ。このようにすれば、認知（機能）と脳部位（構造）の間のつながりを立証することができる。

モジュール性と解離

ブローカの研究を見れば多分明らかだと思うけれども、脳損傷患者を調べている神経心理学者にとって重要なのは、ある認知機能に関係のある脳損傷があったとき、別の認知機能の障害は起こっていないのを示すことだ。ブローカの症例では、話す能力が選択的に障害されていた。これは神経心理学の用語では「解離している」と言う。神経心理学的な観点から見ると、言語産出という認知能力は、「モジュール」、つまり、正常状態の人の認知能力の中で独立《スタンドアロンの》した要素であるとみられるのだ。

それでは、その他の認知能力も解離しているのだろうか。たとえば、他にも限局された認知障害のある脳損傷患者を見つけることができるのだろうか。機能と構造とを結びつけようと努力してきた科学者たちの研究から、そうであることが示唆される。はたして、ブローカが言語産出の脳部位を確認してからたった十三年後に、ドイツの科学者カール・ウェルニッケ（１８４８－１９０５）は、自分の観察結果から、側頭葉の一部が言語の理解に重要らしいという報告をした。これらの観察結果は、言語の産出と理解とはお互いに解離していてモジュール化しているという証拠で、ブローカ野の病変は言語産出を、ウェルニッケ野の病変は言語理解を侵すことを示していた。言語産出と言語理解の障害がいろいろな人々に独立に観察されるという事実から、神経心理学的にはこの二つが「二重解離」していることがわかる。これら二つの認知機能が局在していることを示す、最も有力な証拠だ。

「頭」と「脳」

ブローカとウェルニッケの研究からどういう推測ができるかというと、その名を冠した脳部位（ウェルニッケ野とブローカ野）が損傷されると、感覚性失語（言語理解の欠損）か運動性失語（言語産出の欠損）のどちらかが引き起こされるであろう、ということだ。これはきちんとした科学だ。大いに予測可能だし、容易に検証可能なのだから。でも検証が容易だったというのは、残念ながら、それと同じくらい反論も容易だということでもある。

二十世紀初頭の神経学で面白いことがあって、その専門分野にピッタリの名前をもつ著名な学者がしばしば現れた。今の時代、ペインズ（痛み）先生に出会う人は結構いそうだが、でもヘッド（頭）とかブレイン（脳）とかいう名前の神経学者に出会うことは滅多にないだろう［訳注　そのような名の神経学者が実在した］。ヘンリー・ヘッドはとても率直な人で、ブローカやウェルニッケおよびその追随者たちによって想定された、機能と構造との間のきちっとした関係を否定するような証拠がどんどん山積みされていくのにショックを受けた。反証のいくつかは、言語産出を担当する脳部位としてブローカがその位置を特定した症例を再検査させるまでに至った。マリーによって１９０６年に報告されたこの研究によれば、病変部位はブローカによって線引きされた範囲をはるかに越えたところにまで広がっていた。それからヘッドは、ブローカ野にもウェルニッケ野にも損傷がないのに失語症になることがあるのを指摘した。さらに別の人々は、これらブローカ野やウェルニッケ野が損傷されても、必ずしもいつでも運動性失語や感覚性失語になるわけではないことを示した。神経心理学者らの最初の波によって築かれた、構造と機能の失語症図式を決定的に打ちのめして、ヘッドは１９２６年、「偽りの神を断固として破壊する機が熟した」と宣言した。ヘッドの痛烈な一撃は致命的で、局在論的な神経心理学は人気を失い凋落した。でも、産湯と一緒に赤ちゃんを流すようなまねをしてはいけないから言っておくと、実際にはブローカ野の損傷によってしばしば運動性失語が引き起こされる。行動を調べる神経科学の法則の多くがそうであるように、おそらく当てはまらない場合よりも当てはまる場合の方が多い。同じことが感覚性失語とウェルニッケ野の関係にも言えるだろう。必ずしも常にというわけではないけれども、大体においては当てはまっている。

機能？　それとも単に血が流れているだけ？

神経学的な機能と神経の構造とはきっちり区分けされて便利なモジュール（部品）になっているという考えも多分、正しくないというよりは正しいのだろう。認知と神経のモジュールが比較的きっちりとした一対一の関係にあるのを示すのは、時として可能だ。でもあまりにモジュール化しすぎてしまうのも危険で、誤解を生むだろう。こうしたやり方の危険性は第6章でもっと詳しく論じる。でもそれに先立って、きっちりしたモジュール的なマッピングをあまりにも固く信じるのは危険だということについて、ここで簡単に説明しておくのが都合がいい。ゲルストマン症候群という名前で知られる、いくつかの症状の集まりについての議論をめぐって論じられたことだ。

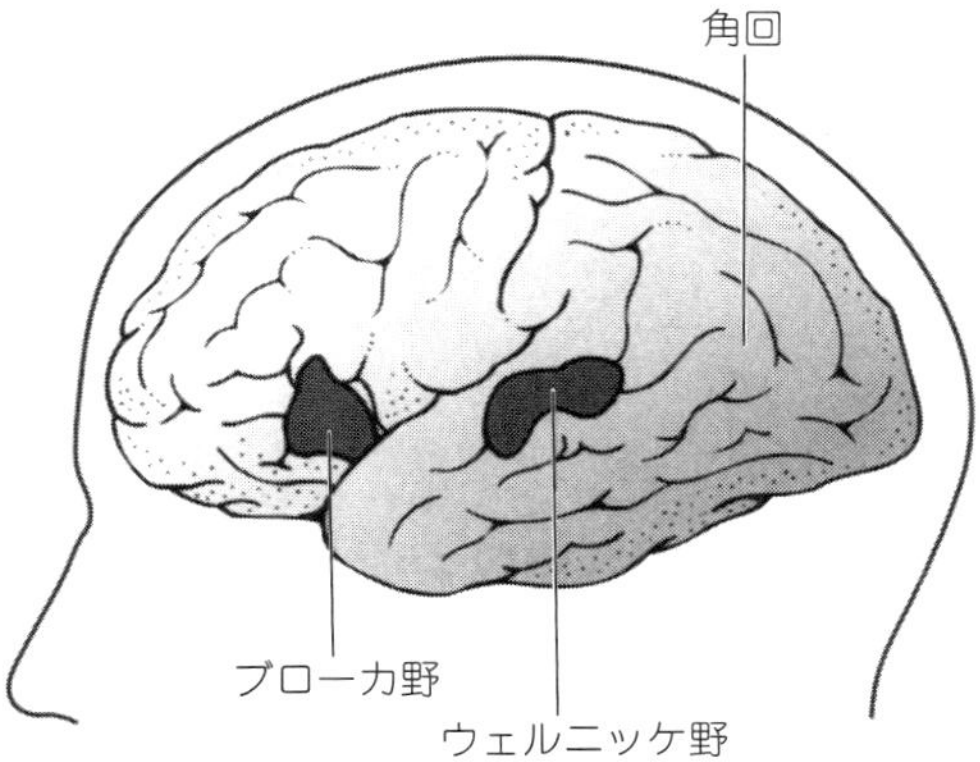

図 7　ブローカ野，ウェルニッケ野，角回の位置。

この症候群の名前は、その存在を最初に主張した神経学者からきている。四つの神経学的な症状が組み合わさって同時に起こるもので、左半球の角回（図7）の病変による。

- **指の失認**——同じ手のそれぞれの指を区別することができない障害。
- **失書**——書く能力を失う障害。
- **失計算**——計算する能力を失う障害。
- **左右の混乱**。

ゲルストマンはこれら四つの神経症状はみんなあるひとつの病変が原因だし、さらにはこれら四つの神経症状はあるひとつの認知モジュールの障害、すなわち「基本障害」によって引き起こされているのだと主張した。この二つの命題のそれぞれが正しいかどうかについて、１９２４年に最初にこの考えが発表されて以来ずっと議論が続いている。対立する証拠があって、観察結果によれば、左角回の病変があってもそれらの障害のひとつでさえも起こらないことがありうる。同様に、角回以外の脳損傷でもこれら四つの障害の原因となりうる。でも、ここでゲルストマン症候群について考えたい重要な点は、「ある特定の構造モジュールの損傷と、ある単一の機能モジュールの障害の間に直接的なマッピングがあるかどうか」ということだ。つまり、大勢の科学者が指摘してきたことだが、どんな単一の認知能力が損なわれれば、そんなにも異なる四つの認知障害が生じうるのか、さっぱり見当がつかない。さらに別の研究者が指摘するところでは、角回の病変によっては、ゲルストマン症候群を構成するとされる症状のうちのひとつか二つ、あるいは三つのみしか起こらないという。

次のような別の説明もできる。左角回の病変で複数の認知機能の働きが阻害されることはありうる。その「複数の認知機能」のうち、あるものは書字能力、別のものは計算、さらに別のものは左右を判断する能力に関わっている。これらの認知障害がしばしば同時に起こるのはどうしてかといえば、それらの神経基盤が角回の領域内で近くに位置しているためである、という説明だ。最近まで、大方の意見はゲルストマン症候群があるひとつの基本障害が理由で起こるという考えには反対だった。だが最近発表された研究によれば、その「ひとつの」認知障害とは、心の中におけるイメージ操作能力の障害なのではないか、と提案している。

機能を構造にマッピングするのは、このように危険を伴う。この問題についてはこの章の後の方でまた論じる。機能と構造とを結びつけることには別の危険もあって、これについても短く触れておく価値がある。

機能局在はどれくらい信頼できる？　さらなる難しさ

多分、雇われ神経心理学者として研究する時に最もチャレンジングなのは何かといえば、研究材料がほとんどないことだ。あいにく、脳損傷は普通、かなり厄介な事態だ。感染が原因の場合、損傷はたいていたくさんの脳部位に広く分散してしまう。頭部打撲などによる外からの頭部損傷（開放性頭部損傷）の場合には、損傷部位は衝撃が起こった頭蓋の特定部位に限局されることが多い。でも頭部打撲というのは脳がその浮かんでいる脳脊髄液の中で激しく揺り動かされることでもありうる。このような激しい振動によって脳神経が全体的に損傷を被ることがある。それから打撃による物理的な力によって、脳と頭蓋骨とがぶつかる可能性がある。脳と頭蓋骨とがぶつかると、いわゆる反衝損傷といって、頭部打撃とは反対側の脳部位が損傷されることがある［訳注　この段落、要するに、ある機能障害と脳損傷部位とをマッピングできたと思っても、実はその機能障害はその研究者が気づいていない別の脳損傷が原因で起こっている危険性がありうる、ということ］。

脳梗塞によるいわゆる閉鎖性頭部損傷の場合も、やはり普通はきわめて厄介な事態だ。通常かなり広い範囲に病変が起こり、その結果機能が失われる。脳梗塞がもたらす脳損傷には二種類あって、脳血流をせき止めてしまい、「下流」の酸素を奪うものと（虚血性脳梗塞）、周辺領域に血液があふれ出てしまうもの（出血性脳梗塞）の二つだ。ときとして、虚血性あるいは出血性の損傷が比較的限局されているため、小さな脳部位しか病変しないことがある。これと同じことは開放性頭部損傷の場合にも起こりうる。これが、ある共感覚者に起こった。私たちが知っている、脳損傷の結果共感覚を失った唯一の症例だ。

共感覚者の神経心理学?

視覚のシステムは神経科学のすべての分野でとても注目を集めてきた。神経科学の多くの分野と同様に、得られているデータに対する解釈のほとんどについてまだ論争もある。だがほとんどの研究者が納得するほど証明されていることがあって、それは視覚のある側面が失われても、別の側面は保持されたままでありうるということだ。つまり、視覚の要素は「解離」している。たとえば神経心理学の文献の中に、次のような症例の報告がある。

・物体が何であるかわからないのに(失認)、色や動きを見る力は残っている患者。
・色や形を見る能力は残っているのに、動きを見ることができなくなってしまった人(運動盲)。

他にも症例報告があって、色を見る能力は失われたのに(皮質性色盲)、形や動きを見る能力は保たれている人々の症例がある。ちょうどそういう症例を、有名な神経学者オリバー・サックス[訳注『妻を帽子とまちがえた男』や『レナードの朝』などの著作で日本でも有名なアメリカの神経科医。以下の症例は『火星の人類学者　脳神経科医と7人の奇妙な患者』(吉田利子訳、早川書房)の中に書かれている」と

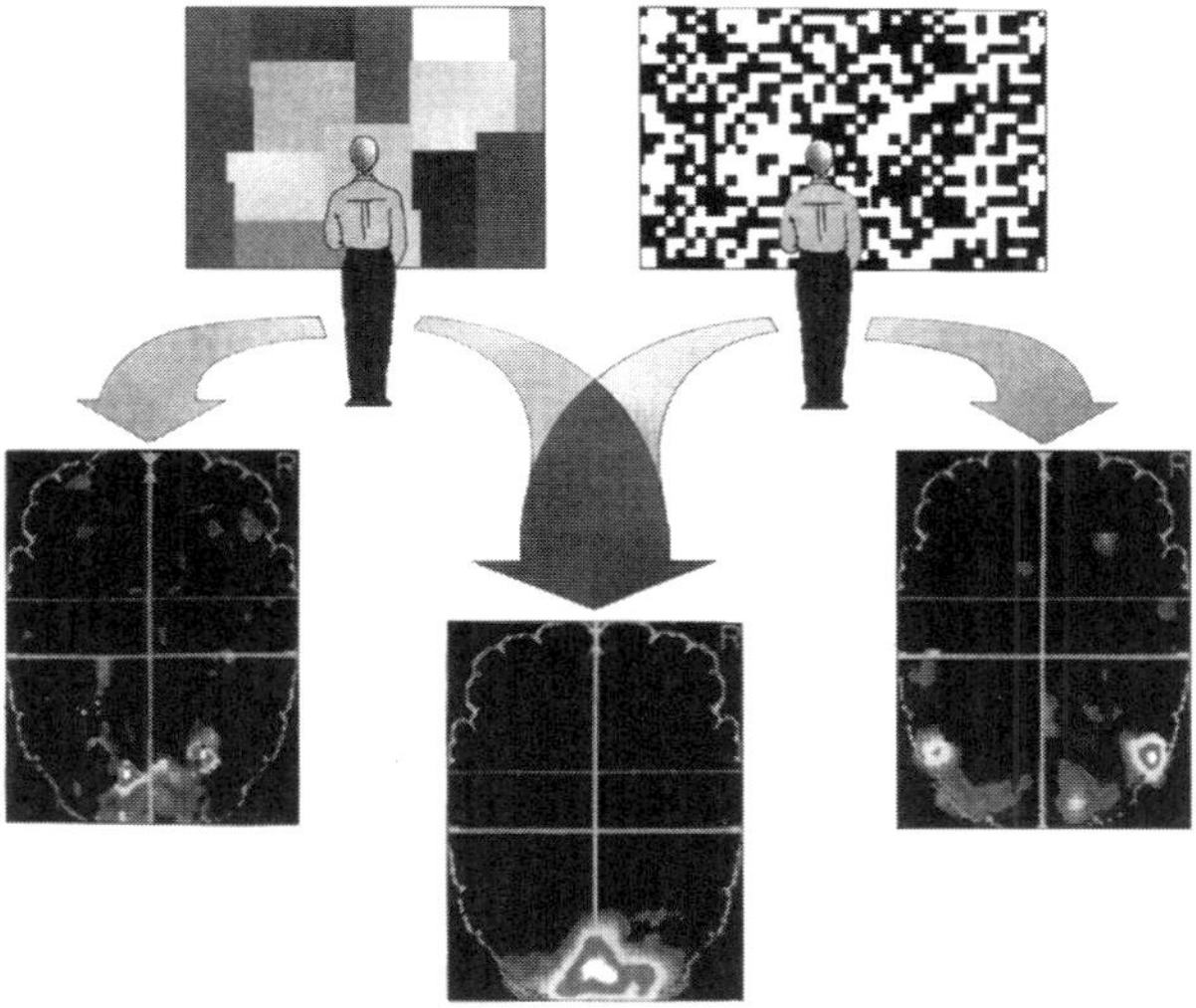

図 8　ゼキによる視覚野の図。この図はヒトの視覚処理領域で起こっていることが知られている，機能の専門化を示している。色の処理はヒトの V4 野で行われているし，動きの処理はヒトの V5 でなされている。網膜に由来するすべての視覚刺激は一次視覚野 V1 と V2 で処理される。カラー図版 2 も参照のこと。La Recherche の許可により転載。

その共同研究者が報告した。この患者は慣例に従いイニシャルをとってＪＩとして知られている。車の事故にまきこまれたが、事故の当座には比較的軽い怪我のように見えた。でもこの事故で、ＪＩは色を見る能力を失ってしまったと訴えた。ＪＩは画家だったから、破滅的な損失だった。でも私たちにとって特に関心を引くのは何かといえば、ＪＩは事故の時点までは音と色の共感覚を持っていたことだ。もうひとつ重要なことがあって、ＪＩはそれ以後、色のついた夢も見なくなってしまったというのだ。この知見の意義については次章でもう一度論じる。残念ながら、この患者JIの脳構造について信頼できる情報が得られることなく、事故の三年後に他界した（S・ゼキの私信による）。でも他の皮質性色盲の症例からわかっていることからすると、JIは脳の舌状回と紡錘状回に損傷を受けたというのが最もありえそうだ（図8）。

JIは自動車事故の結果、脳損傷を被って、皮質性色盲になった。でもJIは色を見る能力を失うと同時に、色聴の共感覚と色のついた夢を見る能力も失った。機能障害のこのようなパターンから、これら複数の能力が共通の神経基盤を持っている可能性が見えてくる。

一事例の力――その2――「非凡な共感覚者」

これまでこの章の前半で見てきたひとりひとりの事例は、脳損傷の結果機能が失われた症例だった。JIの場合にちょっと変わっていたのは、事故によって失われた能力のひとつが普通ではないもの、つまり共感覚だったことだ。ここからこの章の後半に入って、あるひとりの研究協力者について述べよう。バロン‐コーエンがその人の共感覚について調べ始めた当時、七十六歳のプロの画家で、1930年代にはチェルシー美術学校で教えていた。エリザベス・スチュワート‐ジョーンズさんという人だ。

エリザベスさんがバロン‐コーエンの注意を引くことになったのは、イギリス心理学会が出している雑誌にエリザベスさんが広告を載せたからだった。ご自分のことを次のように書いていた。

この表現がバロン‐コーエンの好奇心を大いに掻き立て、とうとうエリザベスさんに頼んでロンドンの精神医学研究所のオフィスまで訪ねてきてもらった。

バロン‐コーエンは有頂天だった。でもどうしたら、エリザベスさんの言っていることには何か興味深いものがあるということを自分自身にもそれから他者にも納得させられるのか、慎重に考えた。バロン‐コーエンは臨床心理学者として十分に訓練を受けていたので、いくつかのステップを踏めば、エリザベスさんは本当に言葉を聞くと色が見える、ということがより確かになるようにうまく取り扱うことができるのを知っていた。ここでもう一度強調しておくが、心理学者は別に研究対象の人々の言うことを信じていないわけではない。ただ「証明への責務」があるために、他者を説得できるようなデータを集める必要があるのだ。そのステップとは次の通りだ。

・現在あるいは過去に精神病あるいは神経病にかかったことがあるかどうかチェックする。
・過去に薬物使用があったかどうかチェックする。
・簡単な神経心理学的検査を実施する。

エリザベスさんには何の病気の徴候もなかったし、薬物中毒になったこともないと言った。これは両方ともとても重要だ。というのも、ＬＳＤ［訳注　幻覚剤の一種］を使うと音楽に視覚を感じるという報告があるからだ。同じように、統合失調症患者が共感覚的な知覚について話すという事例が文献に記載されている。これらについては、この本の後の方でもう少し詳しく論じる。

神経心理学的検査は上のステップの中でも決定的な要素だ。この研究の目的から考えて、エリザベスさんの他の認知能力が、よいか、悪いか、普通かどうかを見るのは重要だからだ。この理由から、エリザベスさんは次のような心理学検査を受けた。

1　ウェクスラー成人知能検査改訂版（ＷＡＩＳ－Ｒ）は、広く利用されている知能検査法のひとつだ。検査は11の下位項目からなっていて、それぞれ異なった知的能力（たとえば、計算、言語、実技）を独立に測ることができる。ＩＱ（知能指数）はこれらの下位項目のいくつかを行えば、十分な程度に推定することができる。エリザベスさんは次の四つの下位項目について検査を受けた。

・語彙力——単語を定義するように求められる。「朝食」といった項目から始めて、「長口舌」といった難しい単語に至る。
・類似性——この下位項目では、ある二つの物体がどういう点で似ているかを説明するように言われる。たとえば、「ボートと自動車は、どういうふうに似ていますか」などと聞かれる。
・絵画完成——このテストでは、未完成の絵をよく見て何が欠けているかを説明するよう言われる。たとえばある絵では、メガネが鼻当て部分を抜かして描かれている。
・積み木の構成——このテストでは小さな積み木を手渡される。積み木のある面は赤に、別の面は白に、別の面は、一部は赤、残りは白に塗られている。次にデザイン図版を見せられて、それと同じになるように小さな積み木を寄せ合わせるように言われる。デザイン図版はだんだん難しくなっていく。

２　ウェクスラー記憶尺度改訂版（ＷＭＳ-Ｒ）はＷＡＩＳ-Ｒと同じ作者（ウェクスラー）が開発した。その名の示す通り、記憶に関するいろいろな側面をテストするよう作られている。このＷＭＳ-Ｒの中から二つの下位項目を選んでエリザベスさんに実施した。

・デザインの再生――一連の抽象的なデザインを記憶してそれを再生する能力を検査する。

・論理的記憶――言語的な内容を思い出す能力を検査する。このテストでは二つの短いストーリーを用いる。

３　ファーンスワース-マンセルの１００色相検査は、色の付いたブロックをどれだけ正確に区別できるか検査するよう作られている。ブロックはほんの少しずつ、ある色合いから別の色合いへと変化している。

バロン-コーエンは物体再認記憶を検査するテストもあつらえた。この検査では被検査者は、ある物体を十二の方向から撮った写真を見せられ、それらを覚えるよう言われる。しばらくしてから同じ写真が提示されるが、今度は別のやや異なった角度から同じ物体を撮った写真と一緒に見せられて、初めに覚えたのがどちらの見え方であったかを答える、というテストだ。ＷＭＳ-Ｒは記憶の再生のテストだったが、このテストでは初めに提示した「覚えておくべきもの」がテスト場面でも提示されるため、記憶の再認のテストとして知られている。

被験者ひとりひとりにテストを行うにあたって重要な問題は、その成績をどうやって判定するかだ。この問題はこの本の後の方で出てくる、実験データの解析についての議論にも関係がある。そこで次に、ある得点がよいか悪いか、心理学者がどうやって決めているのかについて述べよう。

テスト得点が普通よりも特によいか悪いかを判定する方法

ある人の能力を測定して検査するのは大変結構だが、その成績が普通期待される成績と比較してどれだけよいのか悪いのかということがわかって初めて意味がある。心理学ではある得点が普通よりもよいか悪いかを判定するのに、統計学の手法を使っている。ここでは、最も広く用いられる手法について説明しよう。

正規分布

統計学では一般に何をやっているかというと、測定データを集めて役に立つ仕方で結果を表現する方法を見つけることだ。データというのは文字通り、ひとつひとつの観測値の集まりのことだ。たいていのデータには面白くて役に立つ性質があって、データの度数［訳注　データセットの中の、同じ値の帯域に入るデータの数］を並べると、分布がある一定のパターンになることが多い。すでに実証されている例をあげれば、イギリス人男性の身長の分布だ。平均身長は約5フィート7インチ（約17

０センチ）だということがわかっている。この「平均」を計算するには、ある一定人数のイギリス人男性の身長を測って、それらを全部足し合わせ、人数で割る必要がある。絶対的に正確な平均身長を計算しようと思ったら、すべてのイギリス人男性の身長を測る必要があるだろうが、そんなのは面倒なばかりで明らかに意味がない。そうするのを避けるため、全体を代表しているだろうと考えられるサンプルを集めるという方法をとる。このサンプル集団の平均身長を計算して、もとの集団全体の平均身長の推定値として用いるのだ。

　平均を計算するのと同時に、集団のデータが平均からどれだけ散らばっているかを知るのも役に立つ。散らばりを記述するために普段科学で計算する統計値は、標準偏差といって、ＳＤと略す。ＳＤをどうやって計算するのか説明するのはちょっと無味乾燥で、この本の範囲を越えている。ここで知っておけばいいのは、ＳＤを計算することによってデータが平均の周りにどのくらい散らばっているのかを示す値が得られる、ということだ。心理学者は、このＳＤを使って成績が比較的に見てよいのか悪いのかを判定できる。

　図９は縦軸（ｙ軸）に度数をプロットしたヒストグラムだ。この図には横軸（ｘ軸）に何のデータかが書かれていないが、実はどんなデータセットでもいい。たとえばイギリス人男性集団の身長とか。

　このベルの形をした分布は、何かのデータセット内のデータの度数をグラフにするとよく出てきて、だからこのパターンは「正規」分布と呼ばれる。また時には、ガウス分布とも呼ばれる。ドイツの数学者カルル・ガウス（１７７７－１８５５）がこの分布パターンを発見したからだ。この分布には注

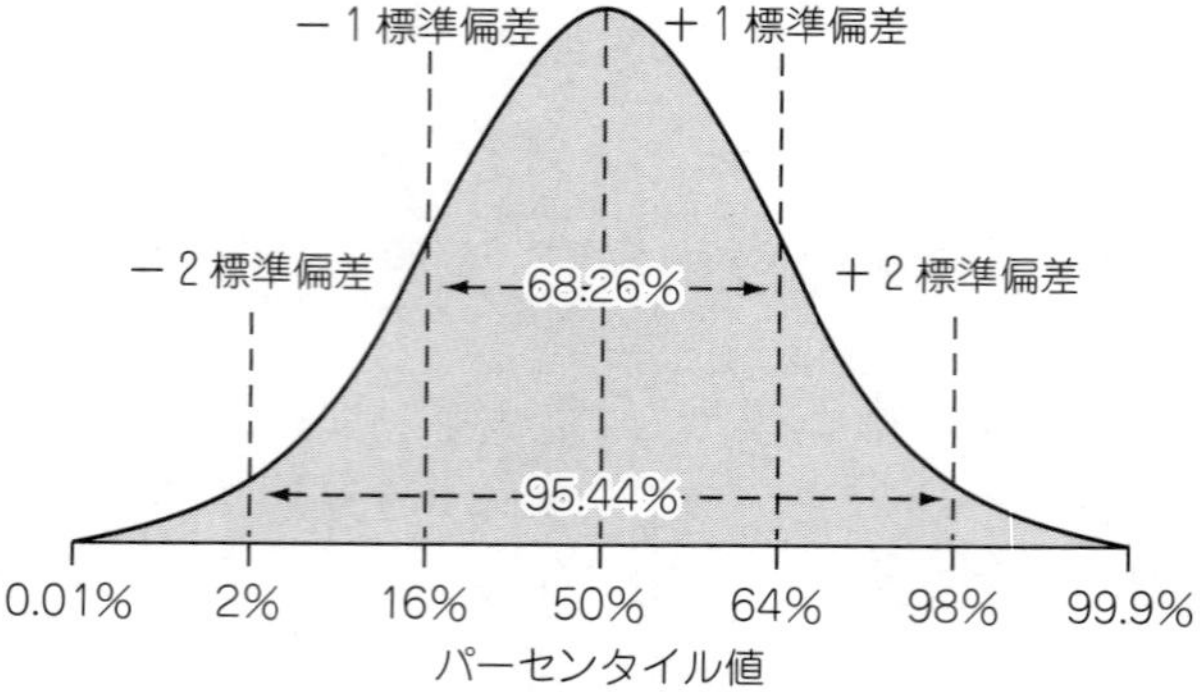

図 9　正規分布。ガウス分布とも呼ぶ。標準偏差とそれに対応するパーセンタイル値も示す。

目すべき非常に役に立つ特徴があって、正規分布しているどんなデータセットでも、全データの約68%が平均から標準偏差１つ分上下に離れたところで区切られる範囲内に収まってしまう。同じように、すべてのデータの約96%が平均から標準偏差上下２つ分の間に収まる。ということは、データ分布の２%ずつが上端と下端に残ることになる。

平均から標準偏差２つ分よりも低い部分を、心理学では異常な得点と判定することがある。といっても、異常という言葉を軽蔑的な意味で言っているわけではない。ただ単に、そのような得点は「普通の範囲」、つまり平均から上下２ＳＤ以内と決められている範囲には入っていない、ということを言っているに過ぎない。だから、上位２%以内に得点している人もやはり異常だと言われる。やはり得点が普通の範囲から飛び出ているのだから。この方法は実例を使って示すのが最もわかりやすいので、エリザベスさんがＷＡＩＳ－Ｒの四つの下位項目検査でどのくらいの成績だったかを見るのに使ってみよう。

検査＼パーセンタイル	2	5	16	37	50	63	84	95	98
語彙力									×
類似性								×	
絵画完成							×		
積み木の構成									×

上の表の左端には実施されたウェクスラー検査の下位項目が書かれている。右に続く部分ではパーセンタイル値［訳注　データセットのデータを小さいものから大きいものへと順に並べたとき、あるデータが低い方から何パーセントのところにあたるかの数字。10パーセンタイルは、全データの個数を１００に換算したときに低い方から10番目ということになる］が示されており、エリザベスさんの成績に該当する部分に×印が入っている。ご覧の通り、エリザベスさんの成績は平均（50％）よりも相当に上まわっていて、二つの下位項目ではきわめて優れていることがわかる。

それは確率の問題だ

それで、平均よりも標準偏差二つ分下まわっていることが異常に成績が悪いかどうかの基準である、というのはどんなことを意味するのだろうか。これは別の言い方をすれば、ある人の得点がこの基準以下になる可能性は約50に１つであるということだ。とすると、ある人がこのレベルの得点になるのには何か理由があるのではないか、と想定できる。脳損傷患者の場合なら、標準偏差二つ分よりもテスト成績が悪ければ、それは脳損傷が原因だろうと推測できる。ここで指摘しておくと、大勢の心理学者が言うことには、脳損傷患者の場合テスト成績が健常者よりもよくなるということはない。ということは、異常に成績がいいとされる部分である分布の上位約２％は、脳損傷患者がそんなに高水準の成績になることは期待できないから余分なので、それを勘定に入れて、心理学では異常の範囲の上限を分布の右の方へと移動させ、得点が下から５％の範囲になったら、その人のテスト成績は異常だと判定している。この５％という数値は、次の章で論じるグループ成績の比較でも重要だ。さて、エリザベスさんが精神医学研究所を訪れたときに実施した、他の検査の話に戻ろう。

波を調べる

バロン-コーエンは普通ではない脳活動を示すどんな手掛かりでも調べようと、同僚のコリン・ビニー博士に頼んで脳波計測（第１章参照）も行った。こういう検査手順は、どれも実施するのは比較的簡単だ。でも何がそう簡単ではないかというと、エリザベスさんが本当に色聴の共感覚を持っているという証拠をどうやったら手に入れられるかだ。それに対する的確な答えこそが必要で、そして、それを手に入れた。

認知主義が盛んになることによって、多くの場合、心理学者に自由がもたらされた。でも同時に、かつて心理学者を行動主義の元へと駆り立てた難題を、再び突きつけられることになった。認知心理学と神経科学における最大の難問のひとつは、主観的な経験である「心の」状態が本当にあるのだということを、どうしたら客観的な証拠でもって証明できるのか、ということだった。もっと手短に言えば、ある人々が音を聞いたら色が見えると言ってきたら、そのことの科学的な真価を見きわめるためには、科学では堅固で客観的な証拠が必要なのだ。これと同じ難題が、幻覚や意識といった現象を調べようとするときにも立ちはだかる。こういった心の状態は客観的に確認するのが難しいからだ。この問題は後の章、特に脳画像法を扱う章（第6章）で、もう一度検討する。

バロン‐コーエンと共同研究者が到達した解決策は、これまで私たちの共感覚研究で繰り返し使われてきて、研究対象となった人々が本物だと確認するためのカギとなる方法でありつづけている。この検査はこの数年の間に進化したが、本質は同じままだ。この章の後の方でやや詳しく説明する。だがその前に、いい心理学検査を作るにはどうすべきか、いくつか重要な事柄について検討しよう。

信頼性と「ゴムの定規」

心理学検査を作るときに最も重要なのは、信頼性の問題だ。検査の信頼性にはいくつか異なった種類がある。たとえば、同じ人が二人の別の検査者から検査を受けたとき、同じ結果になるかどうかという問題がある。このタイプの信頼性は、「評定者間」信頼性と呼ぶ。これに関連して、同じ検査者が同じ人を検査したとき、ちゃんと同じ得点が得られるか、という問題は、「評定者内」信頼性という。でも心理学検査の信頼性で最も重要なのは、「検査‐再検査」信頼性と呼ばれているものだ。

ところで、何か新しい技術を身につけようという場合どうするかといえば、多分「習うより慣れよ」だ。課題の難しさのレベルはさまざまだ。あるものはとても簡単に身についていて、たった一回やっただけで二度目にはつまらないくらい簡単かもしれない。たとえば図10の絵。読み進める前に、まず二つの絵を見てほしい。

多分容易にイヌがわかっただろう。見分けるのにはちょっと時間がかかったかもしれない。もし前に見たことがあったら、多分すぐにわかっただろう。でも、人が乗った馬の方はもう少し時間がかかったか、あるいはもしかして全く見えなかったかもしれない。もう一度絵を見返してみよう。もし私と同じなら、今度はもう「イヌ」や「馬と乗り手」を見ないでいるのは不可能だ。ということは、もしこの絵が視知覚の検査に使われたとしたら、二度目の成績（再検査）は一回目にこれを見たこと（初回検査）によって強い影響を受けることになる。これが心理学検査を作るときにぶつかる重要問題なのだ。つまり、結果がこれまでの経験に影響されることなく、確実に認知を測るのにはどうしたらいいか、ということだ。このタイプの計測と、先に見た成人男性の身長を測る例とを比較してみよう。同じ男性の身長を二日続けて同じ時刻に測ったら、何か大きな怪我でもしない限り、両方の測定でほぼ同じ測定値が得られるはずだ。つまり背の高さを調べる検査方法としては、つまらないシャレになってわるいけれど、高い信頼性がある。でも心理学検査の場合はどんなものでも完全に信頼性があるなんていうことは想像し難い。いずれ比較の問題で、ある検査は他の検査よりも信頼性が高いこともあれば低いこともある。心理測定検査は「ゴムの定規」に喩えられる。正確な計測は完全にはできないというわけだ。よく「心理計測」と「生体計測」（後者の例は身長の測定）とが対比されるけれども、多くの生体計測で検査‐再検査の信頼性が決して完全ではないことは指摘しておくに値する。血圧測定がそのいい例だ。というわけで、いい心理学検査は信頼性が高くなければならない。これに

(a)

(b)

図10 曖昧図形。これらまばらな断片で描かれた絵は何に見えるだろうか。多くの人々は，上の絵はイヌだとかなり容易に認知するが，下の絵はたいていもう少し時間がかかる。しかし，いったん馬と乗り手が見えてしまうと，もう一度絵を見せられた時に，即座に馬と乗り手が見えてしまうのを抑えるのはほとんど不可能である。

は二つの面があって、ひとつは遂行の側面（評定者内および評定者間信頼性）、もうひとつは測定する時点が異なっても同じように計測できるという側面（検査‐再検査の信頼性）だ。それではこの問題を、バロン‐コーエンらが到達した解決策という点から考えてみよう。エリザベス・スチュワート‐ジョーンズさんの共感覚の検査だ。

「本物を見分ける検査」

検査‐再検査の信頼性、あるいは「時間的な」信頼性は普通どうやって調べるかというと、大勢の人に二回ずつ検査を行って、ひとりひとりの成績が時点1（初回検査時）と時点2（再検査時）とでどれだけ似ているかを調べるという方法で決められる。実際には、二つの得点のペアがどれだけお互いに関連し合っているか、つまり統計用語で言えば、どれだけ相関しているかを調べている。たとえば、共感覚を持つ人々にいろんな言葉を読み聞かせ、どんな色が見えるか言ってくれるように頼んだとしよう。第2章で出てきたように、共感覚者同士ではある単語が何色かという点で一致することは滅多にないが、単語と色とがどう対応しているかについては、どの共感覚者でも個人の中では一定している。つまり、初回検査時と再検査時との両方で、共感覚者の答えは極めて正確に一致するだろうと期待することができる。では、単語と色とを結びつけるように言われた統制群の人（共感覚のない人）ではどうだろうか。統制群の人々が二度の検査で一致した答えを言えるという根拠は何もない。もちろん、並外れて記憶力がよければ別だが。リストの単語の中には色の連想をさせるものもありうるだろう。たとえば、「雪」という単語は自動的に白を連想させやすいだろうし、「血」は赤を、「炭」は黒を、といった具合に。そこで、統制群の人々と共感覚者とでは成績はとても違ってはくるだろうが、でもいずれにせよ、初回検査時と再検査時とでは何らかの一貫性も期待できる。

さて、これこそまさにバロン‐コーエンらが使ったロジックだ。「本物を見分ける検査」は、実際には１００あまりの単語と文字のリストに過ぎない。これが二回にわたって実験参加者に提示される。初回検査（「ベースライン」）の時に色の対応／連合を書き留めておいて、再検査時の色の表現と似ているかどうか比較する。エリザベスさんに行ったバージョンの「本物を見分ける検査」は、次の単語カテゴリーの語からできていた。

動物（10単語）
場所の名前（10単語）
物体（10単語）
職業（10単語）
抽象的単語（10単語）
曜日の名前（7単語）
人の名前（ファーストネーム）（20単語）
アルファベットの文字（26文字）

それからエリザベスさんは無意味な「人造単語（偽単語）」の色を言うようにも言われた。この人造単語は、実在の単語と60％の類似性を持つとされているものから選ばれた（たとえば「HUK」や「SAH」など）。

バロン‐コーエンらは次のように考えた。もし色と単語とが確実に一貫して対応しているなら、エリザベスさんは再検査時に初回検査時に言ったのと同じ表現内容を苦もなく再現できるはずだ。でも同時に、共感覚のない人の成績がどんなものなのかも強く知りたいと思った。色の描写をするように初回検査の時に言われ、再検査時にそれを思い出せる成績だ。そこで、二十七歳の素晴らしい知性と卓越した記憶力を持った女性を連れてきて、エリザベスさんのと似た手続きで調べた。手続きで違っていたところは、その統制参加者は、単語と色とを連合させるために記憶方略を用いるように言われたことと、再検査が初回検査のたった二週間後だったことだ。

この実験デザインに従って、本物を見分ける検査のそれぞれの単語に対する色の表現を両方の実験参加者について調べた。これをベースラインとして後で比較に用いる。そして二人ともさらにその三時間後に、単語リストの中からランダムに10個を選んで色の表現を調べた。エリザベスさんはベースラインデータを検査した十週間後に二度目の検査を受けた。これで研究グループは、両参加者の最初の色の表現と三時間後および十週間後ないし二週間後のものとを比較して、どれくらい似ているか調べる準備ができた。この検査方法を使えば、量的な判定をすることが可能だ。でも同じぐらい面白かったのはデータの質的な側面で、特に色の表現の詳細さだ。

エリザベスさんと統制条件の参加者との間には、詳細さの程度という点でいちじるしい違いがあった。統制参加者は本物を見分ける検査の単語に対し、かなり単純で代表的な色をひとつずつ連合させることが多いのに対し、エリザベスさんの表現は非常に詳細だった。次の三つの例に、エリザベスさんの色と単語の対応の複雑さの度合がよく表われている。

・Moscow（モスクワ）――暗い灰色でほうれん草の緑と薄い青がところどころにある。
・Fear（恐れ）――ムラのある明るい灰色で、柔らかい緑と紫が掃かれている
・Daniel（ダニエル）――深い紫と青と赤で、光っている。

疑いもなく、これらはかなり複雑な表現だ。だから多分覚えておいたり思い出したりするのが特にやさしいというわけではないだろう。その証拠には、統制参加者の成績を見ればいい。比較的単純な表現だったのにもかかわらず、二週間後の再検査時には17％しか正確に思い出せなかった。一方エリザベスさんの成績はけた外れに良かった。ピッタリ正確に一致した色の表現を再生できたのだ。しかも、再検査することは予告していなかったのにもかかわらず、なのだ。

バロン‐コーエンは、聞き慣れない単語をエリザベスさんに提示したらどうなるかも検討してみた。たとえばHUKといった人造単語に対して、エリザベスさんはどんな表現をするだろうか。答えはとても単純であることがわかった。それぞれの実在単語がある一定した特別な色の対応をもっているのと同じように、アルファベットのそれぞれの文字にも色がついていた。それで、HUKは次の色でできているという説明だった。

H――暗い赤
U――黄色
K――紫

2たす2は7

エリザベスさんが人造単語 HUK の色合いについて各文字の色の組み合わせで表現したことから、この三文字を含む他の単語に対応する色もここから理解できるのではないかと期待したかもしれない。要するに、もし色と単語との対応がアルファベットの各文字に対応する色の連合に基づいているならば、ベースライン検査のときに行った色の表現を再生するのはとても簡単にできるだろう。ところがエリザベスさんはこの点で非凡で、私たちがこれまで検査してきた他の共感覚者とははっきり違っている。エリザベスさんの場合、色と文字との連合からは、ある単語に対応している色を予測することは不可能のようなのだ。バロン - コーエンらの論文には、man（人）、moon（月）、moan（うめく）、mean（意味する）という単語に対応している色がみんなとても違っていることが指摘されている。

共感覚者は並はずれて優れた記憶能力を持っているだけなのではないか?

この質問はよく聞かれるし、公平な立場から言えば、それはありうる。そういう説明に対して反論できる事実がいくつかあるが、記憶力で説明するのが最も倹約的だというのは容易に見てとれるだろう。これはもちろん、共感覚についてのエリザベスさんの主観的な意識経験としては当てはまらない。でも科学の役割のひとつは、最も懐疑的な人々をも満足させることだ。気をつけてほしいが、ここで示されている見解がどういうものかというと、共感覚者が故意に私たちを騙そうとしているということではなくて、自分でも気づかずに身につけてしまった色の連合を、ただ思い出しているだけなのかもしれない、ということだ。これについては反論として次のことを思い出すのがいいだろう。エリザベスさんの記憶能力について正式のやり方で検査したが、その成績は優秀ではあったけれど、ある意味それほど飛び抜けているというわけではなかった。しかしそれでも、色と単語の対応についての記憶力だけはより高度に発達したのではないか、と主張することは可能だ。エリザベスさんが１０３の単語についての色の詳細な表現を完璧に思い出せる驚異的な能力を持っているのは、飛び抜けて優れた記憶力の賜物であるかもしれないということを、私たちは進んで認めるべきだと思う。もちろん、エリザベスさんが再検査について何も予告されていなかったのは、考慮に入れる必要がある。そうだったにしても、ずば抜けて記憶力が良かったから、というのはそれへの自明な説明になるだろう。ただし、エリザベスさん自身は、この説明を否定している。

　この議論には興味深い裏返しがあって、しばしば共感覚者として紹介されるある人物の話がある。ロシアの記憶術家で、名をソロモン・ヴェニアミノヴィチ・シェレシェフスキーといい、最近ピーター・ブルック［訳注　イギリス出身の有名な演出家・映画監督］の演劇『私は奇跡だ』でもテーマになっている。次の節では、この人物について述べよう。単一事例の行動研究の最後の例だ。といっても、脳画像法を扱う第６章では、また単一事例研究に戻ることになる。

記憶術者の精神生活

正規分布について考えたとき、普通の範囲の外側には異常に「成績が悪い」部分と、反対側の異常に成績がいい部分とがある、という話をした。ほとんどの神経心理学者は特に、下から２％の範囲にいる人々のみを扱ってきた。これに対してロシアの有名な神経心理学者アレキサンドル・ロマノヴィチ・ルリアは、分布の両方の端を調べるのを常としていた。ルリアの貢献により、脳損傷によって認知がどう影響されるのかについての理解は大いに高まった。でも多分ルリアの名を最もよく知らしめているのは、ルリアの友人で、ルリアの著書『偉大な記憶力の物語――ある記憶術者の精神生活』［訳注　天野清訳、文一総合出版、１９８３］のテーマである、非常にずば抜けた記憶力をもつ人物についての三十年間にわたる研究だろう。

トータル・リコール――完全記憶再生能力

ソロモン・ヴェニアミノヴィチ・シェレシェフスキーは何事も忘れることがなかったらしい。ルリアによると、シェレシェフスキーあるいはSは、すべてを難なく思い出すことができた。ルリアの言葉を借りれば、Sは「事実上無尽蔵な」記憶力を持っていた。ルリアはSを対象に一連の長大な実験

音のピッチ（Hz）	音の大きさ（db）	知覚
30	100	12-15cmの帯で，古い曇った銀色
50	100	背後が暗い茶色の帯で，赤い舌のような縁取り
100	86	幅広の帯，中心が赤みがかったオレンジで端に行くにつれてだんだんピンクになる
250	64	心地よいピンクがかったオレンジの色合いのベルベットの紐
500	74	濃い，オレンジ色
500	100	天を２つに分けている稲妻
2000	113	ピンクがかった赤い色合いの花火
3000	128	火の色

の数々を遂行した。その報告によれば、Sは50の無関係な数字からなる表を3分かからずに記憶して、たった40秒で完全に再現することができた。

こういった記憶についての目を見張る離れ技と同時に、ルリアはSの共感覚についても詳しく記録している。注意深く統制された一連の実験がロシア医科学アカデミーで行われた。これらの検査は、音の高低（ピッチ）や大きさを変えるとSの共感覚の知覚にどのように影響するか調べるように計画されていた。この実験で得られた表現の一部を表にまとめる。

ルリアの報告によると、同じ音刺激が別のいろいろな場面で与えられても、Sはいつも同じ表現をした。声もまた、Sにとっては独特の共感覚的な特徴を備えているようだった。あるとき、Sはロシアの有名な心理学者ヴィゴツキーに向かって、「随分砕けやすい黄色い声をお持ちですね」と感想を述べた。またSはロシアの映画監督セルゲイ・エイゼンシュテインにも会い、その声について「繊維が飛び出ている炎が私に向かってまっしぐらに近づいてくるかのような」声だと表現した。エイゼンシュテイン自身も共感覚者だったと書かれているのが時折見られるから、Sがエイゼンシュテインに会ったというのは興味深い。共感覚があったのではないかと推定されている有名人については、第5章で再び論じる。

エリザベスさんの認知についてのバロン-コーエンの報告と、Sについての報告との間には、いくつか明らかな不一致がある。エリザベスさんの言語記憶の再生能力は全く正常で、ある意味、それほど飛び抜けているというものではなかった。ルリアの報告からは、ウェクスラーの論理記憶能力検査のどの部分であっても、Sが再生に失敗するとはとても想像できない。Sならば、多分その驚くべき記憶力によって、どんな本物を見分ける検査にも合格できるだろうと思われる。そうすると、Sのケースに関して次の疑問が浮かんでくる。「Sは共感覚者だから、記憶能力が高かったのか」、あるいは逆に、「Sが想起にイメージを利用する能力が豊富であったために、共感覚者のように見えたのか」。悲しいことにSはもはやこの世にいないし、この章をちょっとやるせない気持ちで締めくくらなければならない。というのは、何も忘れることができないというのは、Sにとっては大変な重荷だったらしい。それは自ら死を選ぶほどの苦痛だったのだ。

それでは、共感覚者をグループで扱う研究に移ろう。単一事例研究は、後の方の章でまた出てくる。

第4章

秘密の扉が開く

私はラッキーにも、学部生のときロンドンのデンマーク・ヒルにある精神医学研究所で実習した。モーズレイ病院の近くにあって、世界的にも有名で一目置かれている中心的な研究施設だ。そこでまた素晴らしくラッキーなことがあって、ローラ・ゴールドシュタイン博士に指導を担当してもらえたのだ。ゴールドシュタイン先生は臨床心理学者で、その夏に教わったり指導してもらったりしたことは、かけがえのないものだったことがわかった。学生というかけだしの身分では、確実な検査の保証という理由から、患者さんに検査をほどこすことはできなかった。だから私が患者さんに心理学の検査をする初体験ができるなんてはずはなかった。でもローラ先生は、何とかその方法を見つけてくれた。主に先生の同僚サイモン・バロン-コーエン博士の研究を、いくつか手伝わせてくれたお蔭なのだ。

ゴールドシュタイン先生は私のために、とても充実した実習計画を立ててくれた。まず、先生が患者さんに心理学検査をするのを観察させてもらった。その患者さんたちは中枢神経系に損傷があった。それから患者さんの「症例カンファレンス」にも参加させてもらった。偽てんかん様発作があるらしい患者とか、興味をかき立てる、といってもたいてい患者さんを消耗させていくものなのだが、そういう、それまで本でしか読んだことがなかった神経心理学的症状を持つ患者さんたちについてだった。こういうのも十分面白かったが、もっと並外れた体験が待ち構えていた。とくに印象に残った体験が二つあって、そのひとつは、「和田」テスト［訳注　どちらの大脳半球が言語に優位であるかを調べる検査。日本出身の医師、和田淳にちなむ］の様子を見たことだ。脳外科の患者さんの中にこの検査を受けることになった人がいたのだ。脳の左半球の側頭葉にできた腫瘍がだんだん大きくなっていて、手術して取ることになっていた。腫瘍の位置からいって、手術によって大切な記憶要素や言語能力が失われてしまう可能性があった。でもこの患者さんの治療チームの人たちは、右半球も記憶や言語の能力に関わっていることがよくあるから、右半球にどんな認知能力がありそうか調べておくととても役に立つということを知っていた。これを調べる方法のひとつは、脳の左半分を麻酔して、麻酔していない右半球の認知能力をテストするという方法だ。この検査を最初に行ったのが和田博士で、まず大腿動脈から管を挿入して、頚動脈に向かって血管をたどらせていく。頚動脈は血液によって脳に酸素を運んでいるが、脳の左半分にいく頚動脈に管を挿入していく。管がうまく挿入されたら、その管を通してペンタトール・ナトリウムあるいはアミタール・ナトリウムを流して脳の半分だけを麻酔する。「半分眠って」いるが、残りの大脳右半球は起きていて、認知能力がどのくらいあるか調べることができる。麻酔が効いて患者の右腕が「眠りにおちる」のに、左腕は動いているままのあの光景は、一生忘れられない！　でもこの話は止めにして、印象に残ったもう片方の体験、共感覚のある人々を調べたことについて話そう。

『サイエンス・オン・４』

実験を行うときもっとも大きな問題は、研究対象となる実験参加者を募集することだ。統制群の健常な参加者を連れてくるのでも十分に大変で、まして私たちが共感覚だと考えているような稀な状態にある人を募集するとなると、普通はきわめて難しい。幸いにもバロン-コーエンの場合、最近では、自分には共感覚があると主張する大勢の人たちから手紙を受け取るようになって、その多くが検査して欲しいと言ってくる。

この十年、報道機関が私たちの研究を頻繁に扱ってくれるようになって、何かが報道されるたび、新しい共感覚者から連絡が来るようになった。だが後にも先にも、『サイエンス・オン・４』の放送後にサイモン・バロン-コーエンが受け取った反応ほど劇的なものは、これまでになかった。エリザベス・スチュワート-ジョーンズさんについての研究が『サイエンス・オン・４』の制作者に取り上げられたのだ。この番組は今でもＢＢＣのラジオ４の人気番組で、現代科学の面白い事柄を紹介している。この『サイエンス・オン・４』にサイモンとエリザベスさんが呼ばれて共感覚について話して、番組の終わりに、リスナーの中に自分は共感覚者だと思う人がいたら知らせて欲しいと流した。すると２１２通もの数の手紙が寄せられた。返事に同封してそれらの人々に質問紙を送り、回答を求めた。この人たちの意欲はびっくりするほど高く、次の実験にボランティアとして参加することに相当な関心を示していた。そして私にとってとても幸運なことがあった。すべての音に対して色聴を持っているという一群の人々が、ボランティアとして検査を受けに研究所の私のところに喜んで訪ねたいと返事してくれたのだ。これらの人々のご協力に、心からの感謝の気持ちでいっぱいだ。

実験デザイン

この二つめの研究では、第3章で説明した、サイモンがエリザベスさんを対象として行った研究で使った実験デザインの多くを応用した。でも今度はたくさんの実験参加者を集められたから、結果を推測統計学によってグループで解析することができる点で有利だった。それから、この機会に実験デザインをもう少し頑健なものにした。共感覚の効果をできる限り厳密に検出するための、新たな条件をつけ加えたのだ。共感覚の指標として重要な役割を果たすのは、依然として「本物を見分ける検査」だったが、今度はもう少し項目を増やして、１３０項目にした。でも私たちが最も心を砕いたのは、テストのときに共感覚者を扱う扱い方だった。この章の後の方で、これらの変更についてもう少し詳しく説明する。でも実験デザインの問題について特定の例をあげる前に、これを理論的な側面から考えてみることにしよう。

科学的方法論

大学の心理学科一年生のときもっともよくあるレポートのテーマは、科学としての心理学のありかたについて論じよ、というやつだ。心理学はよく「ソフトな」科学と見なされていて、それは社会学でも同じだが、「ハードな」科学、つまり化学、生物学、物理学などと対比される。私の考えでは、ある科学が別の科学よりもハードなことを証明するのはかなり難しいと思う。たとえば化学は物理学よりも「ハード」だろうか？　あるいは生物学は化学よりも「ソフト」と言えるのか？　もしそうだと言うのなら、その根拠は何だろう？　私の見方を言わせてもらえば、科学的方法論を採用しているどんな学問も「科学」の名に値するのであり、その定義によれば、心理学は十分科学のカテゴリーに入っている。では、その科学的方法論とは何だろうか？　説明しよう。

仮説

実験を開始するにあたっては、科学者は実験仮説を立てる必要がある。実験仮説は通常、命題の形で述べられる。この種の説明はいつもそうだが、具体例を使って説明するのがわかりやすいので、よく知られている事柄を取り上げて、ある常識が科学的にも真実であることがどのように証明されるのかを見てみよう。さて実験は、「飲酒が反応時間を遅らせる」ことを証明するために構成された、ということにしよう。この例題では、実験仮説（H_1と略記する）は「飲酒は反応潜時を長くする」というものだ。H_1を設定したので、今度は対立仮説、すなわち帰無仮説（H_0）を特定する必要がある。この実験の場合、「飲酒は反応潜時には何の影響も及ぼさない」がそれに当たるだろう。順調、順調、実験仮説と帰無仮説の両方とも特定し終わった。さて今度は、この互いに背反な仮説を検証する必要がある。手短に言えば、実験パラダイムが必要だ。

仮説を検討可能なようにする

そういうわけで、今度は反応時間を測るのに有効な方法が必要だ。それを使って、アルコール摂取によって反応速度が遅くなるのかどうか調べられるようにするためだ。この種の仕事をするのにはたいていコンピューターが使われる。この実験では、コンピューターの画面に赤い四角が見えたら、キーボードのスペースバーを押すように、と実験参加者に頼めばいい。するとコンピューターは、「刺激」が提示されてからどれだけ速く「反応」がなされたか、記録してくれる。実験参加者各人の反応速度を適切に評価するため、反応速度は5回練習試行を行った後で10回計測することにしよう。反応時間を計測することで、科学者が「従属変数」と呼んでいるものが手に入る。この例では、反応時間はアルコール摂取に「従属」していると考えているわけだ。これに対して、アルコール摂取量は実験者が操作しようと考えている変数だ。アルコールを与える量は自由に変化させることができるので、この変数、つまり実験者が制御している変数のことは、専門用語で「独立変数」という。では次に、この独立変数を制御できるということをどうしたらもっとも有効に発揮して、先の二つの仮説を検証できるかを考えてみよう。

被験者間か被験者内か？

基本的には、実験をするのに二通りの方法がある。一つは、同じ実験参加者が飲酒しない条件でまず検査し、次に飲酒した条件で再び検査して比較する、という方法だ。だからこの方法では、同じ被験者の「内」において比較することになるので、「被験者内」デザインの実験と呼ぶ。このデザインは別名「繰り返し測定法」による比較とも呼ばれる。もう一つの方法は、「被験者間」デザインだ。こちらは被験者を二グループに分けて、片方にはアルコールを与え（実験群）、もう片方には与えない（統制群）というようにする。反応時間を計測し、二つのグループの間で成績を比べるわけだ。

この二つの基本的な実験デザインには、いずれも一長一短がある。繰り返し測定法を用いた場合の最大の問題点は、計測を繰り返すことによって実験参加者の反応時間が向上するかもしれないことだ。つまり飲酒の実験で言えば、一度目の試行が練習になってしまって反応時間が短くなり、アルコール消費による反応時間の増大が相殺されてしまうかもしれない。この練習による効果は、専門的には「交絡変数」と呼ばれる。また「順序効果」とも呼ばれる。二つの実験条件（アルコール摂取の前と後）の成績が、実験の行われる順序の影響を受けるからだ。

カウンターバランス化

順序効果を統制するためによく使われる手法は、実験のカウンターバランスをとることだ。飲酒の実験で起こりうる順序効果を統制するには、参加者の半分はまず素面《しらふ》で実験して次に飲酒した状態で実験し、もう半分は飲酒して実験して次に素面状態で実験する必要がある。最初のカウンターバランス条件、つまりまず素面で次に飲酒という条件で実験する方は比較的簡単だ。多分三十分かそこらですんでしまうだろう。アルコール摂取の効果が出るのに二十分ぐらいかかるから。でも二番目のカウンターバランス条件の方はちょっと時間がかかってしまう。まず参加者に飲酒の影響が出るまでに三十分ぐらいかかり、それから二度目の反応時間計測のために完全に素面に戻るのには、かなり長い時間がかかるだろう。被験者間比較の利点はここにある。二つの実験参加者群を使えば、素面に戻って再検査できるようになるのを待つ必要がない。科学的方法論に則っている学問の多くは、対象内の比較よりも対象間の比較の方を選ぶことが多い。でも粒子や化学物質ではなくて人間を研究対象としている科学者は、よく繰り返し測定法を選ぶ。その理由は単純で、人間はその身体的構造も行動も、ひとりひとりとても異なっているからだ。この飲酒と反応時間の実験例で言えば、アルコールの吸収や代謝の速度といった個人差がある。飲酒を例にあげたのは正解だった、というのは、人種が違えば、アルコール代謝能力にかなりの違いがあることがわかっているのだ。アジアの人々にはかなりの割合で、アルコール分解酵素であるアルデヒド・デヒドロゲナーゼ酵素が欠損している。このためアルコール代謝速度が遅くなり、酔っぱらった状態が長引きやすい。どんなサンプル集団の人々であっても、多分アルコール代謝能力には個人差があるだろう。

アルコール代謝率の違いは、体質に明らかに個人差があることによる交絡変数のひとつの例だ。でも人間は身体的に異なっているのと全く同じように、心理学的にも複雑な存在だ。たとえば、この反応時間実験の参加者が「それぞれの個性のままに」反応したら、その速度は相当異なるだろう。ある人はかなり注意深い態度で実験に臨み、ほとんど答えを間違えない代わりにかなりスピードは遅いかもしれない。もしたまたまこのような注意深い人が実験参加者のグループに多かったとしたら、結果はその影響を受けてしまうことになりかねない。逆にもっと「競争的」な人で、正確さは犠牲にして反応時間を速くしようとする人もいる。こういった課題への取り組み方の違いは、明確な教示を与えることでより均一にさせることができる。たとえば、「できるだけ速く反応してほしいのですが、あまりたくさん間違えないようにしてください」と言うなど。こう教示したからといって実験参加者全員が同じ基準でやってくれるという保証はないが、ある程度実験を統制する役には立つ。

被験者間比較をすることの欠点は、このデザインを使うには二つのグループをできるだけ同質にする必要があることだ。ほとんどの実験では少なくとも年齢や性別ぐらいは同質に揃えようとするが、なかには実験で扱うグループで同質にするべき要因の、長々としたリストを用意する場合もある。

成績を比べる

というわけで、まとめると、私たちは被験者間比較のデザインを選択することにして、二つのグループの間の反応速度の違いを調べようとしている。グループ1は2パイント［訳注　1リットル強］のノンアルコールのビールを与えられ、もう一方のグループ2は本物のビールを2パイント与えられる。どうしてグループ1にも何かを与えなくてはならないのだろうか？　何も飲み物を与えないか、あるいは水を一杯でもあげとけばいいんじゃないか？　その理由は基本的にはすでに見たように、人間が複雑な生き物だからだ。この複雑さをさらに示す例が、人は自分の期待によってよくなったり悪くなったりする傾向があることだ。これはプラシーボ効果（ラテン語で「私は喜ばせましょう」の意味）と呼ばれ、薬学の世界ではよく知られている。患者が本物の薬だと信じているニセの薬を飲んで、よくなることが多いのだ。グループ2の人々に本物のビールを飲ませると反応時間が遅くなるかもしれないが、それは実験参加者自身にそうなるはずだという期待があるためかもしれない。グループ1の人にもアルコールの入っていないビールを飲んでもらえば、反応時間に何か違いが見られたとき、それがプラシーボのせいでなく、アルコールのためだろうとわかる。さてようやく二つのグループの成績を比べるところまでたどりついた。統計学を使うが、これまでの、とくに第3章で論じた単なる記述統計学ではない。実験仮説をきちんと検証するためには、推測統計学を用いる必要がある。

以上の研究手法を実際の研究に適用する

共感覚者グループを検査するのに加え、私たちは共感覚のない人のグループも検査した。非共感覚者群の人々は統制群としてデザインしたもので、年齢、性別、知能指数、言語記憶能力、視覚記憶能力が共感覚者群となるべく同質になるようにした。この予防策をとったことで、これらの変数においてはすべて、二つのグループが可能な限り類似したものになった。こうしておけば、研究の結果、差が見つかったとき、その差は確かに共感覚があったために起こったのであり、共感覚者群の人々の知能や認知能力のためではないと考えることができるだろう。それから検査条件を共感覚者の方が統制群の実験参加者よりももっと難しくなるように操作した。二つのグループは両方とも二回、新しいバージョンの「本物を見分ける検査」を受けて、そのいずれでも反応が記録された点では同じだった。でも二つのグループは、次のようないくつか異なった処置を受けた。

・統制群は一回目の検査のちょうど一週間後に再検査したが、共感覚者は一年以上待ってから再検査した。
・統制群には一回目の検査の一週間後に色の連合について再検査することを知らせた。それに対して、共感覚者には再検査のことは黙っていた。
・それから統制群には、自分で作り出した色と単語の連合を思い出せるようにするための効果的な方略を立てるように勧め、それを助ける記憶のテクニックを使うように言った。共感覚者群の人々には、何か方略を使うようにとは勧めなかった。

以上の検査の結果を取りまとめ、初回検査と再検査の色の連合ないし対応を、三人の審査員に送った。この三人はみんなそれぞれ独立に二つの色の記述がどれだけ似ていると思われるかを判定した。審査員たちはこの判定のためのトレーニングを受けていた。その結果、この三人の判定がお互い完全に一致した割合はすべての事例の93%に達した。

さて勝者は……

私たちの研究の結果は圧倒的だった。統制群の参加者は平均して37%の項目について、初回検査と再検査の表現が三人の審査員の厳正な判定をパスして十分に似ているとされる成績だった。これに対して共感覚者群の成績の平均は92%以上だった。この結果は明らかに、そして圧倒的に有意だ。でも科学者にとっては、いつも、結果が統計的に見て有意かどうかが問題だ。次の節では、統計的に有意かどうかをどう決定するかについて述べよう。

集団の統計解析

第2章で論じたように、古典文献はほとんどすべて、共感覚がある人についての単一事例研究を物語風に書いた資料に基づいていた。稀ではあったが、記述統計学を使ってデータを報告している共感覚研究が公刊された例もある。このやり方の研究報告では、データを扱って「平均の」成績を報告したり、それと一緒に平均からデータがどのくらい分散しているかを表す数値をいくつかのせたりしている。第3章では平均と標準偏差の計算方法について説明して、それらを使ってある人の成績が普通の範囲の中にあるか外にあるかを判定するにはどうしたらよいかについて説明した。この章ではこれらの概念を拡張して、それと同じ統計の原則が科学的理論の検証にどう使われるのかを見てみよう。

ウソには三種類ある——ウソ、真っ赤なウソ、そして統計である

ベンジャミン・ディズレイリ［訳注　イギリスの政治家。1874年首相に就任］の言った警句だ。その通りだと思う人もいるかもしれないが、私は言い過ぎだと思う。でも統計を悪用すれば素人をだませる、というのは本当だ。いずれにしても科学者たるもの、統計学を用いないわけにはいかない。というわけで、ここでもう一度ロナルド・フィッシャー卿と紅茶を飲んでリフレッシュすることにしよう。前には何を問題にしていたかというと、カップにミルクを先に入れたか、それとも紅茶を先に

入れたかを、ブリストル嬢が当てるのだが、8杯のうち6杯まで正解する確率はどのくらいか、ということだった。ロナルド卿の計算では、偶然だけで6杯当ててしまう確率は約4分の1だった。この確率では、ミルクが先か紅茶が先かを本当に当てられたのかどうか結論を出すには弱すぎた。それでは、どのくらいの確率だったならば、本当に偶然ではなく当てたのだ、と言えるのだろうか。もちろん、どんな実験結果も偶然に起こることはありうるから、自分の理論が正しいと証明することなど、決してできない。偶然そういう結果が出ることがどんなにありそうにないように見えたとしても、自分が想定している作用が本当に確実に起こったのだ、と断言できる根拠はないからだ。それはその通りではあるけれども、実験している方にしてみれば、結果に基づいて何かを決定しなくてはならない。新薬を認可するかどうか決めなくちゃならないとか、畑の作物の出来がいいのか悪いのか判定しなけりゃならない、などなど。そこで、ある一定の確率レベルを定めておき、そのレベルよりも低ければ、偶然ではなく本当の作用によって起こったものと見なすことにしよう、ということになっている。普通、それは確率0・05、すなわち5%のレベルとされている。言い換えれば、実験によって得られた結果と同じ結果が偶然に起こってしまう確率が「20回のうち1回」よりも小さければ、その実験結果は見たかった本当の作用によってもたらされたものだと見なそう、ということだ。でもなんで5%かって？　いい質問だ。多分眉つばな話だが、統計学者が言うには、ロナルド・フィッシャー卿（またしてもこの先生）がある日お風呂につかりながら、何%にしたらいいのか考えていたそうな。沈思黙考しながら、ふと片足に目をとめた。爪先の5本の指を見ているうちに、ロナルド先生、「5%がよかろう」ときっぱり決めたということだ（この話が本当かどうかはともかく、教えてくれたケン・マクレイ博士に感謝する）。

さて、それが起こる確率は？

話をもとに戻して、共感覚があると推定される人々と統制群の実験参加者の成績は、統計的に比較するとどうなんだろう。当然ながら、37・6％と92・3％とでは、統計的に非常に有意差ありだと判定された。もっと詳しく言えば、偶然こういう結果になる確率は0・001％よりも小さいことがわかった。それで、私たちの実験結果は偶然ではない何かの作用によってもたらされたものであり、その作用とは十中八九、共感覚であると結論した。でもそれとともに、今回共感覚者たちが単語に対応する色として表現した説明は、エリザベスさんが表現したのよりもずっとシンプルなようだということが明らかになった。

「予測可能な単純な色」対「予測不可能な複雑な色合い」

第3章でエリザベスさんが単語に対応する色として表現する説明に、何かパターンを見つけようとしても無駄だったことをきっと覚えているだろう。このエリザベスさんの結果は、今回の共感覚者群では再現されなかった。データを詳しく調べると、単語と色の対応は、単語の中の主な文字か文字群によって決まってくることが判明したのだ。たとえば、もしMが赤ならば、moon（月）、mouse（マウス）、meteor（隕石）など、Mで始まる語はみんな赤っぽい色になることが多い。こういう違いがあることがわかったので、エリザベスさんの共感覚で見られた他の特徴についても、それらが今回の新しい実験参加者にもあてはまるのかどうか、疑問がわいてきた。だから私たちが「構造化面接」［訳注　質問内容や質問方法を事前に決めておき、すべての面接者に同一の仕方で面接する方法］によるデータも得たことは、非常によかった。次にその結果を述べよう。

内観への回帰

正しいか正しくないか検証できるような仮説を持っていることも大変結構だが、人間の行動を研究している人々の多くは、ときにはデータを見て初めて何かの見解を持つに至ることもあるということを認めるだろう。実験が終わってしまった後で、データセットでちょっと遊んで、何か面白いことがないか探したりできることは多い。この「データで楽しみたい」という欲求はかなり頻繁に起こるもので、心理学者はとある統計技法（因子分析）を持ってきて、トロール漁法みたいにデータの海を漁ろうとする。こういった分析はよく「事後比較（計画されていなかった比較）」と呼んで実験本来の仮説の検証とは区別する。一方、実験本来の仮説の検証の方は「事前比較（計画された比較）」と呼ぶ。

十九世紀の後半によく見られた実験手法は、内観法と呼ばれる方法だった。名前が示す通り、実験参加者に知覚したり認知したりした事柄を説明してもらうことに頼っていた。それでたとえば、色の知覚処理を理解するために、実験参加者は純粋な赤をイメージしてその体験を実験者に語る、なんていうことをしていた。多分、純粋な赤の体験について説明するなんてとても難しかっただろう。色とは、たとえば赤いカードとか赤い風船とか、何かに伴っているものなのだから。にもかかわらず、他にいい方法がなかったから、内観法は主観的経験を調べるのによく使われていた。内観法は最初に行動主義のやり玉に上がった主な対象のひとつで、そのけなされ方はあまりに激しかったので、かつては重要視された手法だったが、それ以降はそれほどではなくなってしまった。それでなくても心理学で使える技法はそう多くはないので、現代の心理学者には、内観法がなくなって残念がっている人も多い。私もそのひとりで、共感覚のようなものにぶつかると、共感覚を持つ人々が話してくれることに耳を傾けて記録するのが唯一理に適った方法じゃないかと思えてくる。共感覚者を集団として調べた私たちの研究では、自分の共感覚についてひとりずつ話してもらい、ひとりひとりを比べてみることに意を砕いた。共感覚者の発言には何か共通したところがあるだろうと期待はしていたが、ここまで一致しているだろうとは思ってもみなかったような結果になった。さらに興味をそそられたことには、現代の共感覚者が私たちに話すことと、百年も前の共感覚者の発言が、とても似ていたのだ。

いつから共感覚を持つようになったか

普遍的に言えることとして、共感覚者は思い出せる限り昔から共感覚があると答える。これは私たちが面接した7名の共感覚者サンプルだけではなく、バロン-コーエンの質問紙に回答した２１２名の全員に当てはまることがわかった。これはまた十九世紀末に報告されたことにも当てはまる。たとえばスターは１８９３年の論文の中で、共感覚者ＧＬが「幼少の頃から」共感覚があったと答えたと報告している。私たちは共感覚は一生涯続くものだと推測しているが、幼少期から共感覚があるというのは、共感覚の原因に関する私たちの理論によく合っている。共感覚者に面接し始めた頃、共感覚を持っているのが好きかどうか聞いてみたくて仕方がなかった。でもこれは、心理学者としては幼稚な質問だ。だって、共感覚者は共感覚がない状態をどうやって知ることができる？　この質問に対する共感覚者の回答はほとんど一致していて、共感覚があるのは嬉しいけれど、共感覚がない状態というのがどんなだか知らないから判断できない、という。それどころか、私たちが会ったほとんどすべての共感覚者が、子どもの頃には他のみんなも共感覚があると思っていたという。そうではないと知って、非常に驚いたという人が多い。リチャード・シトーウィックも同じことに目を止めていて、「共感覚者はしばしば、思い出せる限りはるか以前から共感覚の能力があったと言い、他人が世界を知覚する仕方が自分とは異なっているのを発見して驚く」と述べている。同じことが古い文献にも描かれている。イサドー・コリアットは１９１３年に、三十五歳の女性の共感覚者について次のように書いている。「色聴に罹っている多くの人々と同様に、十四、五歳になるまで、他の人々も言葉を聞くと色が見えるのだと信じて少しも疑いを抱かなかった。」

　言葉を聞いてもみんなに色が見えるわけではないのを発見するのは、たいてい子どもの頃か青年期で、共感覚者はそれを機に、自分の能力について口を閉ざすようになることが多い。私たちが面接した全員が、共感覚はみんなにあるものではないとわかったときのことを思い出した。これをよく描き出している典型的な逸話を次に示そう。１９９３年の研究で、７人のうちのひとりが話してくれたものだ。

> 覚えています。割と小さかった頃、多分、七、八歳頃ですが、ある日学校から帰って、母に、担任のブラウン先生の名前はおかしい、だってこの名前は緑だから、って言ったんです。母は急にこのことを心配し出して、そんなことはこれからは絶対に言ってはいけないよ、と言い聞かせました。

またしても、これと同じ内容が古典文献にもしばしば登場する。たとえば第2章に述べたスターは共感覚者ＧＬについて、「ほんの小さかったとき、名前に色がついていると言ったために人に笑われた」と書いている。

この他者と経験を共有するのをあきらめるという話は、共感覚なんてただ注意を引きたいだけの振る舞いに過ぎないという言いがかりを考える上で注目すべきだ。なんでこんなことを言うかというと、私が共感覚について話すのを聞くと、一部の聴衆の中に共通した意見を持つ人がいて、共感覚があるなんて言っている人々は、自分に注意を向けさせたいがためにそう言っているに過ぎない、というのだ。人が自己顕示欲を持っているということは、少しは、いや多分私たちが出会う大部分の人に、当てはまるだろう。でもこの意見は、私たちが集めたデータにはまったくそぐわない。データからは、共感覚者の大部分は、自分の能力については事実上一生涯、沈黙していることが示されているのだから。

共感覚の知覚は「どこ」でなされるか、またそれはどのようなものなのか？

この問題に取り組む前に、この本を読んでいるすべての共感覚を持ち合わせない方々に注意しておきたいことがある。私は十年以上もの間、共感覚について調べてきたし、共感覚者に会って話してもきた。にもかかわらず、共感覚があるというのがどういうものなのかについても、共感覚者が言葉を聞いたとき何が「見える」のかについても、完全に理解したというにはほど遠い。でも共感覚のない人を助けるために、ちょっとだけ内観してみることにしよう。私の考えでは、「ものを見る」という経験は、次の三つの「タイプ」に分けられる。

1　自分の目で受容した視覚的情報

人間の視覚システムの解剖学および生理学は非常によく解明されている。ヒトという種の一員である私の目の網膜には特殊な細胞（桿体と錐体）があって、光に感応する。錐体のシステムによって昼間視が可能となり、桿体のシステムによってだいぶ性能は劣るが夜間視が可能になる。図11に描かれているように、視覚情報は網膜の視細胞で受け取られた後、脳の後頭葉にある視覚を担当する部位に送られる。その途中で、視床の中にある外側膝状体《がいそくしつじょうたい》を通る。ここは脳の電話交換台と呼ばれている。

後頭葉では、視覚情報は色、形、動きを専門に担当している部位で、それぞれ別々に処理される。それから情報はどういうふうにか、統合された視覚イメージを形成するよう一緒にされる。この統合

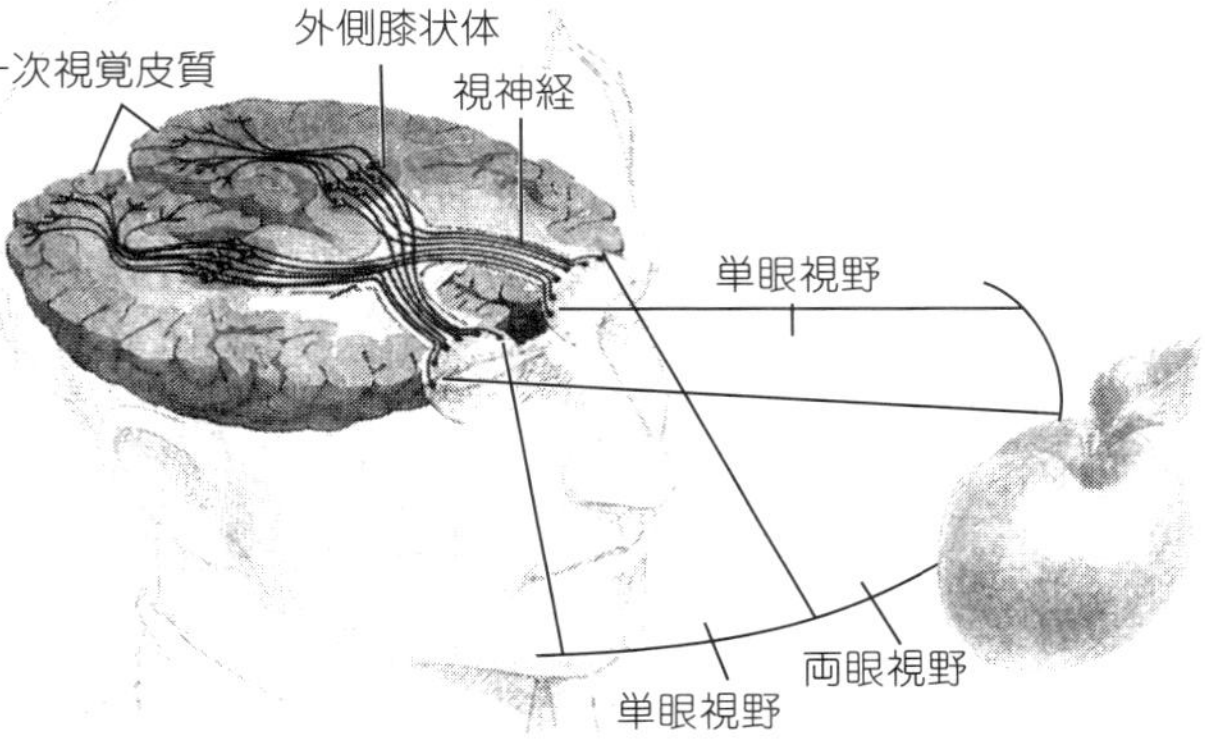

図 11　成人の視覚経路には神経繊維（軸索）の分担が見られる。右目に対応している神経繊維を赤で，左目に対応している神経繊維を青で示す（カラー図版 3 を参照）。それぞれの目における，網膜上の隣り合った視細胞は，神経繊維を外側膝状体の隣り合った神経細胞に送る。同様にして，外側膝状体の神経細胞は視覚皮質に対応関係を保って神経繊維を伸ばす。視覚システムは位置の点で整然としたパターンを成しており，両眼視を可能とする仕組みの一部を形成している。

がどのようにして行われるのか説明したいが、まだよくわかっていない。まさにこのことを、生理学者のチャールズ・シェリントン卿[1]は次のように詩情豊かに言い表わしている――「たくらみは唇に指を当て沈黙する。」この「結合問題」として知ら

[1] シェリントンの散文体は読んでいてとても楽しい。本文で引用したのは、その絶妙に綴られた文章をほんのひとつ選んだに過ぎない。シェリントンは脳の発達についても同じくらい流麗に書いている。この素晴らしい一文をお楽しみあれ。「速やかに頭全体は魔法をかけられた機織り機となり、何百万もの明滅する往復運動によって溶けゆく絵柄が織り出される。常に意味に満ちているが決してひとつに留まらない絵柄、その要素の移り変わりゆく調和を織り出すのだ。」

れるようになった問題は、神経科学によって解決されるべき、際だって重要な問題のひとつだ。

2　意志で呼び出されて心の目に見えるイメージ

このタイプの視覚経験は、素人心理学的には「視覚的なできごとを思い浮かべる」という言い方で表現できるだろう。見るということの中でもこの種の主観的経験は、頭の中に映画のスクリーンがある、というのにちょっと似ている——何か見たいと思う物体や情景のことを考えると、心の目の中に思い浮かんでくる。心の目について、すぐに二つの特徴があることに気づく。まず、この能力は普遍的とは言えないようである。心の目で何かを見るなんて能力は持っていないと主張する人は多い。二番目に、このような心の絵がどのようなものであるのか、完全にはっきりわかっているわけではない。私の博士過程のスーパーバイザーだったレスリー・ヘンダーソン教授とこの件について議論したことがある。それでは思考実験してみよう、と先生は言った。まず、大英博物館はよく知っているかいと訊ねるので、知っていると答えた。すると、心の目に大英博物館の建物を思い描くように言うので、私はその通りにした。先生はさらに建物の映像を言い表すようにと言うので、私はやや詳しく述べた。そして先生は次の重要な問いを発したのだ。「正面入口の上にある三角形部分を支えている柱は何本だい?」私は6本ですかって答えたんだが（実際には8本）、すぐに先生の言いたいことがわかった。私は自分では見えていると思っていたが、建物の最も特徴的な部分についてのごく単純な問いにすら、その映像を使って正しく答えることはできなかった。

3　自分では見えていると思っているけれど、「外に」あるわけではない、つまり世の中の一部なのではないことがわかっているもの

子どもの頃、私は熱性疾患にかかって、抗生物質を飲んでしばらく闘病していた。この薬のためなのか、あるいは熱のためなのか、私にはおかしなものたちが見えると両親に訴えた。どうやら、北極熊たちがいまや我が物顔に私の部屋を歩き回っている。言うまでもないが、このクマたちは「心に映った幻」、記憶に残る唯一の幻覚体験だ。それからごくたまにだが、夢から醒める時、映像を体験することがある。私が見えていると思っている物体は、どうやらたいてい、醒めつつある夢に関係あるようだ。そういった視覚体験は、多分とてもありふれていると思うのだが、「出眠時心像」と呼ばれているものだ。人によっては眠りに就く瞬間に映像を見ることがあるらしい。こっちはいわゆる「入眠時心像」という。私がこういう映像を見ることは滅多にないが、見えた時にはとても印象が強い。自分には映像は現実そのものに知覚される。キーツに『ナイチンゲールに寄せるオード』という素晴らしい詩があるが、この種の経験がどんなものか、とても見事に描いている。この場合は幻聴についてだが、ナイチンゲールが歌うのが聞こえるような気がして不思議に思う部分だ。

それはまぼろしか、目覚めながらみる夢か？
あの音楽は行ってしまった――私は起きているのか、眠っているのか？

この詩は私が半覚醒状態で抱く不確かな感じを完璧に言い表している。しばらくたって完全に目が

覚めると、ようやく理性が使えるようになって、ヴィクトリア・プリンシパルとデビー・ハリー［訳注 いずれも人気女優］が私の寝室にいるなんてことはありえない、と判断できるようになる。

以上のすべての視覚形態が、私が何年もの間面談してきた共感覚者に共通して持たれている。それで、共感覚について研究を始めた頃には、共感覚を持っているとどんなふうに感じるものなのか、想像するのを可能にしてくれるような参照にできるんじゃないかと思った。でも、面談してきたどの共感覚者も、共感覚は「外に」あるのではない、と言い切るのだ。つまり、音を聞くことによって色を知覚すると言っても、それによって周りのものに色がついて見えるわけではない、という意味だ。そこで、どうやら共感覚は、目を通して受け取る視覚刺激と混同されることはないらしい。それどころか、共感覚者はこれらをかなり正確に区別している。目から入った視覚刺激と音によって引き起こされた視覚とは、はっきりと違っているのだ。

また、共感覚者は共感覚で知覚されたものが「心の目」に見えているわけではないということも、同じくらいはっきり断言する。私たちがこの質問をした共感覚者は、心の中で想像して見るイメージがどういうものであるか正確に理解した上で、共感覚は想像した物体とか景色とかとは全く別物であると明言する。それでは、最後のカテゴリー、見えてはいるがそこには存在していないことを知っているもの、というのはどうだろうか。興味深いことに、共感覚には、さっき述べた幻覚体験と共通しているところがある。とくに、感覚としては「見えて」いるのに、それが外界の一部ではないことがわかっている点が共通している。では、視覚の共感覚は幻覚「みたいな」ものなのだろうか。それはどうやらちょっと違うようだ。面接した共感覚者の中に、出眠時心像や入眠時心像を見る人がわずかだがいて、共感覚はこれとは違うとはっきり言うのだ。それからある共感覚者の女性が言ったのだが、座っている姿勢から急に立ち上がると「星が見える」ことがよくあるそうだ。でもこれも共感覚とは異なっているという。

こうなると、私たち共感覚のない者としては、わからないままに取り残されてしまう。目で見るのとも、想像とも、幻覚とも違っているのなら、一体どんなものなんだろうか。正直言って、私にはわからない。でも、まだ検証はできていないが、私にはひとつ仮説があって、私たち共感覚を恵まれなかった者にも、共感覚がどういうものだか、理解するのを助けてくれるかもしれないと思う。つまり……それは夢の映像みたいなものではないだろうか。

夢、あるいは別の形式による後頭葉の直接刺激

なぜ私たちは夢をみるのだろう。夢は何を意味しているのだろうか。何か意味があるとして、だが。いろんな理論がある。「夢はその日にあった活動を意味づける役割を担っている」「夢は前意識がわれわれの本心を教えてくれるチャンス」などなど。また別の理論では、夢はヒトの早期発達に重要なのだという。この所見は、なぜ新生児（赤ちゃん）は成人よりも睡眠時間が長く、夢を見ながら眠って過ごす時間が長いのかをうまく説明している。一方で、あまり流行らないが、もしかしたら正しい見方として、夢にはとくに目的はない、という考えもある。まさか、そんなこと、信じられない、と思うかもしれない。私たち人間は自分の経験することすべてに理由があるはずだと思いたがるものらし

いから。どうやら、夢には何か目的があると信じたいという、強迫的な強い欲求がある。私だって、

個人的には、夢が何か現実世界を反映しうるということには同意する。だからこそ、キーツのナイチンゲールの歌声の不確実さについての詩を取り上げたのだ。夢の経験は、それがどんなに奇妙な内容であったとしても、何らかの意味のある物語の形になっている。サルバドール・ダリの芸術はその見事な証言だ。さて、それでは睡眠の生理学についてはどんなことがわかっているのだろうか。その知識は共感覚の性質を理解するのに役立つだろうか。私は役立つだろうと信じている。そこで、私の夢についての理論を述べて、共感覚の理解にどう役立てられるか見てみよう。

「視覚」刺激の元

毎日の視覚的な意識体験は、光が電気化学的な形で脳内を運ばれることに基づいている。網膜から入って外側膝状体を通り、後頭葉に達し、そこで外界のできごととして視覚的に解釈される。でも、網膜以外の、脳の別の場所からの電気刺激が外側膝状体に到達し、さらに後頭葉に達することも可能だ。睡眠中に夢を見ているときに起こっているのは、どうやらこれのようだ。夢の場合、電気化学的刺激は網膜ではなくて、脳の深部にある脳幹《のうかん》の橋《きょう》と呼ばれる部位から発している。夢を見て眠っている時、橋で発火した電気活動が外側膝状体を通って視覚皮質に達する。視覚皮質は、これら橋から発したスパイク信号が網膜からきたのではないことを知らずに、視覚皮質にやってくる他の信号と同様にこれらのスパイク信号を処理する。脳が網膜を通ってやってきた刺激に意味を与えようとするのと

全く同様に（第3章の「犬」や「馬と騎手」の絵を思い出して欲しい）、これら橋で生じた信号も意味を持つものとして解釈しようとする。こうして、橋から発した意味のないスパイク信号が、意味のある映像に組み立てられる。たとえ、次々と構成される映像がそれぞれ無関係なものとなるかもしれなくても。この仮説は私のオリジナルというわけでは全くないが、要するに、夢の映像とは、橋に端を発する本質的にはランダムな電気インパルスの発火を視覚皮質が解釈したものである、という仮説だ。目が覚めて、まだ意識の中に最も新しい構成物が残っていると、それらの映像は寄せ集められて物語になる。なかなか面白い理論だが、これがどう共感覚をわかりやすくしてくれるんだ、と思うかもしれない。つまり、この理論は、私たちの脳が「見て」いるものは、必ずしも常に網膜の刺激に基づいているわけではない、ということを思い出させてくれるのに役立つ。ということは、視覚皮質の適当な部位を刺激すれば、色の映像を作り出すことができるってわけだ。どうやったらそんなことができるのか？　じっさいに、おこなわれているのだ。では、次に見てみよう。

ワイルダー・ペンフィールドの実験神経外科学

脳（brain）は痛み（pain）を感じない。これ、英語では韻を踏んでいるが、つまり、脳外科手術のとき、全身麻酔じゃなくて部分麻酔で手術できることがあるということだ。ここでちょっと、自分がカナダの脳外科医・ワイルダー・ペンフィールドになったと想像してみよう。患者の頭蓋骨のてっぺんを取り外し、手術が今、終わったところだ。さてどうやって時間をつぶそうか。患者の脳の表面を電気的に刺激して、何が起こるか見るってのはどうだ？　ペンフィールドはまさにこれをやった。ペンフィールドは、現在私たちが運動野と呼んでいる、前頭葉内の帯状の部位を刺激すると、患者の体の一部が動くのを発見した。患者は動かそうという意図は全くないと否定した。運動を起こさせるためには、左前頭葉の運動野を上の方に向かったあるポイントを刺激する必要があった。視覚野を刺激したらどうなるだろうか。たいてい、患者は光の点滅とか形のない色などといった、鮮やかな視覚を実際に感じたと報告した。これも、視覚皮質を網膜を通さないで刺激する別の形式なわけだが、この場合には完全に言い表すのは困難な「形のない色」を生じさせる——ほら、どこかで聞いた話ではないか？

　次のような実験をすれば一挙解決だ。共感覚を持つ人たちを連れてきて頭蓋骨を開け、視覚皮質を直接刺激して、その結果が共感覚の知覚と似ているかどうか調べる。うーん、科学的にはとても興味を惹かれるが、倫理的にはどうかねえって思うだろう。その通りだ。でも最近の技術の進歩は目覚ましく、神経科学の研究に使える別の方法がある。もっとずっと無害に視覚皮質を直接刺激する方法だ。経頭蓋磁気刺激という華々しい名前で、略してＴＭＳという。

パシッといこう

　で、ＴＭＳとはどんなものか。基本的には、磁気パルスを発生させて、頭蓋骨を通過させ、脳の神経細胞を発火させる技術だ。ぞっとするかもしれないが、この技術は、鋭い、でも驚くほど静かな

「パシッ」という音がするものの、完璧に安全のようだ。ＴＭＳは生理学者の間でよく使われてきていて、神経科学の研究にも、興味深い有効な応用が可能なことがわかった。ゼキが引用しているが、ベッカーとベッカーが行ったＴＭＳ実験で、後頭葉を磁気刺激したところ、色の知覚を起こさせることができることがわかった。ベッカーら言うところのこれら「色彩現象」は、実験参加者の報告によれば、はっきり色がついていて、形としては楕円形というのが最も近いということだ。これはペンフィールドの神経外科学の対象となった患者が報告した、どうやら純粋な色の経験とは異なっている。でも、ＴＭＳで引き起こされる磁気パルスというのは、ペンフィールドが使った電気刺激の道具よりも、空間的な正確さがずっと劣っている。脳の中の色を担当する部位と形を担当する部位は比較的近いから、いずれかの視覚部位だけを特に刺激するというのは難しい。ぜひやってみたい実験は、ベッカーとベッカーが検査した実験参加者と同じ脳部位を、共感覚者で刺激するというものだろう。そうすれば、共感覚者は自分の共感覚的知覚とＴＭＳによる「色彩現象」とを比較して、この二つの「視覚」感覚がどう似ているか教えてくれるだろう。もしその二つが似ているとわかったら、私たちはみんな、共感覚を感じるというのがどういうものであるのか、わかるかもしれない。

以上、この章の後半部分では次のことが確認された。網膜ではない脳部位からの電気化学的な神経インパルスによって、網膜を通してやってくるもの以上のものを「見る」ことができる、ということだ。この一般概念は第1章で述べた、共感覚の原因論において重要な役割を担っている。共感覚は、聴覚的な電気インパルスが視覚野を刺激するために起こる、という理論だ。

白黒か、それともカラーか？

夢の映像についての議論は、面談したり検査したりしてきた共感覚者たちに一貫して見られる、別の特徴について話すのをスムーズにしてくれる。でも、私たちが答えを求めてきたその問題について詳しく論じる前に、次の質問の答えをちょっと考えてみて欲しい。色のついた夢を見るか？　前からとても興味があったのだが、夢についての文献によれば、人々の多くは、夢が白黒だと言う。もっと興味深いのは、夢を全く思い出せない人が相当いるということだ。私自身は、確かに夢を見ているし、その夢はほとんどの場合、色つきだとすぐに断言できる。実は共感覚者もたいていはこのように答える。もう一つ注目すべきこととして、共感覚者は確信をもって即答する。はい、夢にはちゃんと色がついています、と、たいてい、すぐに答えが返ってくる。私の経験では、共感覚のない人に訊ねた場合には、少しの間考えてから、ようやくどっちかの答えに決めている。というわけで、共感覚者に共通して見られるもうひとつの特徴として、彼らが夢をカラーで見ていることを自覚していることが挙げられる。これが何を意味しているのかは、とても難しい問題だ。意味があったとしてだが。でも、第3章で紹介した、オリバー・サックスの本に出てくるニューヨークの画家の話を思い出して欲しい。その画家は脳損傷が原因で、色の知覚と、共感覚と、夢をカラーで見る能力とを失った。おそらく、これら三つの能力すべてに共通している色の要因があって、同じ神経基盤を共有しているのではないだろうか。考えてみる価値がある。

それでは、夢や知覚について考えるのはこのぐらいにして、１９９３年の論文で集めた面接結果の考察に戻ろう。

共感覚者は皆同じ単語と色の対応を持っているのか？

これまでなされた先行研究から、ある二人の共感覚者が同じ「色‐単語」の対応を持っているのは非常に稀であることは明らかだ。私たちも、別々の共感覚者が多少とも似た「色‐単語」の対応を持っているのを発見したなどということは全くなかった。たとえ一卵性双生児で二人とも共感覚を持っているという、私たちが出会った中でも稀なケースであっても。だが、ある二人の共感覚者がある特定の単語に同じ色を見ることはないように見える一方で、どの共感覚者も、その個人の中では、単語と色の対応は一生の間変わらないままだ。本物を見分ける検査は、この事実のお蔭で可能になっているわけだ。ゴールトンが主張した通り、「どの共感覚者においても、同じ音に関して連想する色は、別の共感覚者と一致しないか、一致したとしてもかなり稀である」ようだ。

微妙な違いへの注意

ゴールトンはまた、共感覚者による知覚の説明はとても厳密で、特に次の点でそうだと記録している。

共感覚者はいつでも、色調や色の濃淡の正確な説明をしようときわめて厳密であった。たとえば、「青」と言うだけでは決して満足せず、非常に苦労して、自分の感じている特定の青色にぴったりな表現をしようとした。

この観察結果も、やはり私たちが集めた共感覚者の色の説明の仕方と非常によく一致している。エリザベスさんの共感覚を調べた1987年の研究では、各単語についてエリザベスさんが口頭でどのように説明したかまとめている。1993年の研究では、250色以上もある標準の色見本チャートを使って、色の対応の記録を統制しようとした。でも調べ始めるや否や、色見本から選択するのでは参加者にとって不満足なことが明らかになった。いつも、自分の共感覚で知覚している色に「最も近い」色を色見本から選ぶ、ということになる。

それは家族の問題だ

これが最後だが、1993年の論文でまとめた面接で共感覚者に共通して見られた特徴として、血の繋がりのある人の中にやはり共感覚のある人がいる、と即答したことが挙げられる。そのほとんどすべての事例で、女性の親類だけが挙げられている。同じ質問を質問紙を使った研究でもしたが、それへの回答でも全く同様だった。この注目すべき結果によれば、共感覚者の大多数は女性で、男性はほんの一握りだということになる。これがわかったため、私たちは次にするべき研究が見えてきた——特に、人口における共感覚者の割合はどのくらいか、家系の中で共感覚者が続く程度はどのくらいか、そして最も重要な問題、共感覚に遺伝が関わっているのかどうか、などだ。これについては第8章で詳しく述べよう。

第5章

共感覚が共感覚ではないのはどんなとき？ メタファーのとき

共感覚者は女性に多いということがわかっただろう。でもちょっとおかしいと思わないか？　歴史上の人物で、共感覚がある（あった）とされている人物は、大部分が男性なのだ。先に進む前に、また正直に言わなくてはならない。ここまでの章からして、ある人物が共感覚を持っているかどうかを決める、客観的手段があることは明らかだ。でもこれを「死んだ体の組織」で調べる方法はない。つまり、もう亡くなった人物が本当に共感覚者だったのかどうかを確認したり否定したりする方法はない。いつか人類が、死んだ組織で共感覚の有無を判定できるような技術を手に入れられたら、誰か科学者が、ずっと以前に亡くなった「共感覚者」の遺骸を何とか手に入れて、誰が本当に共感覚を持っていたのか、検証して著作に書いたのを読んだりできるかもしれない。でも今のところ、そんな遺骸も技術もない。そうではあるけれども、ちょっと想像をたくましくして、死んだ組織を調べるお手軽な方法が存在していると仮定してみよう。さて、誰から掘り返したらいいだろうか？

図12　シャルル・ボードレール。Carjat 撮影（Mary Evans Picture Library）

いつも名前のあがる人物

いつもラインアップされるのは誰かといえば、たいてい、十九世紀末から二十世紀始めの一連の人物たちだ。ざっと眺めて、これはという人物がいるかどうか見てみよう。

シャルル・ボードレール（1821－1867）

シャルル・ボードレールは、詩人、随筆家、美術評論家で、感覚が一体であることを信じていたらしい。ボードレールの詩『交感』では音と色との結びつきが表現されていて、その第二連には次のように描かれている。

遠く長きこだまの
夜のように光のように広漠たる
暗く深き合一へと解け合うがごとく
匂い、色、そして音が呼び合う

また別のところでは、自分の共感覚はハシシを使うと「尋常ではない鮮やかさになる」と書いている。ハシシとは大麻のことで、ボードレールは長期間にわたって大量に使用していた。またハシシは共感覚能力を高める効果がある、と書いたりもしている。ということは、少なくともボードレール自身は、自分が共感覚者だと信じていたということだ。このことは１８５７年に「音は色に覆われている」と主張していることと軌を一にしている。ここには納得のいく回答を見つけなければならない問題があって、ボードレールが自分の主観的経験に対して、どれだけ証人として適切か、ということだ。心理学者は通常、実験では、解釈をあやしくするような実験参加者は除外する、という予防策をとっている。たとえば、統合失調症の患者は認知課題の成績が悪くなることはよく知られている。そのため統合失調症患者は、神経心理学者、つまり第3章で見たような、限局した脳損傷が脳機能にどんな影響を与えるかといったことに関心が向いている研究者にとっては、実験参加者として都合がわるい。というのも、日夜取り組んでいる課題が何かといえば、ある認知障害がある特定の脳損傷が原因で起こったということを、まぎれもなく証明することだからだ。統合失調症患者の認知障害には、明らかに別の説明ができる。つまり、統合失調症そのものが原因だという説明だ。スーザン・グリーンフィールドが最近書いているところによれば、統合失調症患者には共感覚があると報告されているそうだ。さてこれは、科学的に検討するのが難しい問題だ。というのは、統合失調症にかかっている人の多くが幻聴を訴えてもいるわけだ。偏らない目で見れば、そういう声が現実のものだとはとうてい信じられない。統合失調症患者に見えている幻覚の実在を疑うのと同じだ。可能性としては、統合失調症を構成している症候あるいは症候群のひとつとして、共感覚が起こることはあるのかもしれない。でも残念だが、精神疾患を持っている人の言葉は、ときどき額面通りには受け取れないことがあるので注意が必要だ。

それでは、ボードレールの共感覚について信用できないと考える理由が何かあるだろうか。ボードレールに精神疾患があったという証拠はないが、人生の大半が梅毒に冒されていたことは知られている。梅毒という病気は最終的には脳を冒してしまう。また、向精神薬の多くは共感覚を引き起こすことも知られている。事実、ボードレールと同じ時代のゴーチェというフランス人科学者が、１８４３年に、特にハシシを使えば、人工的に「偽りの色彩感覚」を引き起こすことができると報告している。他にも、たとえばＬＳＤとか、メスカリン（メキシコのペヨーテというサボテンから採る）、それにサイロシビン（大部分がいわゆる「魔法のキノコ」と呼ばれているシロサイブ属のキノコから採られる）なども、みんな感覚モダリティの混ざり合いを引き起こすという報告がある。こういった幻覚剤を使うと、場合によっては、音が見えるものとして知覚されたりするのだ。

アルチュール・ランボー（１８５４－１８９１）

十九世紀フランス詩人の二人目、アルチュール・ランボーも、その詩『母音のソネット』で音と色とを結びつけている。出だしはこんな風に始まる。

> Ａは黒、Ｅは白、Ｉは赤、Ｕは緑、Ｏは青。母音よ、
> いつか私は、きみたちの起源の謎を解いてやろう。

これは一見したところ、共感覚的な連結があったという有力な証拠だ。でも詩の残りの部分を見て

図 13　ジャン-ニコラ-アルチュール・ランボー。Explorer Archives ES Collection（Mary Evans Picture Library）

みよう。

A　無慈悲な悪臭のまわりをぶんぶん飛ぶ
輝くハエの黒い毛深いコルセット、影の深淵。
E　蒸気とテントの率直さ、誇らしい氷の槍、
白い王たち、花弁の震え。

ランボーが引き出した、色との連合が豊富に描写されている。でもこれが共感覚者であることを証明する確かな証拠かどうかとなると、ちょっとよくわからない。ローレンス・マークスが1975年に書いたものによると、ランボーは後に、これら母音と色との連合は自分が発明したものだと言ったそうだ。文字通りには、「J' inventais la couleur des voyelles!（私は母音の色を発明した！）」のだそうだ。

ジョリス－カルル・ユイスマン（1848－1907）

ユイスマンが今見てきた二人のフランス象徴派詩人の作品に大いに親しんでいたのは確からしい。ランボーやボードレールと同様、ユイスマンが共感覚を持っていたことを証拠付けるような自伝などは何もない。ユイスマンが共感覚者だという考えは、たくさんの評論家たちが、その世紀末的デカダン小説『さかしま』の主人公は「ユイスマン自身がほとんど偽りなく」描写されたものだ、と論評し

Jorris Karl Huysmans, † am 12. Mai.

図14　ジョリス-カルル・ユイスマン。Leipzig Institute Zeitung（Mary Evans Picture Library)

ていることに端を発しているのではないかと思う。ユイスマンは主人公ジャン・フロルッサス・デ・ゼッサント公爵に一種の味と音の共感覚を吹き込んだ。そのため一見すると、ユイスマン自身も共感覚を持っていたのかもしれないと思わせる。『さかしま』は私の好きな小説で、オスカー・ワイルドも、ドリアン・グレイにこう語らせている。

> これまで読んだ中で最も奇妙な本であった。彼には、優美な衣服に身を包み、フルートの精妙な調べに合わせ、世界中の数々の罪が目前に無言劇を繰り広げているように思われた。ぼんやりと夢に見るだけだった事柄は突然現実となり、夢にも思わなかった事柄が徐々にあらわになってくるのであった。

この「世界中の数々の罪」の中には、次のようなものがある。腹話術師の売春といった物珍しい軽性犯罪、質感をもとにした料理を尻で食すこと、リキュールのコレクションでアルコールの交響曲を奏でて過ごす奇妙な夕べ。

> 彼の考えでは、どのリキュールの味もある特定の楽器の音に対応している。たとえばドライ・キュラソーは刺し貫くようなベルベット状の響きのあるクラリネットのようであった。キュンメル酒〔訳注　ドイツの酒の一種〕は朗々として鼻にかかった音色のオーボエのようだし、クレームドマント〔訳注　ハッカ入りリキュール酒〕やアニス酒はフルートのように、甘いと同時に酸っぱく、柔らかいと同時に鋭い。そのオーケストラを完璧なものにするのはキルシュで、野性的なトランペットの爆音を響かす。ジンとウィスキーは、コルネットとトロンボーンの楽音でもって口蓋を上げさせるし、マール・ブランデ

図 15　アレクサンドル・スクリャービン。出所不明（1914）（Mary Evans Picture Library）

ー［訳注　ワインの絞りかすを蒸留したブランデー］は耳をつんざくどよめきでチューバと調和する。そしてアラック［訳注　バリなどで作られる焼酎の一種］とマスティック［訳注　この名の木の樹液から作ったリキュール］が力の限り打ち鳴らすシンバルと大太鼓から、雷鳴が轟く。

調（音階）	スクリャービン	リムスキー=コルサコフ
ハ長調	赤	白
二長調	黄色	黄色
変ホ長調	鋼（はがね）の青色	暗い青灰色
ホ長調	青みを帯びた白	きらめくサファイア色
ヘ長調	深紅	緑
ト長調	オレンジローズ	豊かな金色
イ長調	緑	ばら色
変ロ長調	鋼（はがね）の青色	色はなし

アレクサンドル・スクリャービン（1872-1915）

デ・ゼッサントのリキュールで奏でる音楽の夕べの描写の終わりの方に、次のように洞察するくだりがある。「ベネディクティン酒は、言ってみれば、ワイン商人の帳簿には緑のシャルトルーズ酒の名で書き込まれているアルコール類の長調の調べに対応する、短調の調べを表している。」この「曲」が何調で演奏されたのかは書かれていないが、各調の音階を聴覚以外の感覚で表すことは可能である、という概念は明らかに読み取れる。ただし遊びとしてだが。ところがロシアの有名な二人の作曲家の場合、各音階には特定の色があるということを真剣に信じていたらしい。表の例を見ればわかるように、この二人、アレクサンドル・スクリャービンとニコラス・リムスキー＝コルサコフの間で、色と調との対応はほとんど一致しなかった。

ここでも問題は、これらの結びつきがメタファーなのか、それとも純粋に共感覚なのかどうか、ということだろう。色と音楽とは、古典の時代から結びつけられてきていて、たくさんの有名人物がこの二つの関係を解明しようとしてきた。たとえばアイザック・ニュートン卿（１６４２－１７２７）は、光のスペクトルには七つの基本色（赤橙黄緑青藍紫）があり、音階もまた七音（ドレミファソラシ）からなっているという事実に打たれ、色を音楽に変換する数学的方法を空しく探し求めた。一世紀の後、ゲーテもほとんど同じことを探求し、さらに概念を拡張して他の感覚までも入れ込んだ。

　色と音楽を結びつけるというのはかなりありふれた行為のようだ。私だってやったことがある。私の考えでは、ドボルザークの交響曲『新世界』は明るい田園の緑、ベートーベンの第五交響曲の第三楽章は黒で第四楽章は輝く金色だ。それからワグナーの『タンホイザー』に出てくる「巡礼の合唱」は明るい青で、ベートーベンの『月光ソナタ』は銀色がかった青。と言っても、私は共感覚者ではないし、私が今言った組み合わせは比較的簡単に理由がつけられると思う。たとえば、『月光ソナタ』が銀色がかった青だというのは、その曲のタイトルから月光の色が連想されるからなのは明らかだ。私よりもずっと音楽に詳しい友人たちが、『月光ソナタ』は嬰ハ短調でかかれているって教えてくれたが、他の嬰ハ短調の曲を聴いても、銀色がかった青は私には連想されない。

　スクリャービンに関する文献をざっと調べてみたが、スクリャービンと共感覚とを関連づける主な理由は、どうやらスクリャービンが１９０８年から１９１０年にかけて作曲した交響曲『プロメテウス・炎の詩』にあるらしい。とくに注目されるのは、『プロメテウス』の楽譜にスクリャービン自身によって「色光オルガン」についての指示が書き込まれていることだ。この「光の鍵盤楽器」の鍵盤をたたくと、音を発する代わりに色の付いた光が投影された。マイヤーズによれば、スクリャービンは「神秘」というオーケストラ曲を作曲する計画を立てていて、同様の色の効果をつけようとしていたが、この曲ではさらに匂いも加えようとしていたそうだ。

　この章の最初に注意したように、もう亡くなった歴史上の人物が共感覚を持っていたという証拠を見つけ出すのは至難の業で、私たちにできる最善策は、それらの人物の体験について書かれているものが、現代の共感覚者のものと一致するかどうかを確認することだ。でも断片的な情報しか手に入らないことが多いし、しかもたいていは、その人物が使ったメタファーを他人が解釈したのに過ぎないものだったりする。第4章で紹介したような、心理学者が集めた面接データが手に入るのは稀だ。ところが運のいいことに、スクリャービンに限っては、その共感覚についての資料が論文になっている。チャールズ・Ｓ・マイヤーズというイギリスの心理学者による、『共感覚の二事例』という控えめなタイトルのついた論文だ。

　マイヤーズがスクリャービンに面会したのは、作曲家がロンドンに旅行してきたときだった。マイヤーズはロシア語が全く話せず、スクリャービンは英語をほんのちょっとしか話さなかったから、会話はフランス語で行われた。マイヤーズの論文によれば、スクリャービンは同胞のリムスキー＝コルサコフと一緒にパリでコンサートに行った折、初めて自分の色聴に気づいた。スクリャービンはリムスキー＝コルサコフに、今聴いている曲は自分には黄色に感じられるとコメントしたという。リムスキー＝コルサコフは、自分にはこの曲は金色だ、と答えたらしい。これはリムスキー＝コルサコフがニ長調と結びつけている色と矛盾しない。そのパリのコンサートのときには、スクリャービンはすでに十分成人していたものと見られる。生まれつきの共感覚者が自分の共感覚に気づく時期にしては、ひどく遅い。私たちが検査して共感覚者だと確認できた人々はみんな、物心ついたときから自分の共感覚に気づいていたことを思い出して欲しい。シトーウィックも自験例四二名の共感覚者全員について同じことを言っている。マイヤーズはスクリャービンに、共感覚がどんなものだか訊ねている。それから七十年以上もたって後、私たちが共感覚者にしたのと全く同じように。そのときのスクリャービンの答えは、他の共感覚者とは異なっている。

> たいていは、音楽を聴くと、彼（スクリャービン）には色の「感じ」だけが起こる。その感覚が非常に強くなった場合にのみ、色の「イメージ」がもたらされるに至る。

この言葉は、私たちが検査した共感覚者の知覚とははっきりと異なっている。私たちが検査した人々は、共感覚は瞬時に起こり、抑制することはできず、つねに一定した知覚となる、と答えている。これら現代の共感覚者による回答は、また、スクリャービンのさらなるコメントともそぐわない。「ある曲、たとえばベートーベンの交響曲のほとんどは、色を全く必要としない。」

こうして見てくると、証拠はむしろ、スクリャービンには共感覚はなかったことを示しているのではないかと思えてくる。大勢の評論家たちが、スクリャービンは共感覚者だった、その証拠に、音階と色とが対応していた、と論じてはいるけれども。それに、マイヤーズがあげている証拠をよく調べてみると、スクリャービンは変ニ調、変イ調、変ホ調、変ロ調、ヘ調〔訳注　これは先の表と合っていないように思われるが、そのまま訳出する〕には、何の色の連合もなかった。これに対してスクリャービンは、これらの音階の色はスペクトルの外側、「紫外線か赤外線のどちらか」の域にあるんじゃないかと答えている。私は、この妙な理由づけこそが、スクリャービンが共感覚者ではなかったことの最もはっきりした証拠だと思う。私たちの経験では、こんなことを言う共感覚者は皆無だからだ。

ワシリー・カンディンスキー（1866-1944）

抽象絵画芸術の父、カンディンスキーは、スクリャービンの作品に強い感銘を受けて、フランツ・マルクとともに組織したアーティスト・グループ、青騎士の結成宣言の中に、スクリャービン作『プロメテウス・炎の詩』への賛辞を盛り込んだ。カンディンスキーは芸術の一形式としての作曲に、ある種の羨望をもっていたようだ。音楽は、ほとんど完全に抽象的でありながら、視覚的映像を呼び起こすことができるから（たとえばドビュッシーの『月の光』やワグナーの『ラインの黄金』の序曲）。カンディンスキーにとって大いなるインスピレーションの源泉だったのは、会長をしていた新美術家協会の同志、アルフレート・クービン（1877-1959）の小説『対極』に描かれている、抽象的な色の描写だったらしい。そしてカンディンスキーの作品がだんだんと完全な抽象画に傾いていったのは、作品に共感覚的な属性を吹き込みたいという願望を追求した結果だったようだ。カンディンスキーはカンバスを眺める人の心に、音の感覚（クランゲン）を引き起こさせるような属性をもった作品を作ろうとした。この、視覚表現において聴覚次元の感覚を喚起するというのは、「総合芸術」

図 16　ワシリー・カンディンスキー。Evening Standard Collection（© Hulton Getty)

を創造したいというカンディンスキーの究極の目標へと向かうステップだった。この「総合芸術」創造への希求におけるカンディンスキーのロジックは単純で、ひとつの作品が呼び起こす感覚の種類が多ければ多いほど、鑑賞する者の霊感に訴えるものとなりやすい、というものだった。カンディンスキーはその著書『芸術における霊感』の中で、ワグナーの「芸術を通して内なる霊性に触れることは可能である」という考えを取り上げている。だがこうして見てくると、カンディンスキーが作品に共感覚的な次元を加えようと試みたことは示されているけれども、彼が共感覚を持っていてそれを作品に表現した、ということではないだろう。

オリヴィエ・メシアン（1908－1992）

共感覚に関係がある作曲家のリストの締めくくりとして、フランスの作曲家オリヴィエ・メシアンについて見てみよう。メシアンは音楽がどのように響くかを説明するのに、色と音の連合を用いてとりわけ美麗に表現している。１９４７年作曲の『世の終わりのための四重奏曲』第二楽章のピアノのパートには、「青とオレンジの和音の優しいカスケード（滝）」という書き込みがある。メシアンは後に自分の共感覚がどんな性質のものか、もっと詳しく書いており、「音楽につれて動く色が見え、私はそれらの色を極度に鮮やかに感じとる」という。いずれにしても、メシアンが共感覚者であったかどうかを決定できる特別な証拠は何もない。メシアンの書いた文だけでは曖昧で、それはメシアンの著した二分冊におよぶ作曲法の書物でも同様だ。「私は音楽を通して色を伝えようとしている。ある特定の音や響きの組み合わせは、ある特定の色の組み合わせと結びついており、私はそれらをこの目

図 17　オリヴィエ・メシアン。Andreossy 撮影（Mary Evans Picture Library）

的に利用しているのだ。」

ウラジミール・ナボコフ（１８９９－１９７７）

作家のナボコフは『リスナー』誌のインタビュー（１９６２年）で、「文字に色がついて見えるという、ちょっと風変わりな能力」について詳しく語っている。興味深いことに、ナボコフの夫人にも色聴があり、息子も文字に色がついて見えるが、その色は時として、両親がそれぞれ感じている色が混じり合った色になるらしい。たとえばナボコフにはＭの文字はピンク色で、ヴェーラ夫人には青だった。息子のドミートリーには紫であることがわかり、ナボコフも言うように、まるで「遺伝子が水彩画を描いている」かのようだ。ドミートリー・ナボコフは最近ＢＢＣテレビの『ホライズン』というドキュメンタリー番組で、自分の共感覚について話している（１９９４年12月13日）。

ナボコフは自叙伝『記憶よ、語れ』で、自分と母親の共感覚についてかなり詳しく書いている。

> 共感覚者であるなどという告白は、感覚と感覚の間の壁が私のよりしっかりしていて、もれたり吹き出たりすることから守られているような人々にとっては、退屈で気取っているように聞こえるに違いない。しかし母にとってはまったく普通のことだった。私が六歳のある日、こんなことがあった。アルファベットの書いてある古い積み木をたくさん使って塔を建てていたのだが、私は平気で母に向かって、このアルファベットの色はみんな間違っている、と文句を言ったのだ。

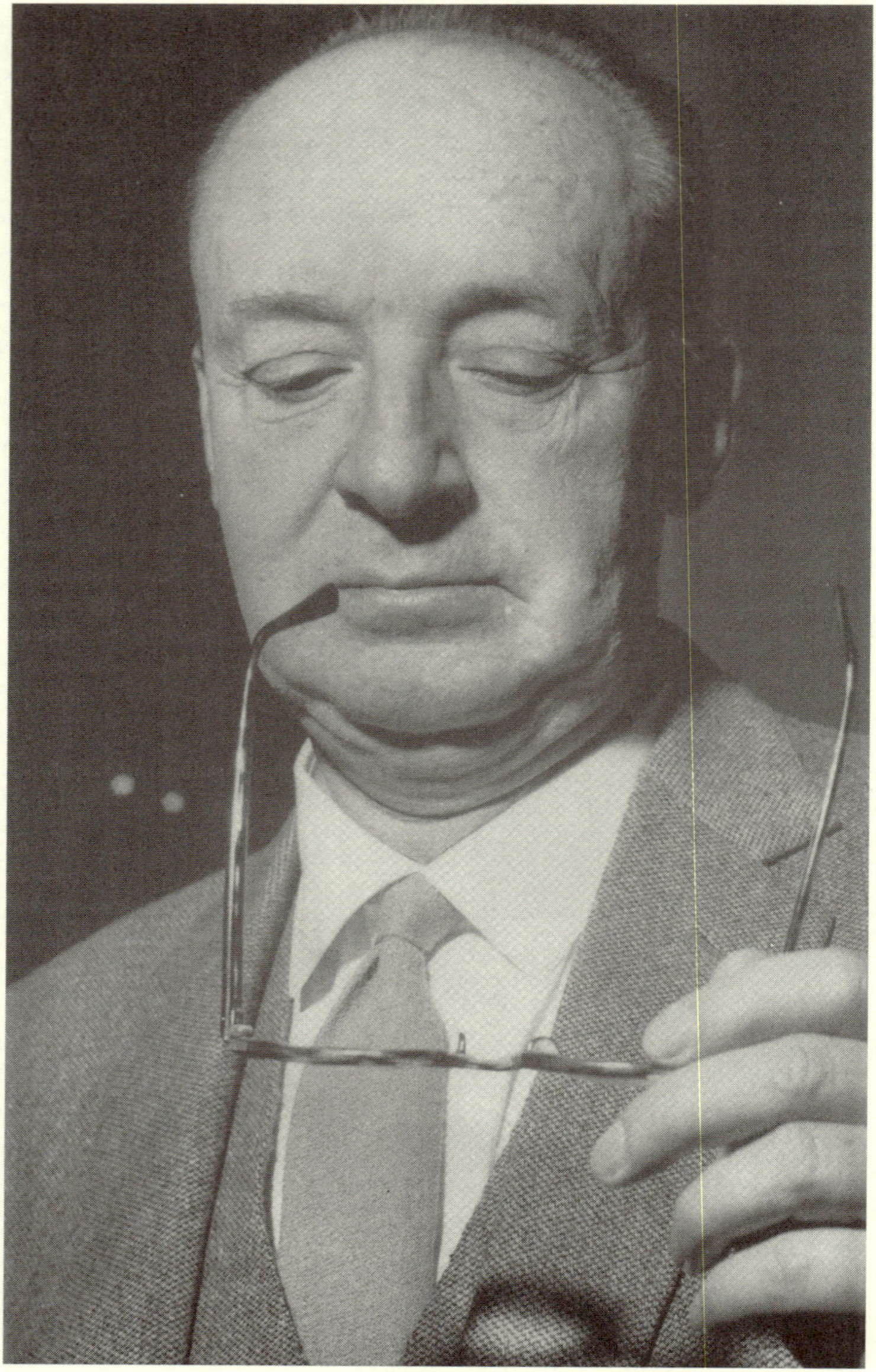

図18　ウラジミール・ナボコフ。(© Hulton Getty)

ナボコフはさらに自分の「色つきアルファベット」について、ありのままに書いてくれている。

> 色聴（coloured hearing）について詳述してみよう。おそらく「聞こえる（hearing）」というのはあまり正確ではない。というのは、色の感覚は、ある文字が与えられてその輪郭を思い浮かべながら、それを発音する口形を作る、まさにその行為によって、生成されているように思われるのだ。英語のアルファベットの長母音のａ（特別なことがない限り、私の心に浮かぶのはこちらのアルファベットである）は乾燥した木の色合いなのだが、フランス語のａは磨いた黒檀である。これら黒のグループには強音のｇ（硫化ゴム）やｒ（破れてすすけた紙幣）も含まれている。オートミールのｎ、麺がのびているｌ、象牙で裏を付けた手鏡のｏは白の仲間だ。

ナボコフが自分の共感覚について書いていることの多くが、第4章で述べた共感覚者の回答と非常に類似している。私たちの研究への参加者も、物心ついたときから共感覚があったと請け合ったし、共感覚者の親類がいると答えた。私たちが面接した大勢の共感覚者と比べると、ナボコフはラッキーだったと思う。お母さんも共感覚者で、母親に自分の共感覚について大っぴらにした記憶があるという点で。

セルゲイ・エイゼンシュテイン（１８９８－１９４８）

セルゲイ・エイゼンシュテインに共感覚があったという証拠は何もないが、時折、あったのではな

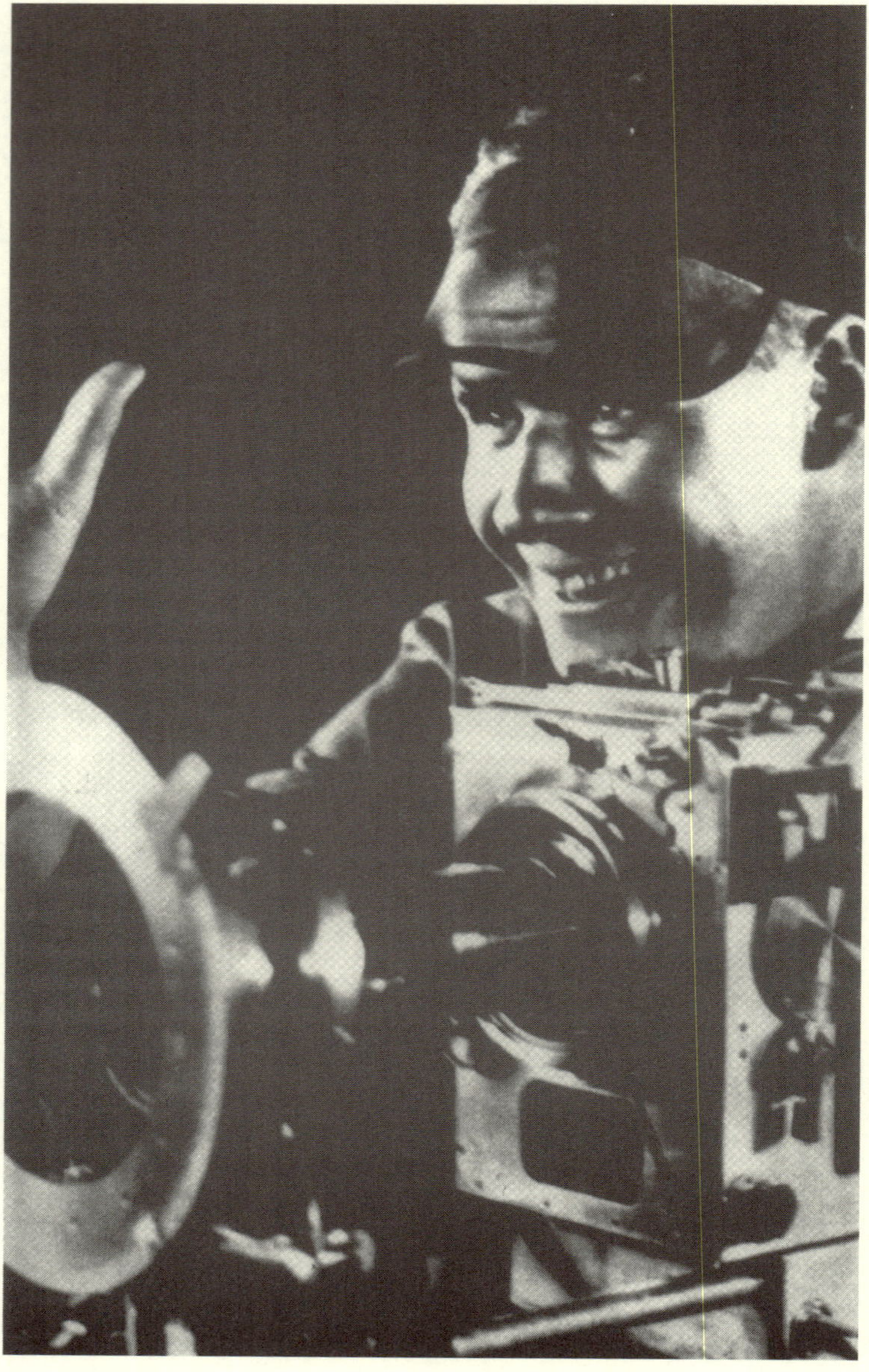

図 19　セルゲイ・エイゼンシュテイン。Dmitri Debaton 撮影（Mary Evans / Alexander Meledin Collection）

いかと考える人がいる。多分、後期の映画監督作品、特に『イワン雷帝』の第一部と第二部、伯爵の場面に、共感覚の影響が見られるからだろう。エイゼンシュテインが共感覚の影響を受けていたとしても全く不思議はない。というのも、カンディンスキーやスクリャービンと同じ時代に生きていたのだから。それから第3章で触れたように、ルリアの研究した記憶術家とエイゼンシュテインとは知り合いだったのを思い出してほしい。その記憶術家シェレシェフスキーが、エイゼンシュテインの声を「繊維が飛び出ている」炎のようだと描写したのは有名だ。エイゼンシュテインは、音と視覚は密接に関わり合っていると信じていたが、この信念は日本の歌舞伎を観たことによってさらに強まった可能性がある。映画理論に関する文章の中に歌舞伎について書いているところがあって、エイゼンシュテインが「色と音のモンタージュ」と呼んでいるものの導入について説明するくだりだ。エイゼンシュテインの説明はこうだ。

> 歌舞伎を観ると、人は不意にあるアメリカの小説を思い出す。視神経と聴覚神経が入れ替わってしまった男について書いたもので、このため彼は光の波長を音として知覚し、空気の振動を色として聞く。彼は「光」を聞き、音を「見る」。これと同じことが歌舞伎を観ていると起こるのだ。

エイゼンシュテインはまた別のところで音と色との関係について書いていて、「色と音との間の絶対的な意味や対応を支配する、すべてを被うような法則はない」と言う。共感覚は、おそらくエイゼンシュテインの作品に影響を与えたではあろうけれど、生物学的な意味でエイゼンシュテインに備わっていたわけではなかったのではないだろうか。それにしても、歌舞伎について触れているのは興味深い。というのは、日本文学の多くの形式、特に俳句には、共感覚的な表現が見られるのだ。

松尾芭蕉（1644-1694）

ここにあげている人物のうちの誰かに共感覚があったのかどうか、「推測」するのに使える情報量は非常にまちまちだ。日本の詩の一形式である俳句の始祖、芭蕉となると、オーディン（Odin, 1986）による、芭蕉作品に見られるある感覚から別の感覚への移行についての解釈しか情報がない。たとえば、「自然への強い共感覚的知覚」であるとして、次の俳句をあげている。

鐘消えて花の香は撞く夕哉
（鐘の音が消えてゆくとともに、花の香りがその余韻のように匂い立ってくる夕べ）

オーディンは「消えゆく鐘の音の振動が花の香りと溶け合い、さらに夕暮れの薄闇と混じり合う」と解釈している。

芭蕉の俳句には、他にも共感覚的な知覚を示す例がある。たとえば、

有難や雪をかほらす南谷
（なんとありがたい、南谷には雪が残り、香らせている）

前にあげた、ある個人が共感覚者だという定義として、たとえば聴覚刺激が「瞬時に」視覚の共感覚的知覚を呼び起こす、というのを強調した。この定義は、自分の共感覚について手紙をくれた、世界中の何百もの人々が一致して書いていることだ。だから、鐘の音が花の香りの「音色」に段々と移り変わっていく、という表現は、芭蕉が実際に共感覚を持っていたというよりは、メタファーを使っていただけ、ということを示している。これは必ずしも芭蕉には共感覚がなかったということを意味してはいない。単に、共感覚者だったという決定的証拠はないということだ。

リチャード・ファインマン（1918－1988）

等式を見ると、文字に色がついて見える。理由はわからない。話していると、ヤーケとエムデの本のベッセル関数の図像がぼんやりと見え、明るい日焼け色のj、やや紫がかった青いn、焦げ茶のxが飛び回っているのが見える。そうして私は、一体全体学生たちにはどう見えるんだろうと考える（原著59ページ）。

ノーベル賞を受賞した物理学者ファインマンの著書『他人がどう思おうと、構うことはないでしょう？』［訳注　邦訳題『困ります、ファインマンさん』大貫昌子訳、岩波書店］からの引用。ファインマンには色聴型の共感覚があったのかもしれない。知る限りでは、ファインマンは共感覚について検査を受けたり面接されたりしたことはないが、上の短い引用は、正真の共感覚者が言うことそのままだ。

図 20　リチャード・ファインマン。(Caltech Publications Office)

ファインマンが共感覚者だったかもしれないということとは関係ないが、本のタイトルが面白い。「他人がどう思おうと、構うことはないでしょう？」というのは、ファインマンとその妻、アーリーン・グリーンバウムの心からの叫びだったことがわかる。ふたりの境遇は気の毒で、一目惚れの後、わずかな年月一緒に幸せに過ごしただけで、奥さんは結核で亡くなってしまった。ファインマンはアーリーンをとても愛していたので、不治の病だと診断を受けてから結婚して、その死を看取ったのだった。

デイヴィッド・ホックニー（１９３７―）

デイヴィッド・ホックニーはイギリス生まれのポップ・アーティストで、生存している、世界で最も偉大な共感覚者だろう。ただし私が知る限りでは、正式に検査を受けたことはないと思う。リチャード・シトーウィックはホックニーに会って、その共感覚がどのような性質のものか、作品にどう影響しているかを訊ねたことがある。ホックニーはいろんな芸術分野で活躍していて、まず画家として有名になり、続いて写真作品で、さらに後には１９８１年に出版された『中国日記』などの旅行記で、名をなした。最近の動向としてはオペラ上演のための舞台装置のデザインがあって、ストラビンスキーの『放蕩者のなりゆき』（１９７５）や、１９７８年のグラインドボーン音楽祭でモーツァルトの『魔笛』を手がけたりしている。シトーウィックによれば、ニューヨーク・メトロポリタン歌劇場の１９８０年の上演作品、すなわちサティー、プーランク、ラベルといった演目のために生み出したデザインこそが、制作に関するインスピレーションを共感覚から受けているという事実を浮き彫りにし

図 21　デイビッド・ホックニー。Francis Goodman 撮影。Evening Standard Collection（© Hulton Getty）

ている。ＣＢＳテレビのインタビューで、ホックニーの共感覚によるインスピレーションについて、シトーウィックは次のように語っている。

> さて別の人々、たとえばデイヴィッド・ホックニー氏は、イギリス人の画家ですが、私の研究対象のひとりです。デイヴィッドさんはオペラの舞台装置を手がけ始めるまで、つまり皆さんがオペラをお聴きになっているときにご覧になる背景を描き始めたわけですね、そのときまで、ご自分の共感覚が普通ではないということをまったくご存じなかったのです。たとえばニューヨークのメトロポリタン歌劇場で三つのフランスオペラ作品のシリーズを手がけられましたが、これに対して批評家たちは「これはホックニーのこれまでの作品とは異なっている。色や形が非常に奇妙だ」といって批判しました。それに対してホックニー氏はこうおっしゃったんですね。「私はただ、ラベルの音楽を聴いたら、ある部分に木があって、その木に伴奏する音楽があって……その音楽を聴いていたら、その木がひとりでに描かれてきたというわけです」ってね。おわかりでしょう、つまりホックニー氏にとって共感覚は、ご自分の芸術表現を助ける付加的なものであって、動機付けの元となる力ではなかったんです。

非常に興味深い話だ。共感覚が創造的プロセスにおいてどのような役割を担いうるかを手際よく描き出している。私が知る限りでは、シトーウィックは「本物を見分ける検査」や脳画像法でホックニーを正式に調べたことは一度もない。だからホックニーの共感覚に関して正確なところを確信できるわけではない。だが右記のことからすると、聴覚‐視覚の共感覚の一種のようだ。もっと詳しく知りたいものだ。

共感覚じゃないなら何なんだ？

共感覚じゃないんなら、まあひょっとしたら、共感覚の仲のいい親友、メタファー、つまり比喩ではなかろうか。詩文でも散文でも、よく、工夫をこらしたメタファーが使われる。たとえば、A・S・バイアットの素晴らしい作品『静物』に出てくる次の文章を見てみよう。晩餐会に招かれた客が、色と文字との連合についての会話の中で、「I」という文字に連合しているのは何かについて訊ねるところだ。

ホドキスは、ヘンリー・ジェイムズがサラ・ポコックのドレスに用いた直喩を思い出させる、と言った。
「天窓を通って落ちてくる誰かの叫び声のような深紅色。」

鮮やかなメタファーだ。でも多分、赤と危険という、よく見受けられる自然な結びつきから来ているのではないだろうか？　いずれにせよ、この引用は、色がある感情を伝えるのに用いられうるということをよく示している。こういった技法を使った同じく優れた表現が、ジョン・キーツの作品にも見られる。たとえば『聖アグネス祭前夜』という、薄幸の恋人たち、マデリンとポーフィロの物語を見てみよう。ポーフィロというのはギリシア語の紫ということばからきていて、キーツがこの名前を選んだということから、この詩で情熱について表現しようとしていたことがわかる。キーツにとって紫は情熱の色で、マデリンが服を脱ぐのを見るんだと考えると、彼の「痛む心」に「紫の暴動」が起こる、という描写がある。ポーフィロはマデリンの部屋に忍び込んでこの考えを実行に移そうとする。その計略は成功して、詩の二十連後にはこう書いてある。

死すべき人間であることも忘れ彼は、この際だつ
色香の熱情にとらえられ、屹立した
この世とも思われず、上気し、あたかも脈打つ星のように

えっと、その……出版社が「この文はちょっと猥褻すぎるんじゃないか」と心配したり、出版社自身が「ポーフィロはすべての行為を正真の夫として行為した」などと言い訳したりしたのも無理はない！

もう一度ジョン・キーツ自身に戻って、その痛切なことばに耳を傾けてみよう。「冷たい哲学がかすっただけで、すべての魅力が飛び去ってしまうではないか？」哀しいけれどその通りだ。この章にあげた全員が共感覚者だったかもしれないし、誰一人として共感覚者ではなかったかもしれない。誰かに賭けようというんなら、いろいろ考えはあるだろうけれど、私だったら今手元にある証拠からして、ウラジミール氏に賭ける。

第６章

曇ったレンズを通して

しばしば、ある新しい技術のブレークスルーが、科学のすべての分野を躍進させることがある。たとえば、光学機器の発明によって可能になった発見の数々を考えてみよう。光学機器を使えば、小さなものを拡大して見ることができる。ガリレオ（１５６４-１６４２）の望遠鏡によって夜空を理解できるようになったし、アントニー・ファン・レーウェンフック（１６３２-１７２３）によって顕微鏡が始めて科学的に用いられて、私たちが全く知らなかった動植物の存在が明らかになった。こういった技術の発展により、世界やその宇宙における位置についての理解が大幅に増大した。

神経科学もやはり顕微鏡の発明から恩恵を受けている。この数百年間に付け加わった数々の技術改良のおかげで、神経細胞やその相互作用についての理解を深めることができた。でも脳の機能となると、もっと理解をすすめるために顕微鏡を利用しようにも、適切な測定対象があまりなかった。これまでは死んだ脳組織を調べることができるだけだった。組織は生きている人から取ったり（バイオプシー・生検）、死んだ人から取ったり（オートプシー・検死解剖）する。でも本当に必要だったのは、ヒトの脳を生きたままで（in vivo）調べることができるような技術だった。ありがたいことに、十九世紀後半の発見に基づく技術を使って、これらとても切望されていた技術が実現されてきた。以下に論じよう。

これがきみを透かして見た画像だ

１８９４年、ヴィルヘルム・コンラート・レントゲン（１８４５－１９２３）教授は、ヴュルツブルグ大学で、当時科学の「ホット」トピックだった陰極線について研究していた。陰極線はガラスの真空管の中で生成された。真空管にはあらかじめ電極が埋めこまれていて、そこに電流が流れると、真空管の中に色鮮やかな閃光が走るのが観察できた。今日では電子の流れだということがわかっている現象だ。１８９５年11月8日の金曜日、レントゲンは陰極線の実験をさらに進めるべく励んでいた。このとき、電光が乱れているのに気づいて、真空管装置の回りに黒い厚紙をおいて覆いにした。そうし終わった後で、装置から1ヤード（約90センチ）ほど離れたところがかすかに輝いているのに気づいた。陰極線の光にしては遠すぎるし、それに厚紙で作った覆いを漏れ出るはずはなかった。レントゲンはマッチを摺ると、その光が近くのテーブルの上に置いてあった小さな蛍光板［訳注　蛍光物質を塗った板。放射線を調べるときなどに用いる］から発しているのがわかった。でも謎はそのままだった。どうしてこんなふうに光っているんだろう？　レントゲンは優れた科学者だったので、何度も何度も実験を繰り返し、この、真空管装置から出ているらしいが今のところは見えない光線が、どんな物体なら透過することができるのか突き止めようとした。本、厚紙、アルミニウムのシートは透過してしまうことがわかった。鉛の小さな円盤だけがその見えない光線を遮ることができるようだった。小さな円盤が光線を押し止める力があるということも面白かったが、もっとずっとビックリさせられたのは、レントゲンがスクリーンの前にその小さな円盤をかざすと、それを持っている自分の手の骨の映像が現れたのだ！　レントゲンは取り憑かれたように、この驚くべき発見の特徴を、できるだけ正確に知ろうと打ち込んだ。ついに、妻のベルタにすべてを話して研究室に招きいれ、その協力のもと、謎めいた光線を夫人の手に透過させ、その映像を写真乾板に受像させて、最初のＸ線写真を撮影した。１９０１年、レントゲンはその謎めいた性質のために「Ｘ」を頭につけて呼んだこの光線の発見によって、最初のノーベル物理学賞受賞者となった。今でもよく、何かミステリアスな事柄を名づけるときには頭にＸをつける。ＳＦテレビ番組のファンなら、うなずくだろう。

　骨のようにとても密度の高い組織はＸ線をたくさん遮るが、脳のような軟らかい組織はやや遮り方が弱くなるし、液体ならばさらに遮らなくなる。このことから、Ｘ線、別名レントゲン線は、軟らかい組織の画像化もできなくはないものの、出てくる画像の解像度は悪く、実用には向かなかった。にもかかわらず、Ｘ線技術は非常に有望視されて、臨床医学の研究者たちは、生きたままの人間の軟組織の高分解画像をいつか手に入れることができる、という望みを持ち続けていた。そして、二十世紀の二番目に大きな発明であるコンピューターの改良に伴って、Ｘ線の力を軟組織の画像化に利用することができるようになった。１９６７年、ゴッドフレイ・ハウンズフィールド卿（１９１９－）はロンドンのＥＭＩ社の中央研究所で働いていたとき、細胞組織を画像化する計画を思いついた。その計画は何百ものＸ線ビームをさまざまな角度から体の一部に通過させて、次にその通ってきたビームの強さを図り、途中でどれだけ吸収されたかを計算するというものだった。これらＸ線の吸収パターンを数学的に重ね合わせると、身体部分の断面、というか厚みをもったスライスの三次元イメージが得られるわけだ。原理と数理解析の準備が終わり、試作品開発の準備ができた段階で、コンピューターの性能がこれに必要な計算を実行できるほどの処理能力を提供できるようになるまで、もう二、三年待たなければならなかった。ついに１９７２年、ＥＭＩ社は最初の製品を売り出した。コンピューター断層撮影装置、いわゆるＣＡＴスキャナー（ＣＴスキャナー）だ。ハウンズフィールドはこの功績により、１９７９年、アラン・コーマック（１９２４-）とともにノーベル賞を授与された。ハウンズフィールドは知らなかったのだが、コーマックは１９６３年に、複数のＸ線画像を重ね合わせるための数学モデルを発表していたのだ。

核磁気共鳴画像法

次の大きなステップによって、画像技術はさらに前進し、脳の非常に精密な構造画像を撮影することができるようになった。しかもＸ線を使う必要がない。この技術はフェリックス・ブロッホ（１９０５-１９８３）とエドワード・ミルズ・パーセル（１９１２-１９９７）の核磁気共鳴（ＮＭＲ）現象の発見を応用したものだ。二人はこの発見により、１９５２年にノーベル賞を授与された。水素原子核のプロトンは、ある一定の磁場（磁石の力の働く場）に置かれると信号を発する、というのがその発見の要点だ。何年も後、１９６０年代の終わり頃、レイ・ダマディアン（１９３６－）は、癌組織から発するＮＭＲ信号は健康な組織から発する信号とは異なっていることに気づいた。ダマディアンはこの違いを利用すれば脳を生きたまま（in vivo）画像化することができるのではないかと考えた。そして１９７７年、ダマディアンのチームはヒト用全身型の磁気共鳴画像装置（ＭＲＩ）を作ることに成功した。ＭＲＩスキャナーでは、地球の重力の何千倍もの強さの磁場の中に人間を入れることで画像を得る。この磁場の中で、水素原子核のプロトンは磁場に対して同じ向きに整列する。次にＭＲＩスキャナーからパルス状のラジオ波を出して、整列しているプロトンを短い時間叩いて励起させる。これらのプロトンが磁場の影響で元の整列状態に戻るとき、弱い電磁波信号を発する。信号の強さは組織の中のプロトン含有量によって決まる。骨にはプロトンはとても少ないから、ほとんど信号を返さない。逆に脂肪は水の含有量がとても多いから、比較的強い信号を発する。ＭＲＩ装置はこの違いを検出して、信号の相対的な強さの違いに基づいた画像を作る。

構造から機能へ

脳を画像にする技術は、脳の構造を生きたままで調べる必要があった科学者や臨床医にとって、ずいぶん大きな助けになってきた。生きている人間の脳の非常に詳細な画像が手に入ることで、脳卒中や腫瘍などによってできた脳損傷の診断や理解が多いにしやすくなったのだ。これらの技術は「構造」画像、言ってみれば損傷部位の写真として役立っている。でも研究者が本当にしたかったのは、脳が働いているのを画像にすること、構造よりもむしろ機能を調べることだった。

脳を理解する上での肝心かなめは、いろいろな脳部位の構造というよりは、その機能だ。もし細胞構築（後述）がいろいろな脳部位の間で異なっているのなら、それらの部位によって担われている機能的役割も異なっているだろうというのは、とてもありそうなことだ。構造と機能の間には関係があるだろうという考え方は、現代の神経科学研究における核心になっていて、この関係について理解を深めるためには、脳が働いているところを調べる必要がある。

新技術

現在では脳活動を調べる技術がいくつかある。それぞれについて次に簡単に説明しよう。すべての技術に共通している仮定がある。それは、脳の各部位は、負荷がかかるほど、それだけ酸素をたくさん消費するだろう、という仮定だ。そこで次のように考えられる。もしある脳部位への血流の増加が観察されたならば、それは実験参加者がそのときしていたことに関わる活動に、その部位が使われていることを示している。関心があるのは脳の部分ごとの違いだから、計測される変数は「部分脳血流（局所脳血流とも呼ばれる）」、通常は略してｒＣＢＦという名前で知られている。少なくとも三種類のｒＣＢＦ計測技術が脳機能研究に使われている。次の節ではそれぞれの技術について、共感覚の研究を例にあげて説明しよう。ここでもＭＲＩが主役だが、まずこの分野で最も早く発達した技術から始める。共感覚を調べるのに最初に使われた機能画像法で、単光子放出コンピューター断層撮影法、略してＳＰＥＣＴ［訳注　通常、スペクトと読む］だ。

一事例の力――ゼノン１３３を用いたＳＰＥＣＴを使って共感覚の神経基盤を解明する

マイケル・ワトソン氏はリチャード・シトーウィックの『共感覚者の驚くべき日常――形を味わう人、色を聴く人』に出てくる中心人物で、この最初の脳機能画像法を使った検査を受けた。まず、放射性同位体で標識されたゼノンガス（キセノンガス）、つまりゼノン１３３という名前の物質を体内に入れる。注射か吸入で入れることができるが、この物質は不活性ガスで、体を通っていく間、いかなる化学変化もおきない。ゼノン１３３はとてもゆっくり崩壊する。５・２日後でもまだ放射能の半分しか放出されない（つまり半減期は５・２日）。ｒＣＢＦの変化を調べるため、実験参加者の頭の周りに高感度な検出器を置く。この検出器は複合崩壊していくゼノン１３３の分子から放出されるフォトン（光子）を検出する。これらの粒子が放出された位置の大まかなマップが作られるので、検査課題をしている間に最も活動していた脳部位がどのあたりかを判断できる。この技術では、光子の放出に関する情報を使ってＣＴと同じ仕方でマップにする。そのため、この画像化技術は単光子放出コンピューター断層撮影法、略してＳＰＥＣＴと呼ばれることが多い。

このゼノン１３３を用いたＳＰＥＣＴが、共感覚者である『形を味わう人』が共感覚を感じている間の脳活動を調べるために、シトーウィックが用いた技術だ。実験の模様はシトーウィックの本の第18章「生きている脳を調べる」の中にとても詳細に書いてあるから、ここではあまり詳しくは書かない。でもひとつだけ、シトーウィックが使った基本的手法である「引き算」法は、脳機能研究ではとてもよく利用される方法で、以後の共感覚研究でも採用されてきた。次の節では、実験のデザイン、結果、それに対するシトーウィックの解釈について簡単に述べよう。

引き算法

近年、脳画像データの解析方法がいろいろ開発されてきているが、もっともよく使われる、確立された方法が引き算法だ。この方法のロジックは素晴らしく単純で、まず実験者は、調べたいと思う行動あるいは認知についての構成概念を特定して、この構成概念を調べるのによい課題（「検査課題」と呼ぶ）を選ぶか作り出すかする。共感覚の場合だったら、共感覚を起こさせるような刺激を実験参加者に与えればいい。色‐単語の共感覚者だったら、ことばを録音して聞いてもらえばいい。次に必要なのは統制課題を選ぶことだ。脳機能研究で最初の頃よく使われたのは、実験参加者に心の中を空白にしてもらい、何もしないように頼む、という統制課題だった。「レスト状態」などと呼ばれる。でもこれではあまりにも無統制で、「レスト（休息）」ということばで実験参加者が思い浮かべる内容がひとりひとりとても違っていることがすぐに明らかになった。あまりにも無統制な条件だというので、精神医学研究所の神経画像チームの間では、レスト（REST）とは「ランダムなエピソードの自発的な思考（random episodic spontaneous thoughts）」の頭文字だって言われたりした。もっとよく使われていて、今ではほぼ標準になっているのは、調べたい構成概念は含まれていないような、何か別の課題を実験参加者にやってもらう、という方法だ。調べたい構成概念に関係のある神経部位がどこかを知りたいなら、検査課題をしている間に計測された部分脳血流から、統制課題で計測された部分脳血流の分を引き算すればよい、ということになる。

マイケル・ワトソン（ＭＷ）の共感覚を調べるＳＰＥＣＴの研究ではレスト状態が使われて、この条件を最初に行い、脳を計測した。シトーウィックは、次に二つの検査課題を行った。一つ目は、共感覚を引き起こさせる匂いを嗅いでもらうという課題だ［訳注　ＭＷは味や匂いによって形の感覚が引き起こされるという共感覚の保持者。本書第1章参照］。二つ目は、一つ目と同じだが、硝酸アミルも一緒に投与するというもので、この硝酸アミルという物質は、それ以前、ＭＷが共感覚をより強める性質があると報告していた。

この計測の結果は驚くべきものだったと書かれている。理由は主に、レスト条件でＭＷの部分脳血流が16の計測ポイントの間でひどく違っていた、ということだった。でも最も不思議だったのは、ＭＷの血流レベルが尋常ではなく低かったことだ。検査課題条件との比較によって謎はさらに深まった。ＭＷの左半球の血流が、さらに18％も減少していたのだ。脳機能画像研究で、検査課題で血流が予想外にも統制課題よりも減少してしまうのは珍しくない。ＭＷの場合、その減少のレベルが大きいことが異例だった。

この計測に対するシトーウィックの解釈は、共感覚は皮質ではなく、辺縁系に局在している、というものだった。辺縁系というのは、側頭葉の内側の深いところにある構造だ。シトーウィックは次のように書いている。

最終決定者は、側頭葉の内奥深く埋もれている辺縁系以外にはありえない。その代謝活性を調べるには深部にありすぎて、血流を測る計測法の及ぶ範囲を超えている。

残念だが、共感覚が辺縁系に局在しているという直接的な証拠はない。このＳＰＥＣＴ技術では脳の深部構造を画像化する能力が不十分だからだ。どうして不十分かというと、ゼノン１３３を用いたＳＰＥＣＴで起きる放射性同位体の崩壊で放出される光子《フォトン》のエネルギーレベルが、比較的低いからだ。そのため脳の深部構造から放出される光子は減衰してしまうことが多く、たとえ高感度の装置を使ったとしても、これらの脳部位を画像化するのは難しい。ＳＰＥＣＴを利用することにはもうひとつ限界があって、空間分解能があまりよくない。空間分解能というのは、個々の脳構造を区別する正確さのことだ。

図22で、いくつかの技術の空間分解能と時間分解能を比較してみる。見ればわかるように、ＳＰＥＣＴはどっちかと言えば、低い。とくに、次に紹介する技術、陽電子放射断層撮影法、すなわちＰＥＴ［訳注　通常、ペットと呼ぶ］と比べるとそうだ。

そりゃ見込みがない——でもうまくいくかも

心理学者と他の神経科学者とが共同研究していると面白いことがあって、お互いが科学的な証拠と

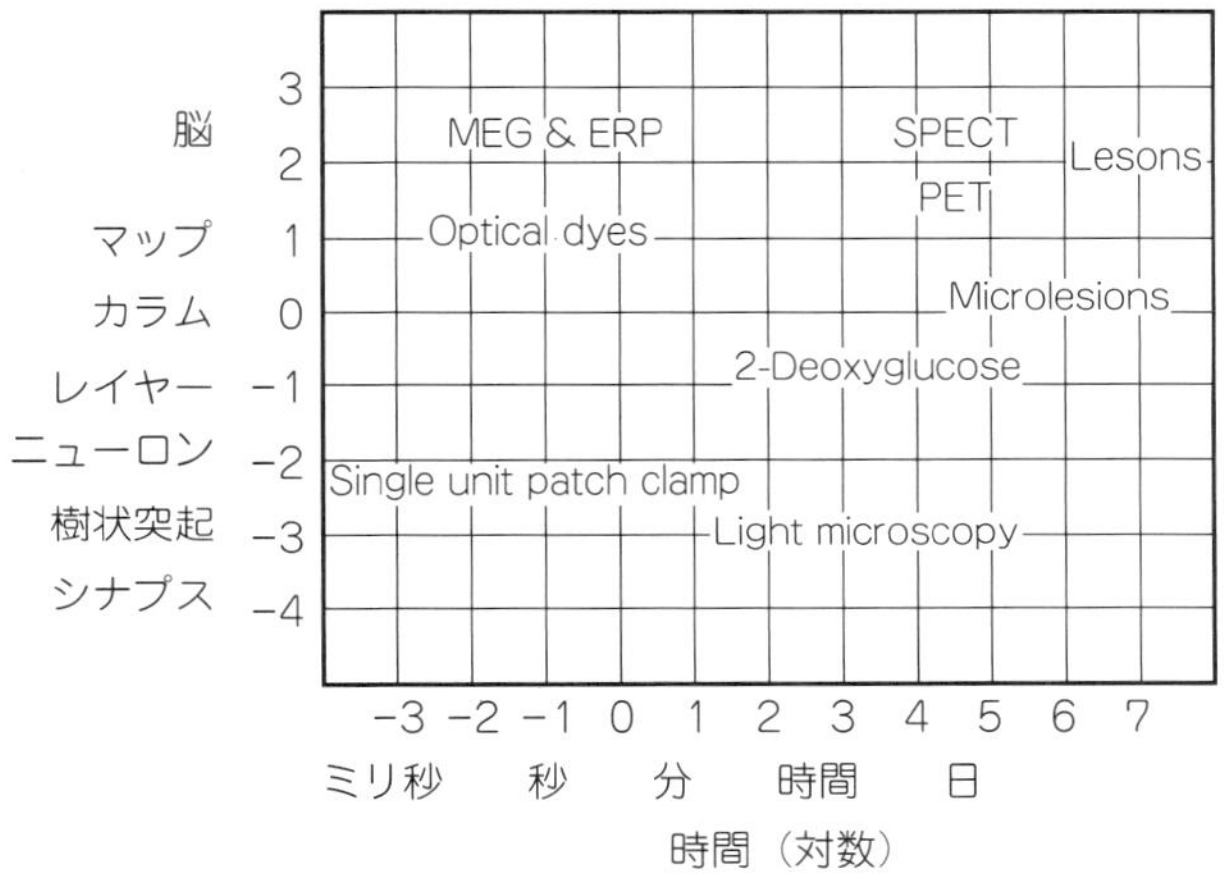

図 22　神経科学の技法。神経科学者が用いている研究技術。下記の文献から許可を得て転載：Churchland, P.S. and Sejnowski, T.S.（1988）. Perspectives on cognitive neuroscience. *Science*, 242: 741-745. American Association for the Advancement of Science.（訳注　原著の図には SPECT が抜けているため，訳者がこれを挿入した）

して好むタイプが異なっていることにすぐ気がつく。大まかに言って、心理学者は行動データ、すなわち「人が何をするか」に最も注目する。他の神経科学者は物理的に「客観的な」証拠、とくに脳の画像に最も満足するようだ。行動データを示せば、心理学者に対しては、ここに何か面白いことがあるってことを、何とかわかってもらえることがわかった。でも神経学者に行動データを見せた経験からすると、彼らから見れば、そんな行動データなんてものは、あまり説得力がないのだ。それで、私たちの研究が次に進むべき道は、明らかに、共感覚者の脳が共感覚のない人の脳とは異なった活動パターン（つまり血流のパターン）をしているという証拠を探すことだ。チャリング・

クロス［訳注　著者の所属施設のある場所の地名］にはＳＰＥＣＴもあったから、ＳＰＥＣＴで実験することも可能だった。でも私たちは、それなりの空間分解能しか得られないＳＰＥＣＴを超えて、もっと脳の深部構造を詳しく調べたいと強く思っていた。運がいいことに、ちょっと道を行ったところにハマースミス病院があって、その敷地内に、ＰＥＴを使った実験を行っている、イギリスで随一の研究施設があった。英国医学研究審議会のサイクロトロン・ユニットだ。

　ＰＥＴは高空間分解能を持っていて、脳の深部構造を画像化することもできる。でもＰＥＴを使った研究ってとてもお金がかかって、私たちが実験しようとしていた当時、ひとりの実験参加者につきだいたい２０００ポンド（約四十万円）もかかった。だからＰＥＴスキャナーの中の時間は非常に貴重で、ＰＥＴを使って研究しようと思う研究者は、それだけの価値のある優れたものにしなければならなかった。幸運なことに、サイモン・バロン‐コーエンと私は、地元では有名な「金曜日午後4時の講演会」で、私たちの研究の重要性について弁論する機会を与えられた。研究成果についての公開討論会で、ここで行われる講演は、お堅くて、時として味気ないものだという評判だった。でも、周囲の人々に対して、私たちのアイデアは探求するに値するものだ、と説得するためのチャンスでもあった。

　その金曜日に出席していた人の中で、次の三人は、三人とも私たちの研究提案を支持する意向を固めてくださった。クリストファー・フリス教授と、リチャード・フラコウィアク教授、それにセミール・ゼキ教授だ。ゼキ教授は著名な視覚研究者で、視覚システムの研究を専門の中心テーマとされている。教授の研究によれば、視覚のいろいろな要素、色、形、動きといったものは、間違いなく脳内の異なった神経基盤で処理されているらしい。脳の特定部位の損傷によって、不幸にも色を見る能力が失われてしまうことがあるという症例がすでに見つかっていた（皮質性色盲、「色知覚の喪失」）。ゼキ教授の説の重要な点は、これらの視覚の要素は、それぞれ選択的に取り去られうる、という概念だ。教授の関心を特にひいたのは、共感覚の知覚は形のない純粋な色であるらしいという点だった。私たちの講演のちょっと後に、オリヴァー・サックス［訳注　第3章で登場］が、ニューヨークの画家で、一見軽微な道路交通事故により、色の知覚を失ってしまった症例を報告した。この症例でとくに興味深いのは、この事故によって、その画家の共感覚もまた失われてしまったことだった［既出］。

フリス教授の、私たちの研究の重要性についての意見は特に興味深く、それを聞いて私自身、脳の画像化研究の意義についての見方に大きな影響を受けた。ＰＥＴを使って集めたデータがたくさん公刊されているが、何も新しいことを言っていないではないか、という批判がある。たとえば、ある脳部位がある特定の認知機能と結びついている、などということは、以前からわかっていたことだ。第3章で見たように、すでに百年以上も前、ポール・ブローカとカール・ウェルニッケが、言語の産出と理解とがそれぞれ別の部位で処理されることを示した。以来、このことはいくつものＰＥＴ研究によって確認されてきた。でもＰＥＴ研究がしてきたことといったらこれがすべてではないか、というのだ。いずれにせよ、前にも論じたように、心理学の仕事は行動とその認知基盤を理解することだから、どうして脳画像研究をする必要があるのか？　フリス教授の意見では、やってみるだけの立派な理由がある。とくに、共感覚のような現象の場合には。［訳注　フリス氏は脳機能画像分野の重鎮のひとりで、いわずもがなであるが、右の議論は逆説的論法である。次節を参照。］

主観的心理状態についての客観的証拠

第2章で見た認知主義のルネサンスによって、かつて心理学者が議論していた、「心理状態」についての議論が復活した。でもこの自由には代償が必要だ。ある仮説的な構成概念の存在を仮定したら、次にはその実在を証明する責任が生じる。つまり、幻覚や、共感覚や、意識の存在を論じたり仮定したりするのは自由だが、そうしたら次には、その実在を示してみせなければならないわけだ。最近までは、もし人が色が見えるとか声が聞こえると言っているなら、その言葉を信用しなければならないとされていた。ところが証明しなければならないとなると客観的な証拠が必要で、脳画像はその証拠を与えてくれる可能性がある。次に、どうしたらそういう証拠を示せるのかについて考えてみよう。

あなたの脳を調べさせてください

神経科学のような国際的な分野で仕事していると、志を同じくする異国の人を見つけることができて、本当に嬉しくなる。共感覚のＰＥＴ研究を始めようとしたとき、たまたま、夫婦でチームを組んで研究しているイタリアの神経科学者、ガブリエラ・ボッティーニとエラルド・ポーレスのご夫妻が来英された。ポーレスは研究主任として私たちのチームに加わるよう招かれた。そして次の二、三ヶ

	単語の聴き取り	純音の聴き取り
共感覚者群	A	B
統制群	C	D

月で、私たちは共感覚を調べる方法と、その結果を分析するのに使うテクニックを練り上げた。どういう方法に決めたかというと、共感覚を感じている時の脳活動と、似たような条件だが共感覚が起きていない時の脳活動を比較するのだ。それで、単語に対しては共感覚があるが他の音には共感覚が起きない人を選ぶことにした。そうすれば、統制条件として「純音〔訳注　コンピューターなどによって発生させる、波形が正弦曲線をなす音。音叉の音はこれに近い〕」を使えるからだ。それから、共感覚者の脳というのは、何か根本的に異なっているかもしれないと思ったから、別の統制条件として、共感覚のない人々についても調べることにした。そういうわけで、被験者内要因ひとつ、被験者間要因ひとつの混合デザインとなった。まとめると上の表のようになる。

　普通は被験者「間」要因は縦に並べ、被験者「内」要因は横に並べるので、ここでもそうしている。この表のように条件にラベルをつけると、結果の説明が楽になる。たとえば、条件Ａの部分脳血流の値から条件Ｂの分を引き算したら、結果として共感覚を感じているときに活動している脳部位のマップが示されるはずだ。もっと面白いのは、ＡマイナスＢから、ＣマイナスＤをさらに引き算したらどうなるか、ということだ。見ての通り、私たちは右で説明してきた引き算法をただ応用して当てはめているだけだ。データを解析する方法論は十分確立している。でもその話をする前に、ＰＥＴは実際にどのように使うものか見てみよう。

レッツ・プレイ・ペット――ＰＥＴを使う

基本的にＰＥＴはＳＰＥＣＴよりも高性能で正確な方法だが、ＳＰＥＣＴと同様の原理で動いている。ＳＰＥＣＴと同様に、ＰＥＴ研究の実験参加者も体の中に放射性同位体で標識した物質を入れられる。普通は放射性同位体で標識した水（$^{15}H_2O$）を使う。30秒ぐらいすると$^{15}H_2O$が脳に達して減衰し始める。すると、その減衰で出てくる陽電子が電子と衝突する。この二つの粒子は相互に打ち消しあって消滅するが、その過程で二つの光子を互いに１８０度の方向に放出する。実験参加者の頭の周りには検出器を輪状にめぐらしてあって、その同時に放出された光子を検出する。これを解析すれば、どこで消滅が起こったかを計算して位置を示すことができる（図23）。

血流が増加している場所では、それほど増加していない場所よりも、たくさんの光子が放出される。脳細胞が働くためには燃料、とくに酸素が必要なことがわかっているから、血流が増加している部位は、それだけ精を出して働いているんだと考えることができる。

ＰＥＴの技術はここ数年で非常に改良されて、今ではひとりの実験参加者に一回の検査で12回までスキャンできるようになった。それもコーンウォール［訳注　イングランド島最南西の半島西半分の地名。花崗岩すなわち御影石の産地］に一年間住んでいれば自然に浴びるはずの天然放射能の量と同じぐらいの放射能を与えられるだけで[1]。12回もスキャンできるというのはとても助かる。６条件を２回行うか、あるいは2条件を6回行うか、あるいはその間から選ぶこともできる。２条件を６回行う

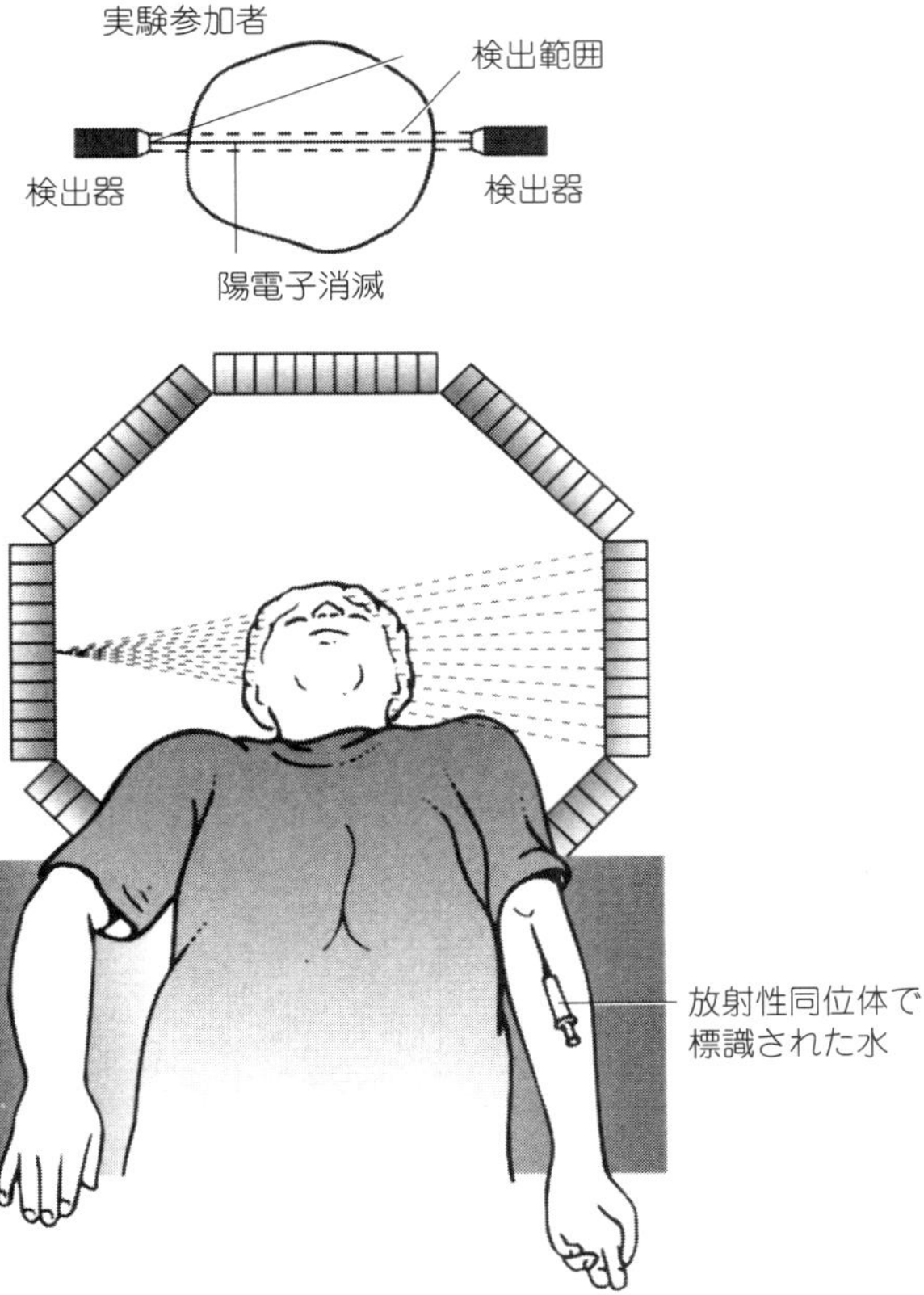

図 23　陽電子放射断層撮影法（positron emission tomography, PET）の技術の詳細。二つの図は放射性同位体で標識した物質を投与する手順と脳からのデータ収集について図解している。放射性同位体で標識した物質は前腕から血液の流れの中に注入され，約 30 秒後に脳に達する。崩壊する陽電子が脳組織内の電子と出会い，相互に打ち消し合う。これによって互いに 180 度の方向にガンマ線が放出される。このガンマ線は，被験者の頭の周りに円形状に配置された検出器で検出される。ガンマ線が互いに正反対方向にある検出器で同時に検出されたかどうかがデータとして収集される。二つのガンマ線が同時に検出されれば，そのガンマ線がどこから放出されたのか，発生源の位置を計算することが可能となる。このようにして血流変化のマップが作成される。

というのはPETでは着実な方法で、というのもデータを集めて6回の平均をとれば、「真の効果」をよりよく推定できるわけだ。私たちの実験もそれでいこうと考えた。というのも、私たちの研究はまだ根拠に乏しかったし、有意差のある結果を手に入れるために検定力を高めたいと強く思っていたからだ。同じ考えから、実験参加者の脳が処理する視覚情報の量を減らすため、実験参加者に目隠しするというさらなる予防策をとることにした。これはPETの実験ではわりと重要で、というのも実験参加者はPETスキャナーの中に仰向けになって、頭を押さえられて三時間近くも横になっている。その間に$^{15}H_2O$を10分ごとに注入される。実験参加者はこんなことにすすんで耐えてくれて、6名の共感覚者と6名の健康な非共感覚者を無事スキャンすることができた。そこで次に結果の解析にと勇んで取りかかったのだが、それについては後で述べる。それにしても、私たちは一体何を見いだそうとし、それはなぜだったのか？　まず私たちが調べようと考えていた仮説について説明しよう。

対立仮説（H_1）

第4章で実験デザインについて考えたのを思い出してほしい。科学では実験を行う前に、検定の対象となる仮説を立てる必要がある。たいていの場合には、どんな結果が予想できるか、先行研究からだいたい推測できるが、先行研究がほとんど、あるいは全くない場合、どんな結果になるか予測するのは難しい。運がいいことに、王立ロンドン医学校から来た同僚のクリスチャン・リューク博士が、以前、人間の脳のどこに色の中枢があるのか調べる目的のPET実験をしていた。その結果、色の処理には複数の部位が関わっているらしいことがわかったのだが、なかでもとくに重要なのは、舌状回と紡錘状回らしかった。というのは、リュークの実験の参加者の脳で強く活動している傾向があったのが、これらの部位だったのだ。この結果は、事故などで「皮質性色盲」になった症例で見られる脳損傷の部位と一致している（第3章参照）。それで私たちは、共感覚者ではこれらの脳部位の活動が単語条件で増大するだろうと推測した。ちょっと驚く結果になったのだが、それについてはすぐに説明することにして、まずPETデータの解析と解釈について、簡単に紹介する。

［1］私のように、サイクロトロン・ユニットに客員研究員として参加すると、まず研修があって、ユニットに関係するさまざまな部署の専門家から個別指導を受ける。この個別指導を通して、PETスキャンの概要や特に放射性物質を使って研究するに当たって知っておくべき安全面について学ぶのだ。そのときある物理学者と話して、PET計測中に被験者が被曝する放射性物質の量について、いろいろな比較の例を教えてくれた。そのうちのひとつが先にあげた例（コーンウォール）だ。西部地域の花崗岩には、放射性ガスであるラドンが含まれていて、住人たちはわずかな量の放射線に常時さらされている。

ＰＥＴデータを解釈する

引き算法を使ったＰＥＴ実験で得られるデータでは、普通、部分脳血流の統計的に有意な増加（あるいは減少）を示す脳部位がどこなのかが報告される。でも一体、これらの活動部位の位置を、どうしたら最もうまく伝えることができるだろうか。神経科学者はいろんな方法を採り入れてきたが、特によく使われる方法が三つある。

座標による提示

スキャンするのは個人の脳だが、ＰＥＴデータはグループデータとして集団で解析ができる。要するに、ひとりひとりのデータを全部一緒にして、大きなひとつの引き算にするのだ。ここで問題は、人によって脳の形や大きさが異なっていることだ。そこでグループ解析をするためには、すべての実験参加者の脳データを同じ大きさの空間座標に変形する必要がある。これを「ノーマライズする」といって、このノーマライズ処理はものすごくたくさんの記憶容量を必要とするコンピューター・プログラムで行われる。個人の脳画像を引き伸ばしたり縮めたり拡大したりして、標準の空間座標に当てはめていくのだ。これは明らかに、ちょっとばかり不自然な処理で、すべての平均化の操作と同様、しばしば個人のデータパターンは失われる結果となる（これについては後でまた述べる）。でも、グループ解析によって検定力が大きくなり、研究者は自分たちの仮説について、より厳正な検定を行う

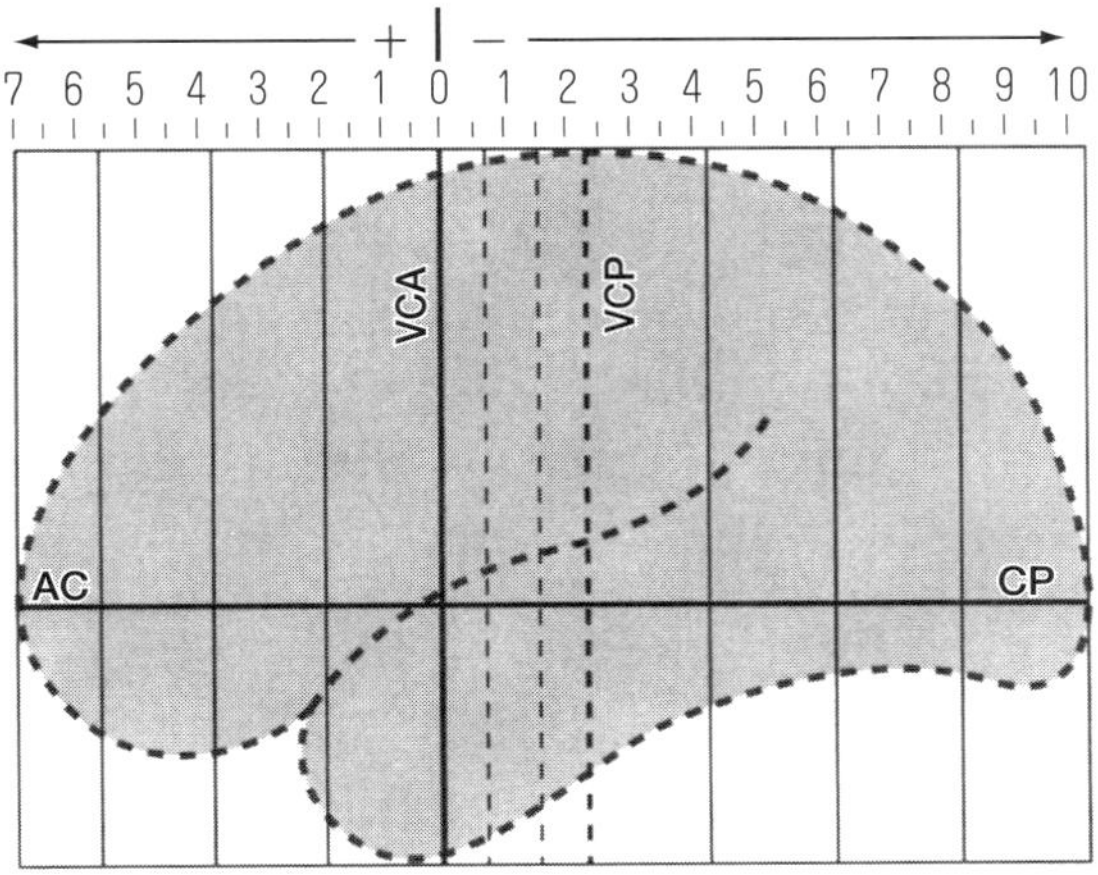

図 24　AC-PC ライン。脳の方向・位置を示すため，よく知られていてすぐにそれとわかる，目印となる二つの神経構造体，前交連と後交連を通る基線（ベースライン）が引かれる。この基線を用いれば，三次元座標によって脳のどの部位でも特定することが可能となる。下記の文献から許可を得て転載：Talairach, J. & Tournoux, P.（1988）, *Co-planar stereotactic atlas of the human brain*. George Thieme Verlag, Stuttgart.

ことができる。

　二つの条件それぞれの部分脳血流のマップが出来上がり、お互いに引き算されると、大まかに脳の形をした活動部位のかたまりが残る。次の仕事は、このかたまりが脳のどこに位置しているのか調べることだ。その最初のステップは、脳の内部空間の方向をつかむことだ。脳画像研究の慣習では、前交連（ＡＣ）と後交連（ＰＣ）という脳の二つの構造体の位置を見つけて、ＡＣ‐ＰＣラインを決定する（図24）。

　この二つの構造体の間に想像上の線（ＡＣ‐ＰＣライン）を引いて、その線を含む面を線の両側に延長する。次のステップは、この線に沿って座標を決めることだ。これは前交連（ＡＣ）に垂直な線を引けばいい。この中心面とその中心点がいったん決められてしまえば、脳内のどんな位置でも三次元座標で特定することができる。次のようになる。

・x座標――ある脳部位が、ＡＣ‐ＰＣラインの左右にどれだけ離れているかを示す座標。
・y座標――ある脳部位が、前交連（ＡＣ）の位置からどれだけ前あるいは後ろにあるかを示す座標。
・z座標――ある脳部位がＡＣ‐ＰＣを含む水平面よりもどれだけ上あるいは下にあるかを示す座標。

大まかな脳構造名による提示

ヒトの脳表面は山あり谷あり、シワのある表面だ。解剖学者は、谷（シワ）を脳溝《のうこう》、膨らんだ山のところを脳回《のうかい》と呼んでいる。個人個人の脳は確かにとても違っているが、脳溝や脳回の位置には共通した識別できるパターンがあって、違う人の脳でも似たような構造を区別することができる。脳の深部構造もみんなだいたい同じ形をしていて、色味の違いや細胞の構成の違いなどで区別することができる。このように、裸眼でそれとわかる、区別できる脳部位は、大まかな脳構造の名前によって特定することができる。ここで使われる用語は、その構造がどの脳葉《のうよう》にあるか、脳の外側《がいそく》の方かそれとも内側《ないそく》か、位置は上の方（背側《はいそく》）かそれとも下の方（腹側《ふくそく》）か、といったことを示すことばに由来するものが多い。もう少し詳しく説明するため、図25の例を見てみよう。

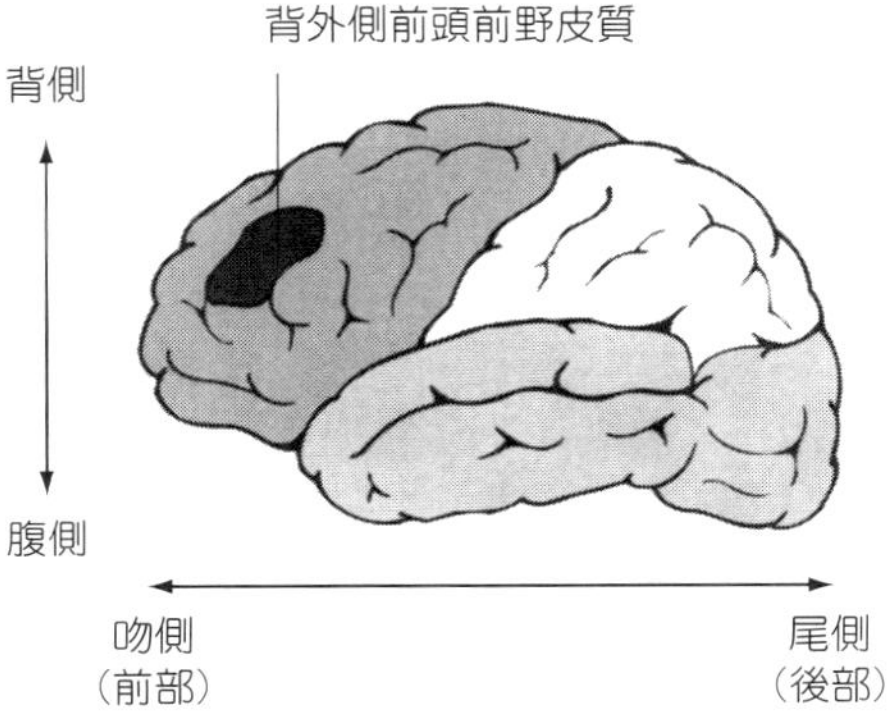

図 25　背外側前頭前野皮質。

図はオーエンらの論文[2]に載っている似た図に基づいている。例としてわかりやすいように、元の図に方向を示す矢印線を加えた。吻側《ふんそく》と尾側《びそく》という用語は、それぞれ前側、後ろ側という意味で時々用いられる。オーエンらの研究の目的は、ワーキングメモリ、つまり何か作業をする間、必要なことを覚えているための記憶システムに関わる脳部位がどこであるかを立証することだった。実験者らは、神経解剖学的には背外側前頭前野皮質《はいがいそくぜんとうぜんやひしつ》と呼ばれる脳部位に部分脳血流の増大を認めた。どうして前頭前野というかというと、前頭葉の前寄りの部位、脳の本当に前の方に位置しているからだ。それから「背」（「背側」をつづめたもの）というのは、背側 - 腹側の軸でみてかなり上の方にあるからだ。最後に「外側」というのは脳の外側の表面にあるから。もしある部位が内側

[2] Owen, A. M., Evans, A. C., and Petrides, M.（1996）. Evidence for a two-stage model of spatial working memory processing within the lateral frontal cortex: a positron emission tomography study. *Cerebral Cortex*, 6, 31-38.

の表面（すなわち、大脳半球の間）にあるなら、それは内側ということになる。

ブロードマンのエリア番号による提示

ブロードマンのエリア番号によって、部分脳血流の変化を示すいくつかの「かたまり」の間の機能の違いを区別する、という方法もある。ここには「構造の違いは、おそらくは、機能の違いを反映する」という「公理」が現代的な形で現われている。これについては後でもう少し説明するが、まずブロードマンのエリア番号がどこからきているか、から始めよう。

この章の冒頭で、科学の発展はしばしば新しい技術によって促進される、ということについて考えた。十九世紀から二十世紀の変わり目に出現した顕微鏡の利用は、そのいい例だ。顕微鏡の発明によって、それまでになかったような高分解能で小さな物体を見ることができるようになった。しかしそれでも、個々の神経細胞（ニューロン）の中にある個々の構成物を区別するのは難しかった。それができるようになったのは光学顕微鏡の研究者が組織のサンプルを染色する技術を開発してからで、染料への染まり方の違いによってこれら異なった構成物が区別できるようになった。こうして、二十世紀への変わり目には数々の新しい細胞染色技術が出現した。たとえば、フランツ・ニッスル博士が考案したニッスル染料を使えば、ニッスル顆粒だけを選択的に見ることができる。あるいは、神経膠《しんけいこう》［訳注　神経細胞の周囲にあり、神経細胞の代謝や保護の役割を担うと考えられている］を見たかったら、カミーロ・ゴルジ博士（１８４３－１９５６）が開発した染色法を使えばよく見えるようになる。

神経科学も数々の発展を遂げることができた。発見のひとつは、ヒトの脳皮質のすべての部位が、本質的には同じ種類の細胞を含んでいる、ということだった。でも同時に、脳の異なった部位では、異なった細胞の編成、すなわち、異なった「細胞構築」になっていることも発見された。明白ではあるが骨の折れる仕事として、誰かがこれらの構築を調べ、どれくらいたくさんの種類の細胞構築が見つかるか割り出すというのがあった。この仕事を自然に延長すれば、どの構築がいろんな皮質部位のどこに見られるのか、マップにすることだ。この仕事をすることになったのはコルビニアン・ブロードマン博士（１８６８‐１９１８）で、その成果は１９０９年に公刊された。ブロードマン博士は研究成果に基づいて、皮質を全部で47の部位に分類した。好奇心を抱かせることがあって、図26を注意して見てもらえればわかるのだが、13番から16番までが抜けている。現在に至るまで、その理由は謎だ。

この勤勉の成した素晴らしい偉業、ヒトの脳部位を細胞構築の違いによって区別するという方法は、現在でも皮質の機能局在における基本的な考え方だ。ありがたいことに、今ではブロードマンの著作[3]の英訳を読むことができる。インペリアル・カレッジ医学部の解剖学教授、ローレンス・ガレイ教授のおかげだ。

ここにはもちろん、検討すべき重要な問題点がある。明らかな問題点を三つあげるとしたら、多分次のものだろう。

１　これらブロードマンの分けた脳部位は、違う人の脳でもだいたい同じ位置に確実に見いだされ

[3] *Vergleichende Lokalisationslehre der Grosshirnrinde in ihren Prinzipien dargestellt auf Grund des Zellenbaues.*

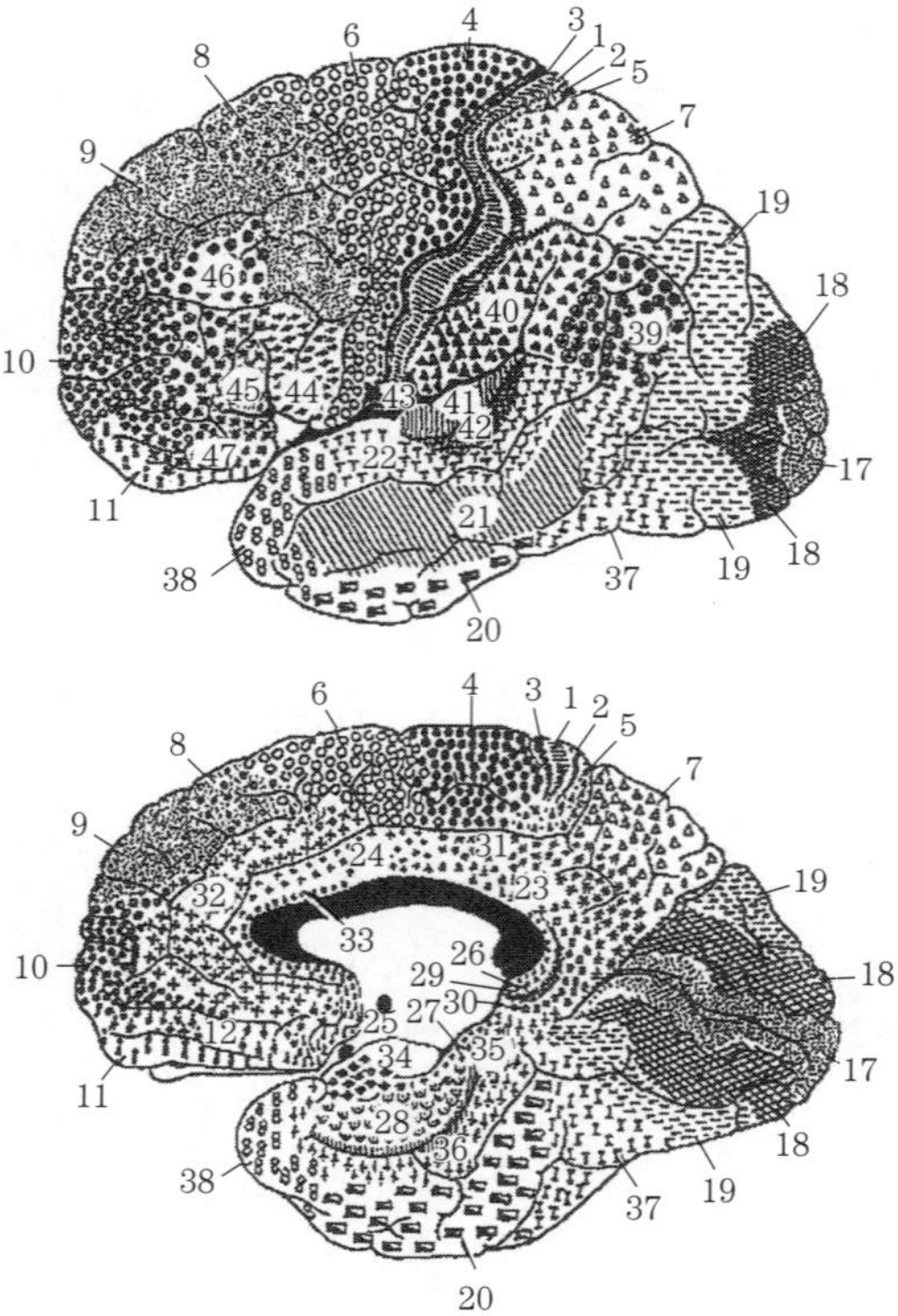

図 26　ブロードマンのエリア番号。図はブロードマンの 1909 年の著作からとった有名な図版。ブロードマンは細胞構築の違いに基づいて，皮質を 47 の部分に分けた。図版をよく見ると，13 番から 16 番に当たるはずの 4 つの部位が欠落している。おそらくこれらの番号は，44 野に割り当てられている構造の奥にある，島部《とうぶ》を区別するために使われるはずだったのではないかと推測されるが，よくわかっていない。

るものなのだろうか。

2　これら細胞構築の種類の違いは、その違いを確実に区別できるものなのだろうか。

3　構造の違いは、そのまま機能の違いを反映しているのだろうか。

さて、答えを手短に言えば、まあ次のような感じだ。

1　まあだいたい

2　ほとんどは

3　多分

こんなふうに不確実である以上、特定のブロードマンのエリア番号を言うことによって機能の違いを示すというのが、科学的に見て合理的な努力なのかどうかについて、問うてみるのは理にかなっている。どの脳部位の細胞構築も顕微鏡を使わなければ信頼できる判定をすることはできないから、「細胞構築の違いは機能の違いを反映する」と確言することはできないのは明らかだ。でも、そう憶測したいという、強い誘惑（ほんとに、時として誘惑的すぎるくらいだ）がある。注意をしておくことはもちろん賢明なことだが、私たちのＰＥＴ研究では、誘惑に負けたとはいえ、次のような警告も心に留めた。

ブロードマンのエリアは生体において断層撮影で正確に判別することはできず、活動のあった部位を特定するのには不十分であるかもしれないことは、留意すべきである。

十分承知してもらえただろう。方法論はもう十分だから、私たちが実際に何を見つけたかに移ろう。

PET研究の結果

実験デザインを思い出してほしい。共感覚者とそうでない人の決定的な違いは、共感覚者の部分脳血流マップにおける、単語から純音を引いた差分と、統制群の実験参加者における同じ差分とを比較すればわかる。その結果、いわゆるヒトの「色」中枢が、色の処理に関係のある他の脳部位とともに、活動を示すだろう、という仮説だった。さてこの脳活動は見つかっただろうか。よい知らせと悪い知らせがある。アメリカの政府刊行物のまねをして言えば、よい知らせと付随的な知らせとがある。

図27を見てもらえばわかるように、仮説で考えていた、ヒトの色中枢の活動は、出てきた結果の中には含まれていなかった。実際には、この部位にも血流の増加はあったが、推測統計学の検定の閾値を超えなかったのだ。表にまとめた結果はみんな統計的に有意なものである。これらの結果をどう解釈したらいいのだろうか。どちらかというと生まれつき懐疑的な方なので、私の最初の反応はといえば、率直に言って、共感覚者と統制参加者との間に何かの違いが見られたということが、驚きだった。もっと驚いたことには、色の処理に関係していることが知られている脳部位の血流がはっきりと増大

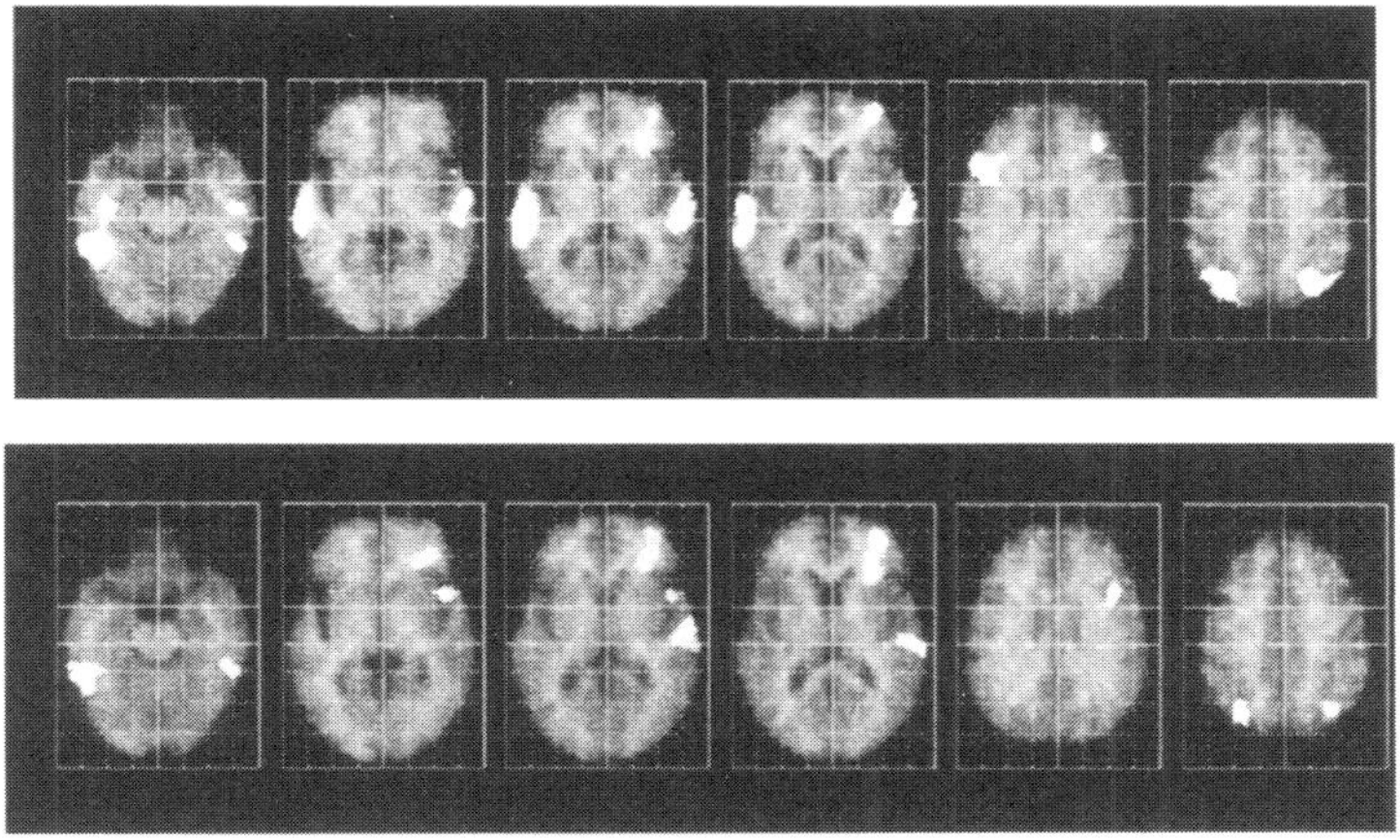

図 27　PET 研究の結果。脳の中軸断面を下から順に示している。画像はヒトの脳の「スライス」を並べたもの。明るい白の部分は，統制群の被験者と比較して，共感覚者が単語を聞いているときに，より強く活動した部位を示す。以下の部位が活動している。（1）左下側頭皮質，（2）右前頭前野皮質，（3）島，（4）上側頭皮質，（5）両側頭頂 - 後頭境界部位。下記の文献から許可を得て転載：Paulesu, E. *et al.* (1995), The physiology of coloured hearing. *Brain*, 118: 661-676. Oxford University Press. Oxford.

解剖学的名称	ブロードマンのエリア	X	Y	Z
左下側頭回後部	20/37	−54	−42	−16
左後頭回上部／ 上頭頂小葉境界部	19/7	−16 −30	−78 −62	32 40
右後頭回上部／ 上頭頂小葉境界部	19/7	26	−64	40
右中前頭回	46/10	30	50	8
右下前頭回	44/9	36	8	28
右島部	−	40	8	0
右上側頭回	22	54	−10	4

していた。それも、実験参加者は目隠ししていたというのに、だ。さてこれらの結果の解釈に、どうやって取りかかったらいいだろう。通常の、また当然のアプローチは、これらの部位が活動した先行研究を参照して、それらが他のどんな条件において活動したのか調べることだ。こうすることで、私たちの研究は二つの、とても興味深い脳活動を示していることがわかった。

左下側頭回後部《ひだりかそくとうかいこうぶ》

この脳部位に活動が見られたのはとくに興味深い。というのは、単語を単独で知覚する場合にこの部位が活動したとする研究は、これまでになかったからだ。共感覚者ではない、統制群の実験参加者では、この部位の部分脳血流の増大は見られなかった。先行研究によると、色に注意を払わなければならない場合にこの脳部位が活動することが示唆されていた。また別の一連の研究によれば、色と言葉と形を統合する能力にこの部位が重要だということが示唆されている。

左および右の後頭－頭頂境界部

この脳活動はちょっとよくわからなかった。というのは、この部位はこれまでは色の処理には結びつけて考えられてこなかったのだ。だが、この部位の脳損傷が、ときとして、軽度の皮質性色覚異常（色弱）を引き起こすことがあるという症例報告がある。それで最も妥当な解釈としては、この部位には色に敏感なニューロンが含まれている、というものだろう。オクスフォード大学のヴィンセント・ウォルシュ博士は別の見解を示していて、実はこの部分の活動は、色ではなくて、むしろ単語刺

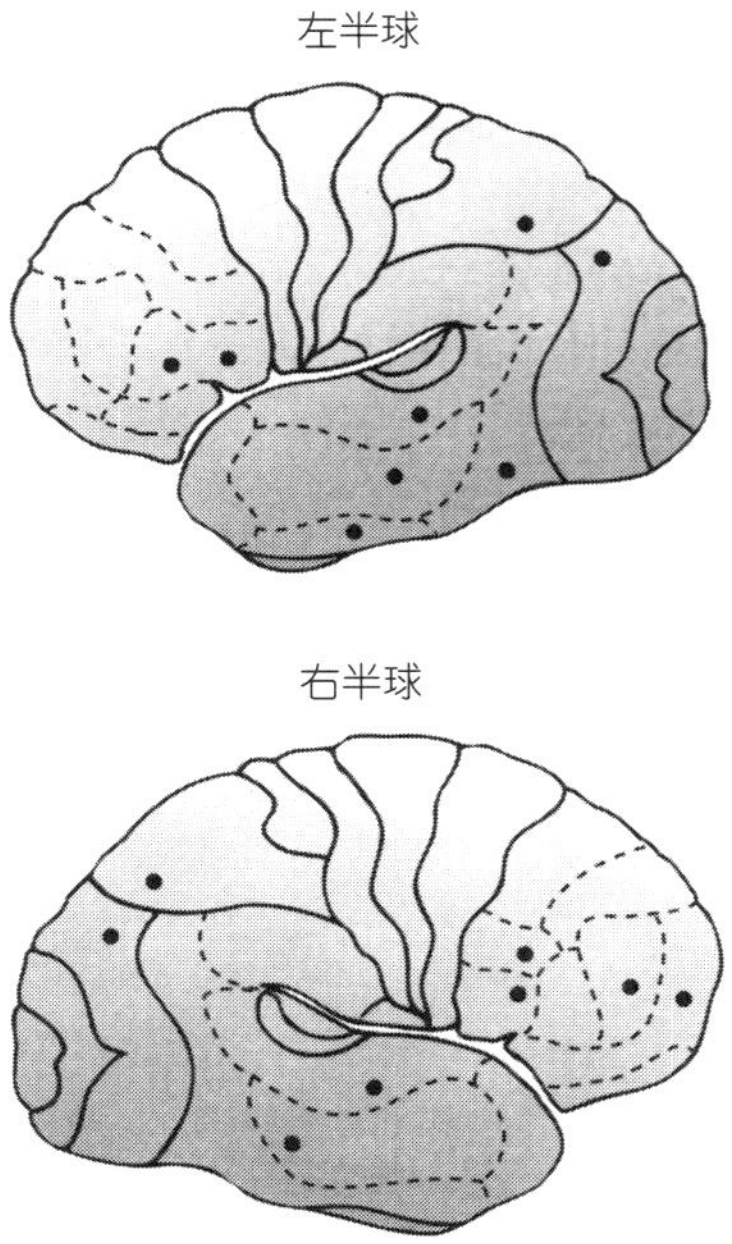

図 28　PET 研究の結果をブロードマンのエリア別に表示。図 27 と同じ結果をブロードマンのエリアによって再度示す。下記の文献から許可を得て転載：*Current Biology*, 6, Walsh V, *The seeing ear*. pp.389-391, 1996. Elsevier Science.

激の形に関係している、という。

活動の見られた他の脳部位については、そのような部分脳血流の有意な変化がなぜ起こったか、よくわからない。多分、将来、研究が進めばわかるようになるだろう（この可能性の探求については、第9章で述べる）。

まとめ

それで、ここでの最終結論は何だろう。まず第一に、私たちの計測により、共感覚者が目隠しをしたまま単語を聞いているとき、色への注意か色の処理のいずれかに関係していることが知られる脳部位の部分脳血流の増加が示された。でも、ヒトの色中枢には有意な増加はなかった。特に有意義だったのは、グループ解析による安定した結果でそうだっただけではなく、共感覚者群のひとりひとりを見ても、とても似たパターンが見られたことだ。よく、グループ間で違いがある場合、グループ内の大きな変化のあった何人かの影響だったりすることが普通なのだが、この研究ではどの共感覚者も、グループ解析で見られた平均的な変化と一致した脳活動パターンを示していた。

シトーウィックの単一事例研究から、単語条件では辺縁系のどこかに部分脳血流の増加が見られるのかもしれないと予想していた。でもそのような増加は見られなかった。ではシトーウィックの単独被験者のSPECT実験と、私たちのPET研究とのずれを、どうしたら折り合いをつけて理解できるのだろう。何しろ、この二つの研究結果はお互い完全に対立し合っているようだ。当然、より洗練された画像化技術を使ったグループ研究の方が、単独被験者研究よりもより信頼性が高いのは明らかだが、単一事例の研究を報告しているからといってシトーウィックを批判するのは不適切だろう。シトーウィックの状況は、第2章で論じた神経心理学者たちの状況と似ていて、悪条件、とくに研究対象が少ないという条件の中で、最善を尽くそうとしたわけなのだから。ひとつ明らかな可能性として、第2章と第3章でも考えたことだが、共感覚というものについて検討するのでは不十分で、さまざまな共感覚について考えるべきだ、ということがある。私たちはこれまで複数の共感覚を併せ持っているケースに出会ったことは一度もない。だから、この二つの研究のずれを考えるとき、同じ種類の共感覚を比較しているのではないことを念頭においておくのは重要だ。思い出してほしいが、バロン-コーエンの最初の検査対象になったエリザベスさんは、集団として研究対象とした共感覚者たちとは質的に異なっていた。私には、データは単に、共感覚には同一の状態など存在せず、数多くの共感覚があり、それぞれの原因も含めて、すべてに異なった違いが存在している、という可能性を指し示しているに過ぎないように思う。これでは漠然としていて知的には不満足だと思うけれど、最も簡明な説明ではないかと思う。この説明はまた、複数の感覚に共感覚を持っている人が本当にとても珍しいことや、それから色と単語の共感覚以外の共感覚を持っている人もあまり多くはないということとも、合っていると思う。

色聴とその変形以外の共感覚者には滅多に出会うことがなかったので、他の感覚器官の共感覚者が見つかると、その人を調べるためにどんな骨折りでもした。次の節で、そんな共感覚者のひとりを検査した研究について述べよう。形と匂いの共感覚という珍しい種類を持った女性で、脳の画像化技術の中でも最新の革新的技術、磁気共鳴機能画像法（ｆＭＲＩ）を使って調べた。ここではデータ解析のまた別のやり方を利用したことがポイントになっている。第３章で詳しく見た単一事例研究に関係があって、ここでもあるひとりの実験参加者のデータを、統制参加者群のデータと比較して解釈しようというわけだ。

匂いの形

前にも説明したように、私たちがよく検査対象に選んだのは、単語を聞いたときにだけ色が見えるタイプの共感覚者だった。他のタイプの共感覚を研究するような贅沢がいつもできたわけではなかった。その大きな理由は、研究対象が少なかったからだ。でも、その機会があって時間が許せば、格別に努力して、他のタイプの共感覚を持つ人も調べてきた。特にある実験参加者（この女性をイニシャルをとってＡＪと呼ぶことにする）は、匂いと形の共感覚を持っていて、私たちは特に関心をもって研究対象とした。

実験参加者ＡＪ――基本情報

匂いに反応して形が感じられる、と言っている共感覚者が出現して、突如、難題が持ち上がった――こういうケースには、「本物を見分ける検査」をどういうふうに作ればいいのだろう？　ありがたいことに、匂いの機能はこの二、三十年間、大勢の研究者の関心を引いてきた。とくにパーキンソン病について調べている研究者が関心を持っていて、というのは、この病気には続発症状のひとつとして嗅覚が失われるという特徴があるからだ。このように関心を持たれているおかげで、匂い特定検査（ＳＩＴ）が開発されて、発売されている。開発者はペンシルバニア大学のリチャード・ドーティのグループだ。

　この匂い特定検査は40枚のシートからなっていて、それぞれに違う匂いがマイクロカプセルの中に入れられており、こすると匂いがするパッチになっている。このパッチをこすると、比較的均一な仕方で匂いが発せられる。実験参加者は発せられた匂いを深く吸い込んで、それが何の匂いか、四つの選択肢の中から正しいものを選ぶよう求められる。いわゆる「強制選択法」だ。ＡＪにも何の匂いかを訊ねたが、それはＡＪの匂いの機能が正常であることを確認するためだけの目的だった。この検査をＡＪに行った本当の利点は、40の匂いを共通の仕方で提示して、それぞれの匂いに対してＡＪが表現する形がどんなものか、書き留めておくことができることだった。別の機会にもう一度匂いを嗅いでもらって、こちらはまたその形についての表現を書き留めれば、二回の表現の類似性について比較することができる。かくして、「本物を見分ける検査」の匂いバージョンのできあがり。ＡＪのこの検査への回答は次ページの表にまとめた。

　ＡＪにもう一度この匂い特定検査の匂いパッチの匂いを嗅いでもらって、その形を言ってもらったところ、実質的に１００％正確だった。これだけ正確なら、ＡＪが匂いと形の共感覚を持っているこ

匂い	AJ	形の表現
ピザ	ピザ	上から降りてくる黒くて曲がった矢印
風船ガム	風船ガム	広くて，すっかり充満している
メントール	メントール	背が高くて，柱とは少し違い，てっぺんでちょっと曲がっている
チェリー	チェリー	波の形
車の潤滑油	車の潤滑油	マッシュルーム型
ミント	ミント	平たい。でも風船ガムみたいに充満してはいない
バナナ	バナナ	まるい形
チョウジ	チョウジ	槍の先端の形
革	革	底のふち
ココナツ	ココナツ	広がっていく形
玉ねぎ	玉ねぎ	格子の集まり
フルーツポンチ	フルーツポンチ	マッシュルーム型で，カサの下は螺旋《らせん》になっている
ショウガ入りパン	ショウガ入りパン	いくつもの矢が下の方を向いている。とげだらけの感じ
ライラック	ライラック	ドリルの先のような形
モモ	モモ	広い匂いで一番上が細くなっている
ルートビール	ルートビール	細くて，高くて，上っていく形
パイナップル	パイナップル	層になって重なり合う匂い
ライム	ライム	エッジがある平面で，滑らかな感じ
オレンジ	オレンジ	黒い錐《きり》で，高い匂い。2フィートぐらい
ヒメコウジ	ヒメコウジ	ぎざぎざの縁
スイカ	スイカ	平たいお皿の形。槍でできた輪かもしれない
草	草	平たい，広い匂い
煙	煙	槍の先端の形
マツ	マツ	上がっていく動き
ブドウ	ブドウ	大きくて充満していて，上っていくパン生地みたい

とを信じる証拠として十分だ。それで、ＡＪの共感覚に関係のある神経基盤がどこなのか、スキャンして調べてみる価値があると考えた。でもこれをするには、ＡＪの脳活動パターンと比較するための統制群が必要だった。運良く、この難問の答えが自ら出現した。

ペンシルバニアから来た男

さらに思いがけないラッキーなことがあったのだ。ＡＪを調べるチャンスがあった、ちょうどその頃、ペンシルバニア大学から来た研究者、デーヴィッド・ヨーゼム博士が、匂いの知覚と識別に関わる神経基盤がどこなのか調べる研究をしていた。博士の実験の参加者は普通の健康な統制被験者（私自身も含まれている）で、みんな、いかなる種類の共感覚も持っていない。それで、ヨーゼム実験の平均脳活動マップとＡＪの脳活動マップを比較して、ＡＪには非共感覚者群には見られない特徴があるという証拠が見つかるかどうか調べることにした。もしＡＪに普通ではない脳活動が見られたら、それがＡＪの匂いと形の共感覚に関与する神経部位である可能性がある。

磁気共鳴機能画像法（ｆＭＲＩ）

ＳＰＥＣＴとＰＥＴについての説明のところを思い出してほしいのだが、神経機能の画像化における基本的な仮定は、「部分脳血流の増大は、その脳部位の活動の増大を意味する」というものだ。Ｓ

ＰＥＣＴもＰＥＴも、実施するには実験参加者の血液の中に放射性同位体で標識した物質を入れる必要がある。つまり、実験に参加しても全く不快感は起きないけれども、「侵襲的」な方法だということになる。それに両方とも、実施にはかなり時間がかかる。脳活動を画像化する理想的な方法としては、非侵襲的で、あまり時間がかからず、高分解能で個人の脳の構造を見せてくれるようなものであってほしい。ありがたいことに、近年、ＭＲＩ技術が発展して、こういった希望を充たしてくれる技術が可能になった。

活動中の脳細胞は酸素を必要とする。これはグルコースを代謝して、神経細胞がうまく働くようにエネルギーを与えるためだ。酸素はヘモグロビンという名前で知られる、血液中の物質によって運ばれる。酸素と結びついたヘモグロビン（オキシ・ヘモグロビン）には好都合な性質があって、酸素を手放してデオキシ・ヘモグロビンになると、磁性体としての性質が変わるのだ。この性質を利用して、活動している脳部位からの磁気共鳴信号を観測して、それを部分脳血流の画像に作ることができる。この血中酸素レベルによる画像化技術を、エコープラナイメージング法といった、全脳をたった数秒で撮影することが可能な高速撮影法と組み合わせ、機能画像を素早く撮影するために用いることができる。［訳注　このｆＭＲＩの原理を確立したのは、日本人物理学者、小川誠二博士である。］

形を持った匂い

実験参加者はまず、鼻と口がすっぽり覆われるような顔マスクを着ける。この顔マスクはあらかじめ、スキャンに備えて快適なように作成しておく。次に、頭の位置を確認するため「透過スキャン」（位置決めのための撮影）を行い、そして検査課題と統制課題を行っている間の撮影を行う。30秒の検査課題時間の間に、顔マスクを通して三つの匂い（チョウジ、ヒメコウジ、メントール）がそれぞれ10秒ごとに送られた。実験参加者は、最初の匂いがきてから5秒後から始めて10秒ごとに鼻から深く息を吸うように教示された。この息をするタイミングは、スキャナー内に実験参加者に見えるように置かれたディスプレイに「吸って」と文字で提示して合図した。統制課題条件は検査課題条件が終わるとすぐに始まり、検査条件のときと同じタイミングで息を吸うように求められた。統制条件では、匂いのない、純粋な空気が送られた。この二つの課題条件が交代で4回ずつ繰り返された。

結果は……

データを取って解析を終え、さて結果を検討した。私たちはみんな、ＡＪが匂い特定検査の40の匂いに対応する形の表現を完璧に再生できることがわかって、とても勢いづいていた。実質的に「本物を見分ける検査」の匂いバージョンにパスした「本物」だってことになるのだから。ところが、ＡＪの脳血流マップを非共感覚者群のマップと比較したところ、予想外の脳活動を示す証拠は何もなかったのだ。ＡＪさんの脳マップに、変わったところは何もなかった。

ｆＭＲＩを使ったことによる良いニュース

匂いと形の共感覚を持つＡＪを調べたのに加え、色聴の共感覚も、ｆＭＲＩで検査を進める機会にめぐまれた。そして、今度は結果に有意差が出た。実験デザインはＰＥＴ研究のと概念的には似ているが、今度は脳活動を検討する部位として新しいターゲットがあった。視覚野の一部で、最近、色処理に特化した脳部位のひとつであることが確認された部分だ。その脳部位はＶ８と名付けられていて、視覚野として専門化して細長い筋になっている部分の脇にある（それで visual のＶがつく）。私たちがＰＥＴ研究をしていた頃、人間の視覚野６番（Ｖ６）がちょうど発見された時期だった。ほんの二、三年後には８番にまであがっているから、驚く。このＶ８は健康な実験参加者に色のついた視覚刺激とモノクロの視覚刺激を見せて、活動した脳部位を比較するｆＭＲＩ実験によって確認された。その実験では、実験参加者は、検査課題では色が、統制課題では輝度が変化するような「回転板」を見せられる。それぞれの条件の血流マップを比較して、色条件のときにより強く活動している部位がどこか調べた。この論文の著者たちは、色の残像を引き起こす、という別の条件も使ってこの部位の活動を調べている。実験参加者が残像を「見ている」間に撮影する、という独創的なアイデアだ。色のついた残像を引き起こすのは比較的簡単だ。実験参加者に飽和色［訳注　白色の混ざっていない純色］を見つめてもらって、すぐに均一な灰色の面を見てもらうだけだ。そうすると補色が「見える」。たとえば飽和した赤色を見つめると緑色の残像が見えるし、その逆も可だ。同じ関係が青と黄色にもある。

このＶ８の研究によって、共感覚を持つ実験参加者について調べる検査に理路整然とした仮説ができた。特に、共感覚者が色の共感覚を引き起こす刺激（単語）を聞いているときには、共感覚を引き起こさない刺激（この場合には純音）を聞いている時と比較して、このＶ８部位の脳活動が強いはずだと期待できる。実際にこの通りの結果が得られて、非常に、満足だった。さらによいことがあって、脳活動は左半球だけに限局していた。第3章を思い出してほしいが、左半球は言語脳だ（「われわれは左半球で話す」）。このことは合理的だと思う。つまり、視覚処理をする脳部位の中に、ある一部位があって、これはどうやら色の視覚処理をする神経基盤で、そこは共感覚（色聴）が起こっているときには、その実験参加者の左半球、すなわち言語優位半球の側だけで活動するのだろう。

共感覚者の神経イメージング研究は今も続いていて、今後、共感覚の神経基盤についてさらに理解を進めてくれる結果がきっと得られるだろう。行うべき実験はいつもたくさんあって、共感覚の神経イメージングに対する野心を私たちは持ち続けている。これらのうちのひとつを本書の最終章で述べる。でも今は、神経の画像化の研究についてはひとまず脇に置いて、もともとはゴールトンの説であった、共感覚は遺伝するのではないか、ということについて検討してみよう。

第7章

遺伝でなんかありえない、そうでしょう？

ここまでの数章で、共感覚とはもしかしたら親から受け継ぐものではないか、つまり遺伝的要因があるのではないか、ということを推測したり、またそれを示唆する証拠を引用したりしてきた。まったくの偶然だが、今朝電子メールの受信トレイに科学雑誌『ネイチャー』の編集局から案内が来ていて、ウェブサイトを訪問して、日本、ドイツ、フランス、スイス、アメリカ、イギリスの62名からなる科学者集団によって書かれた論文をダウンロードするように、とあった。ある種記念碑的な論文で、ヒトの第21番染色体の解読結果について書かれているのだ。その染色体には識別できる遺伝子がどうやら三百は下らないほど含まれていて、その中には人間がかかる特定の病気と結びついた遺伝子もいくつか入っている。ヒトゲノム計画の進展は凄まじく、さまざまな技術が開発され、ヒトゲノム、すなわちわれわれの種《しゅ》の「青写真」の解読が促進されてきた。これまで繰り返し強調してきたことだが、現代、共感覚について書かれていることの多くは、本質的な部分においては、過去に見いだされたものの再発見だ。違いと言えば、現代の神経科学ではヴィクトリア時代の科学者が知らなかった技術を使えるということだ。それでは、私たちは今や、共感覚は遺伝するという証拠を手に入れる手段を持っているのだろうか。ゴールトンの「共感覚は遺伝性のものであるらしい」という仮説を、検証できるのだろうか。

家系をたどれば有益かもしれないことを裏付ける二つの根拠がある。ひとつ目の根拠は説得力があって、共感覚者であることを確認された人々に面接して、家族や親類に共感覚のある人がいるか聞いてみると、約25%が一等親血縁者［訳注　自分と半分の遺伝子を共有している関係。親、子、兄弟姉妹］をあげる。遺伝基盤を想定させる二つ目の根拠は、共感覚者は圧倒的に女性が多いことだ。第2章で述べたように、私たちは最初、これは共感覚について現代になって得られた知見だと思っていた。ところが実際は、クローンが１８９３年にこの事実を指摘している。リチャード・シトーウィックは手持ちのサンプルから、ほぼ２・５対１で女性の方が多いとしている。私たちのデータでは、検査を行った共感覚者の優に95%以上が女性だった。この割合は、１９９３年の研究で、検査はしなかったが連絡の取れた人々を合わせた総数でも同様だ。合計で５６５名の共感覚者とコンタクトしたが、その95%以上が女性だ。このサンプルの全員にそれぞれ連絡を取って質問紙を送り、一等親血縁者について訊ねた。すると、23・4%の回答者が女性の家族を共感覚者としてあげた。男性の家族をあげた回答者はひとりもいなかった。

では、これらの数値は正しいと思ってもいいのだろうか。そう考える上で一番の問題は、明らかに、シトーウィックと私たちのデータのずれだ。シトーウィックは女性対男性の割合を２・５対１と報告している。私たちの研究では20対１に近い。ひとつはっきりした違いは、シトーウィックのサンプルにはいろいろな異なった種類の共感覚が含まれているのに対して、私たちのサンプルの大多数（実際、二、三の珍しいケースを除いたすべて）が色聴だった。けれども、もっと別の理由からも、私たちの推定が正しいと考えるのには問題がある。その多くは、サンプルを選ぶのにとった方法に関係がある。

検証とデータの偏り

ある特徴を持った人がどのくらいの割合で存在するのか調べたい場合、重要なのは、研究のために選んだサンプルが代表的だということを確認しておくことだ。第３章で男性の平均身長を計算した例をもう一度考えてみよう。正確さを追求するなら世界中の男性すべての身長を測るしかないが、それは不可能だ。統計学では、ある集団の中から小集団（統計用語では「サンプル」という）を選び、調べたいと思っている特徴を持つ人の割合を計算するという方法をとる。その結果を使って、もとの集団全体での割合を推定するのだ。言うまでもなく、その推定値はサンプルが本当に代表的である場合にのみ正確となる。うまくいかない例をあげると、たとえばピグミー人［訳注　成人男性の身長の平均が１５０センチに達しない民族］の統計学者が男性一般の平均身長を知りたいと思って、自分の民族からだけサンプルを選んだりしたら、極めて不正確なことになる。

共感覚者の推定値に確信をもつためには、本当に代表的なサンプルを選んで調べていると自信をもって言えることが重要だ。今まであげてきた私たちの研究例のほとんどは、マスコミ報道を通じて集めたサンプルで、少なくとも多少の偏りがあることに疑いはない。サンプルが代表的だと過信しすぎると、簡単に誤った結論が導かれてしまう。いい例をあげよう。1992年6月30日付の『インディペンデント』紙に載った記事だ。記事の見出しは「六月は青でブタは緑」。共感覚についての研究をいくつか取材している。著者のインタビューを受けて、バロン‐コーエンは「共感覚者のほとんどは頭がよく芸術的であることがわかった」と語った。確かにその通りではある。でも思い出してほしいのだが、私たちが連絡をとった参加者の大多数は『サイエンス・オン・4』のリスナーだったわけで、多分、代表的なサンプルとは言えない。当然のごとく、その記事が出た後、頭がよくて芸術的な共感覚者からたくさん連絡をもらった。これについては共感覚者に対する別の意見も聞いてみた方がいい。たとえばリチャード・シトーウィックは、共感覚者はどうやら暗算能力に劣る割合が高いことを見いだし、それは左利き者の予想割合よりも高かった。また共感覚者は空間能力が平均よりも低いことが示唆された。さらに、シトーウィックのサンプルではホモセクシャルの割合が高かったとも記している。さて、もちろん、これらの特徴が本当だということはありうる。でも、偏ったサンプルのためにそういう結果になったということも、同じくらいありうる。

代表的なサンプルであることを確実にする

どんな集団の特徴を調べるにも、重要なのは真に代表的なサンプルを手に入れることだ。理想的には集団全体を対象にして、関心のある条件、私たちの場合だったら共感覚が、どれだけの割合で見られるのかを割り出さなければならない。でも、共感覚者がどのくらいの頻度なのか推定した研究で、これまでそんなことをしたものはないことからしても、そういう努力をしようなんて考えるだけで気が遠くなる。たとえばリチャード・シトーウィックは１９８９年の研究で、共感覚者はほぼ25万人にひとりの割合で見られると推定した。するとたった４人の共感覚者を見つけるために百万人もの人々に面接する必要があることになる。シトーウィックは後に推定値を10万人にひとりに改めた。さらに別の研究では２万５０００人にひとりだと推定している。

バロン‐コーエンは、この状況にもめげず、集団の中の共感覚者の割合をもっと科学的に割り出すことにした。ある時点における、ある集団の中の全事例数の比率を示す科学用語は「存在率」という［訳注　疾患の場合には有病率という］。これは、時間を超えてある集団の中で新しい事例が見られる比率を示す用語である「発生率」と対比される。現時点での最小の「存在率」を解明するため、バロン‐コーエンの学生のうちの二人、ルーシー・バートとフィオーナ・スミスレイタンは、『ケンブリッジ・イブニング・ニュース』紙（ＣＥＮ）とケンブリッジ大学学生新聞『ヴァーシティ』に次のような広告を出した。

共感覚についての研究協力のお願い

複数の感覚が混ざって感じる人がいらっしゃいます。これは共感覚という名前で知られています。たとえば音が聞こえると、自動的に色が見えるのです。別の人は、また別の感覚（触覚、味覚、嗅覚）によって視覚や聴覚が引き起こされます。私たちはこの共感覚を持つ人がどのくらいいるのか調べることになりました。共感覚を持っているとお思いになる方からのご連絡をお待ちしています。

両紙に広告を載せたので、ＣＥＮからはケンブリッジの「町」の人口の、ヴァーシティからは「大学」の在籍者の、現時点での共感覚者の最小存在率を求めることができる。この広告作戦の結果、ＣＥＮの購読者から28名が共感覚を持っていると連絡してきた。全員を調べ、22名に共感覚を確認した。18名は色と単語の共感覚で、4名は音楽に色がついているタイプだった。ＣＥＮの購読者数は約4万4000と推定できるので、これをもとに計算すると、比率はほぼ1対2000になる。このサンプルでは6・3対1で女性の方が多い。また7名（33％）が家族にも共感覚者がいると答えた。

ヴァーシティの購読者数はもっと少なくて、だいたい1万1000だ。広告の結果、4名だけ共感覚を持っていると連絡してきた。やはり全員を調べ、みんなに共感覚を確認した。この場合には比率は1対2500となり、嬉しいことにＣＥＮでの結果に近い。やはり女性の方が多く（3対1）、4名のうちの1名が家族にも共感覚者がいると答えた。

以上の結果により、共感覚がこれまで推定されていたよりも大幅に上回る割合で見られることがわかり、その推定最小存在率は1対2000だ。また本研究によって、共感覚は女性に特に多く見られ、約25％が一等親血縁者にも共感覚者がいることがわかった。さらに、色聴が最もよく見られる共感覚の形式だという推測は正しかったことが確認された。この結果はシーン・デイ博士が集めた270名についての研究とも一致している。その研究でも大多数（90％以上）が色聴タイプの共感覚だった。

血こそ命

右で詳しく見た結果から、共感覚者の人口比は約0・05％ということになる。この値と、一等親血縁者に共感覚者を含む家族内での共感覚者の比率とを比較してみた。すると共感覚者のいる家族では、共感覚者の出現率は48・6％であることがわかった。この結果は、共感覚が家族性［訳注　ある特徴がある家系内に高い頻度で認められること］であることを強く指し示している。これらの家族の家系を図29に描いた。遺伝学者たちが使っているいろいろな記号の意味も説明してある。

これらの家系がわかったので、共感覚者の一等親血縁者に共感覚が起こる確率を計算することができる。家系図を見てもらえばわかるように、共感覚者の11名の娘のうち、8名が共感覚を持っている。ここから計算すると、共感覚者の娘は、約72％の確率で共感覚を受け継ぐことになる。またこれらの家系によれば、共感覚者の4名の息子のうちたった1名のみが共感覚者であることが確認された。つまり息子が共感覚になるのは25％の確率だということだ。この確率は、共感覚者の男兄弟がやはり共感覚者である確率よりもちょっと高いぐらいに過ぎない。この男兄弟が共感覚者である確率は約17％で、6名のうちのたった一例に基づく数値だ。一等親血縁者の女性に話を戻すと、共感覚者の姉妹は60％の確率でやはり共感覚を持っている。つまり、ここで調べた家系では5名の姉妹のうち3名に共感覚を確認した。家系図を描いたので、遺伝学の専門家に見せて、このパターンがある特定の遺伝形式に当てはまっているかどうか、判定してもらうためのきちんとしたデータセットができたことにな

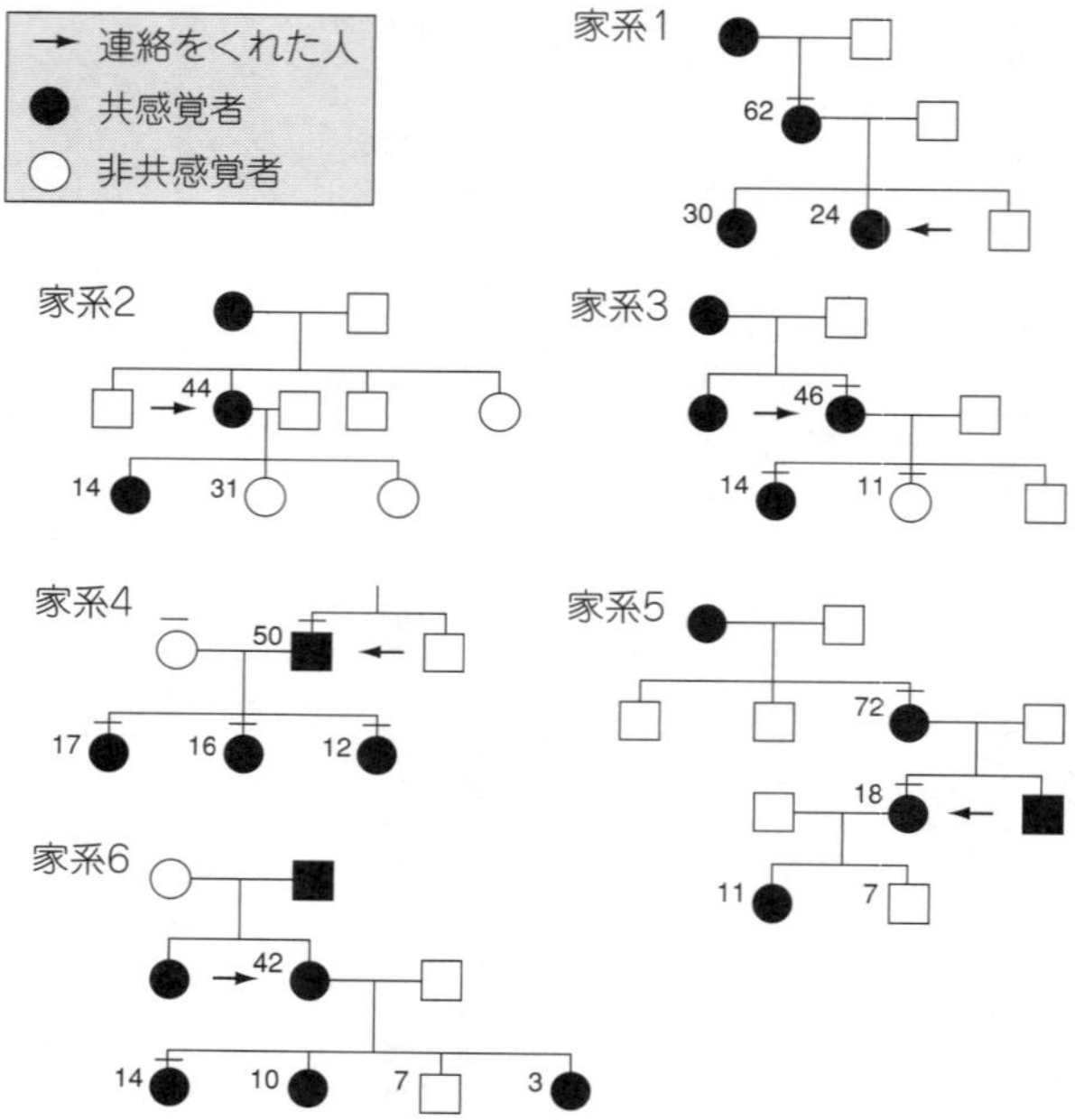

図 29　共感覚者家系図。バロン - コーエンらの研究による。四角は男性，円は女性を示す。横線は実際に検査を行った人を示し，それ以外は回答にのみ基づく情報による。数字は該当者の年齢を示す。次の文献から許可を得て転載：Pion Ltd, London, Baron-Cohen, S. *et al*.（1996), Synaesthesia: prevalence and familiarity. *Perception*, 25: 1073-9.（訳注　この図と本文の数値との対応関係を理解するのは困難だが，そのまま訳出した。）

る。そこで、専門家はどう判定するだろうか。実は、いくつかのモデルが当てはまったのだ。すぐに説明しよう。だがその前に、それらのモデルの背景と専門用語について少しだけ説明しよう。

遺伝学――まず最初に

チャリング・クロスの神経科学分野の研究生活では月に一度イベントがあって、部会が開かれ、施設内外の演者が自分の研究について発表する。神経科学というのはとても広い研究分野で、科学のすべての階層の研究者を引きつけている。研究発表の特徴として、そんなにも多様な聴衆に説明するのは、科学の階層の頂点の方に近ければ近いほどそれだけ簡単になる。なんといっても心理学者の場合だったら、みんなが共通してもっているような行動パターンについて、データを発表するだろう。生理学者、臨床医、生物学者、神経画像の研究者、さらには視覚について研究している物理学者は、まあまあ発表がやりやすい方だ。ところが遺伝学者となるとそうはいかない。遺伝学の研究というのは、遺伝学に特化した専門用語や実験技法が多い。そういうわけで、遺伝学には詳しくない普通の神経科学者に向かって発表するというのは、遺伝学をやっている同僚たちにとっては一種の挑戦だった。

この本のこの部分にさしかかって、私は同じ不安を感じていた。ひとつには、私の遺伝学についての基礎知識は完璧からほど遠いものだし、もうひとつは、自分が知っているひとつかみのことすら、理解するのがどんなに大変なことだったか思い出すからだ！　ではあるのだが、もしここでちょっと時間をとって、遺伝学研究の考え方や用語を少し説明しておけば、この章の後の方で述べる共感覚の遺伝モデルがちょっとはわかりやすくなるだろうと思う。

遺伝学のことば

ヒトゲノムの解読について聞いたことがある人は多いと思うけれど、それが一体どんなものであるのか説明している報道は滅多にない。定義から始めよう。ヒトゲノムというのは、ヒトを作り上げるために必要な命令がそっくり入ったセットのことで、すべてのヒト細胞の中にＤＮＡという形で格納されている、遺伝情報から成っている。ＤＮＡは46の染色体として組織されていて、22対の相同染色体からなる常染色体と、１対の性染色体から成っている。性染色体はもし男性ならばＸとＹ、女性ならばＸとＸの対となっている。

この分野の研究は百年以上も前、グレゴール・メンデル（１８２２－１８８４）という名のオーストリアの修道士が行った、エンドウ豆の苗を使った実験にさかのぼる。まず苗を、花の色、苗の大きさ、サヤの手触りにまで及ぶさまざまな特徴に注目して組織的に分類した。苗を分類し終わると、次にそれらを掛け合わせてどういう結果になるか調べることに取りかかった。メンデルは一連の実験で、現在は遺伝の法則として知られているものを打ち立てた。それらはその業績をたたえて「メンデルの法則」と呼ばれ、またこの形式の遺伝をメンデル性遺伝という。メンデルの発見の中に、後で説明する共感覚の遺伝形式の仮説モデルを理解するのに重要なものがある。優性遺伝子と劣性遺伝子の概念だ。メンデルは背の高い苗に別の背の高い苗の花粉を掛け合わせた結果、やはり背の高い苗が生じる

交配の組み合わせ	遺伝形質の優性・劣性	次世代の花の色
赤と赤	優性と優性	赤
赤と白	優性と劣性	赤
白と赤	劣性と優性	赤
白と白	劣性と劣性	白

ことを見いだした。ところが、背の高い苗に背の低い苗の花粉を受粉させても、やはり次世代の苗は背が高くなることも突き止めた。メンデルは、背が高いという苗の遺伝形質［訳注　遺伝される特徴のこと］は優性な特徴であるに違いなく、背が低いという遺伝形質は劣性であるらしい、と結論した。さらなる実験で、なめらかなサヤは皺のあるサヤに対して優性で、赤い花は白い花に対して優性であることが明らかになった。

　次にメンデルは、それら子の世代のエンドウ豆の苗を自家受粉させる実験に進んだ。するとその次の世代には劣性の遺伝形質が再び現れたが、優性の遺伝形質と同じ頻度にはならずに、優性対劣性が3対1の割合になった。メンデルは、ある「因子」の存在を仮定して、この結果を説明した。その因子とは、現在私たちが遺伝子と呼んでいるものに相当する。メンデルはまた、観察された遺伝パターンは二つの遺伝因子で説明ができると推論した。つまり、エンドウ豆には赤い花（優性形質）と白い花（劣性形質）があるわけだが、苗を掛け合わせると、全体としては赤い花が3に対して白い花が1という割合で子孫ができるだろうと考えられる。なぜこの割合が予想できるかというと、確率で考えて、二つの遺伝子には次の四つの組み合わせが可能だからだ。

　上の表を見ればわかるように、赤い花の遺伝子がありさえすれば、次世代の花は必ず赤くなる。両方の遺伝子が白い花のものであった場合にのみ、次世代の花

	RR	r
R	RR	Rr
r	Rr	rr

R：優性対立遺伝子
r：劣性対立遺伝子

図 30　パネットの方形。発明者であるレジナルド・クランダール・パネット（Reginald Crundall Punnett, 1875-1967）の名を取ってこう呼ばれる。パネットはかつてケンブリッジ大学の遺伝学の教授で，グレゴール・メンデルの業績と理論について最初の教科書を著した。

も白くなる。受け継いだ遺伝子が同じ色のものである場合、同型接合であるという。反対に異なる色である場合には、異型接合という。それから、遺伝学でよく使われる、対立遺伝子という用語についてもここで説明しておくのが都合がいい。教科書の説明では、対立遺伝子とは「ある遺伝形質に対応する優性・劣性の組み合わせの遺伝子があるとき、その一方の遺伝子のこと」とある。つまり、エンドウ豆の赤い花と白い花の異型接合の場合、片方の親からは赤、もう片方の親からは白い花の色の対立遺伝子が受け継がれていることになる。もう少し詳しく言うと、対立遺伝子というのは遺伝子座（染色体上の位置）の別の表現と言うことができる［訳注　対立遺伝子どうしは組になった相同染色体の相当する位置にある］。先の表で、異型接合の場合（赤と白、白と赤）、赤い花の対立遺伝子は白い花に対して優性となっている。先の表はその説明として十分わかりやすいが、遺伝学者はたいてい図30のようなパネットの方形を作ることが多い。

メンデルの業績の最も注目すべき点は、遺伝形質が受け継がれていく仕組みを全く知らなかったのにもかかわらず、遺伝の基本法則を解明したことにある。現代ではウォルター・サットン（１８７７

－１９１６）のおかげで、ヒトのいろいろな特徴を決定する因子は、ひとりひとりの体の中のすべての細胞の細胞核の中に、一揃えの染色体という形で格納されていることが知られている。とはいっても、サットンの段階ではまだ理論的なものにとどまっていて、トーマス・ハント・モーガンとその共同研究者らによって、いろいろな特徴に対応する遺伝子が染色体の一本一本に糸状になって配置されていることが初めて証明された。モーガンはまた、遺伝形質の中には性染色体と結びついているものがあることも突き止めた。きっかけは、モーガンが白い目を持つオスのショウジョウバエを発見したことだった［訳注　通常は赤眼であり白眼は突然変異である］。そこで、この白い目のオスと赤い目のメスのショウジョウバエを交配すると、生まれてきた子の世代はみんな赤い目になった。そうして、次にそれら子の世代どうしで交配したところ、その次の世代では赤い目が３４７０、白い目は７８２となったが、その白い目のショウジョウバエというのはみんなオスだったのだ。これによって、初めて伴性遺伝する形質が証明された。モーガンは種の変異にますます興味をもつようになり、１９１１年、「ハエ研究室」を開設して、種が時間とともにどのように変異していくか調べた。その後十七年間、モーガンと学生たちはせいぜい16フィート×23フィート（約5メートル×7メートル）の、おそらくはとても不快な匂いのする研究室で、学名ドロソフィリア・メラノガスター、つまりショウジョウバエを用い、革新的な遺伝研究を成し遂げた。こんなにも窮屈で不快な条件のもとでの研究は、モーガンの知性を大いにかき立てて、１９３３年、ノーベル医学・生理学賞を受賞した。

ザ・フライ

ＳＦ映画『ザ・フライ』〔訳注　flyはハエの意〕の中で俳優のジェフ・ゴールドブラムとヴィンセント・プライスは、不幸にも自分の遺伝子情報とハエの遺伝子情報が混ざってしまった。特にゴールドブラムの方は、かなりゾッとする悲劇的な結末だ。どうして、ハエなんていう見たところ取るに足りないような存在が、遺伝学者とハリウッド映画の監督とを同じように奮起させたのだろうか。映画監督の方はおそらく、ハエが実に気持ちの悪い食習慣を持っているので、世の中にショックを与えようと欲している映像作家としては、こんな有利な素材を使わない手はないからだろう。遺伝学者がショウジョウバエをよく使う理由は、ひとつには先行研究があるからだ。誰かがその昔、この小さなハエを研究しようと決めた。そうして今や、この生き物の遺伝的構造が非常に詳しく知られるようになった。何千もの遺伝子のうちのどれかによる、どんな突然変異を起こしたハエでも手に入れられる。それに、セレラというアメリカのゲノム解析の会社が、最近ショウジョウバエの完全なゲノム解析結果をウェブサイトからダウンロードできるようにしている（http://www.celera.com）。昔ながらのショウジョウバエを研究する第二の理由は、多分単に、この生き物が安くて、大量飼育が容易だからだろう。それに世代間隔がたった二週間だから、新しい形質が表れてくるのがすぐに見られる。

ショウジョウバエは染色体を４対持っている。３対の常染色体とＸとＹの性染色体だ。ショウジョウバエのゲノムは約１億６５００万の塩基対からなっていて、およそ１万４０００の遺伝子があると推定されている。これはヒトゲノムと好対照をなしている。というのも、ヒトゲノムは33億の塩基対からなり、7万もの数の遺伝子があるのだ（イースト菌は約１３５０万の塩基対、５８００の遺伝子からなっている）。

奇妙な二重らせん

１９６０年代に行われた研究によって、染色体とは実際にはほとんどの場合、ただ一本の長い糸状の物体で、高度に特殊化した分子であるデオキシリボ核酸（ＤＮＡ）という、単純な構造でありながら驚くべき複雑さを生み出すものであることが明らかになった。ＤＮＡの構造があまりにも単純だったものだから、二十世紀前半の間、科学者の多くは、細胞核の中に見つかったタンパク質こそが遺伝に影響を与えているのだと信じていた。ＤＮＡは単なる補助的な役割しかないだろうと考えられていたのだ。ところがオズワルド・エイヴリー（１８７７－１９５５）の研究により、細胞のタンパク質ではなく、ＤＮＡが遺伝情報を受け渡していることがはっきりと証明された。この発見をしたとき、エイヴリーは実際にはバクテリアの「形質転換」の過程について調べているところだった。それは、小さなカプセルを持ったバクテリアから出される物質に触れると、もともとそんなカプセルは持っていなかった別のバクテリアも似たようなカプセルを持つようになる現象で、当時はまだ仕組みが解明されていなかった。エイヴリーはバクテリアの変化は遺伝することに気づき、バクテリアに接触した物質の中に、カプセルの発達を引き起こす遺伝子が含まれていることを突き止めた。その後、エイヴリーはこの物質がＤＮＡであることを証明した。

まだ解明されないままに残っていたのは、デオキシリボースという糖と、リン酸と、四つの塩基、すなわちアデニン、チミン、グアニン、シトシンから構成されているＤＮＡ分子が、どのようにしてこの複雑なことをプログラムしているのか、ということだった。さて、おそらく科学の世界で最も有名な発見のひとつがこれだろう。ジェイムズ・ワトソンとフランシス・クリックは、ケンブリッジ大学のキャベンディッシュ研究所で研究していたときに、このようにシンプルなものからそんなにも複雑なものがどのようにしてもたらされるのかを、ついに明らかにした。

図31はＤＮＡの二重らせん構造を示している。１９５３年、クリックとワトソンによって発見された。リン酸と糖が結びついて長い糸状の重合体を形成している。ねじれた梯子のような形をしていて、横木は塩基の対で形成されている。ＤＮＡの重要な特徴のひとつがこれで、塩基は常に特定のペアを作る。アデニンは常にチミンとペアになるし、グアニンはシトシンとペアになる。

現在では、メンデルが仮定した遺伝因子、つまり遺伝子は、このアデニンとチミン、グアニンとシトシンという塩基対の配列（塩基配列、シークエンス）の形で、遺伝情報を伝えることが知られている。これらの塩基配列によって、ひとりひとりを作り上げる根幹となる、細胞内のタンパク質が決定される。ヒトでは10万以上もの種類のタンパク質が形成されうる。そのそれぞれがＤＮＡ内の遺伝子によって符号化されているのだ。メンデルは、遺伝因子とは遺伝の個々の単位であるとし、これが表に表れる形質に影響を与えているのだと考えた。だがこれは仮説的な段階でなされた説明だった。現在では分子レベルで、遺伝子とは、あるタンパク質を生成するための個々の命令、というふうに説明

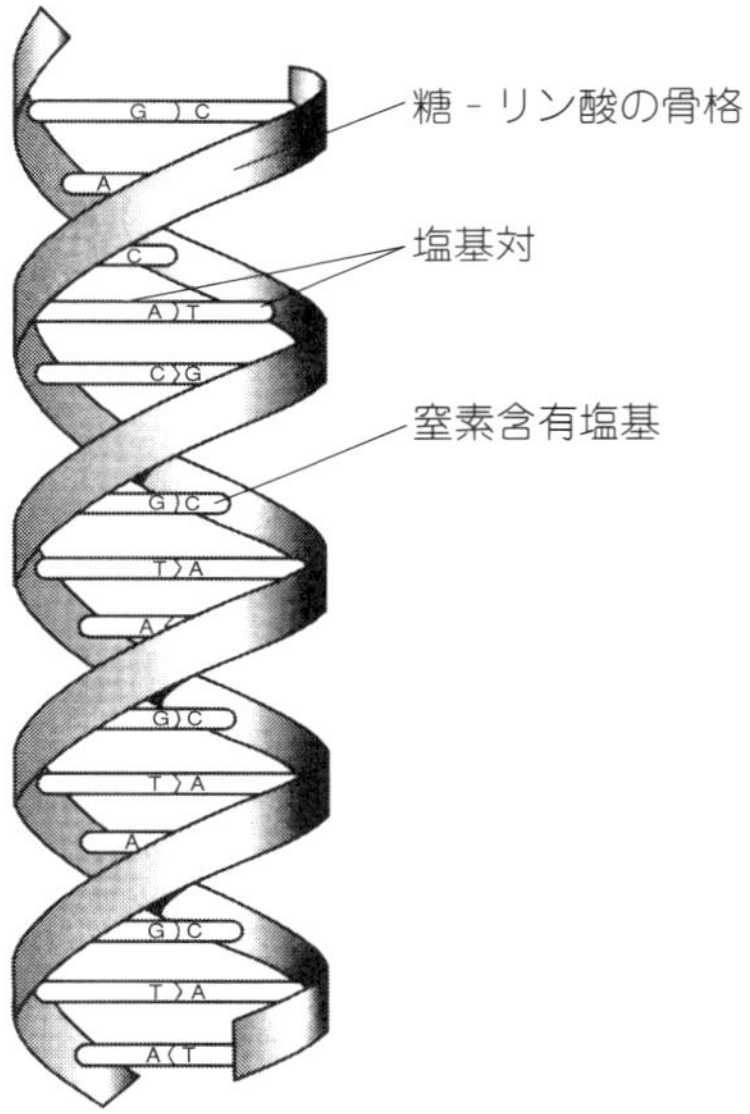

図 31　DNA 分子の構造。この図解は DNA のらせん構造を概念的に表したものである。DNA 分子は糖とリン酸を骨格とし，その骨格が梯子の「横木」を支えている。この横木は 4 種類の塩基からなっており，アデニンとチミン，グアニンとシトシンが常に対になっている。タンパク質はそれぞれ，何千もの塩基配列によって符号化されている。

することができる。これは、そう単純なことではない。今述べた10万のタンパク質が、全部違った遺伝子配列で符号化されているのだから。

　現代の科学によって、メンデルが「遺伝因子」という名で仮定した構成物は、今や私たちが遺伝子と呼んでいるものに相当することがわかり、その場所や特性を示すことができるようになった。それからまた、遺伝子とは、タンパク質の生成を指示するＤＮＡという細長い物質の上にある塩基対の配列であることも、現代ではわかっている。これらのタンパク質分子はアミノ酸として知られる物質でできていて、そのアミノ酸は３個の塩基の組み合わせ（コドン）によって決まっている。たとえば、メチオニンというアミノ酸は、アデニン‐チミン‐グアニン（ＡＴＧ）という塩基配列に対応している。タンパク質は平均で１０００個のアミノ酸でできているから、遺伝子１個につき平均で３０００個の塩基でできていることになる。10万もの遺伝子となると、塩基の数３０００に10万を掛けると、３億の塩基でできている計算になる。ところが何と、ゲノムは実際には30億もの塩基でできていると推定されている。なぜそんなにたくさんの塩基なのに、相対的に見れば少ない数の遺伝子なんだろうか。

イントロンとエクソン

　ＤＮＡの塩基配列を分析したところ、遺伝子の中に、タンパク質を符号化する塩基配列部分（エクソン）と、そのエクソンどうしの間にある、符号化機能のない部分（イントロン）とがあることがわかってきた。でもイントロンとエクソンを合わせても、ゲノム全体のまだ一割ぐらいにしかならない。とすると、残りの部分の塩基は、一体何のためにあるのだろうか。これについてはまだよくわかっていない。多分、それらは制御遺伝子で、符号化機能のある配列部分のスイッチを入れたり切ったりする役割をしているのだろうと推測されている。ヒトゲノムの研究が進めば、この残り90％のＤＮＡがどんな役割を果たしているのか、もっとよく理解できるようになるに違いない。

以上で遺伝学についての簡単な説明を終えるけれども、遺伝の様式について次に簡単にまとめておこう。以降の節でこれらをもっと詳しく検討し、共感覚現象に当てはまると考えられる、いくつかの遺伝モデルについて考えていく。

遺伝様式のまとめ

いろいろな遺伝様式のうち、共感覚の遺伝に関係がありそうなものが三つある。

常染色体優性

常染色体とは、性染色体ではない染色体のこと。このモデルでは、もし一方の親（父母のいずれでも）が共感覚の対立遺伝子を持っていれば、息子あるいは娘のうちの50％（二人に一人）がそれを受け継ぐ。息子あるいは娘は、これをひとつでも受け取れば、共感覚者となる。

常染色体劣性

常染色体劣性の場合、もし、両親自身はいずれも共感覚者ではないが、両親ともに異型接合（キャリアすなわち保因者、片方の対立遺伝子が劣性）だった場合、男女ともにその子どものうちの平均25％（四人に一人）が共感覚者となる。もし片方の親が共感覚者（すなわち共感覚劣性の同型接合）で、もう片方の親がキャリア（異型接合）である場合、子どもの50％は共感覚者となり、残りの50％はキャリア（異型接合）となる。

伴性遺伝・優性および劣性

性別を決めているのは性染色体で、X染色体が二つならば女性、XとYならば男性になる。優性および劣性は、上の常染色体で見た遺伝の仕方と同じようになるものと考えられる。

二人の遺伝学者の意見では……

共感覚に当てはめられそうな遺伝モデルについて調べるのを、チャリング・クロスを中心に活躍している遺伝学者、マーク・ベイリーとキース・ジョンソンが助けてくれた。二人はいろいろなモデルを考えて、そのそれぞれがもし本当だったら、共感覚の家系図がどういうふうになるはずか予想を立て、実際に調べた家系図にそれが当てはまるかどうか調べてくれた。もし常染色体劣性であった場合、共感覚者の数に男女差は見られないだろうと予想できる。常染色体の優性遺伝でもそう予想できるから、この二つのモデルは当てはまらなそうだ。この常染色体の優性遺伝というのは、リチャード・シトーウィックが、最も可能性があると考えたモデルだ。おそらくこのモデルが、シトーウィックが調べた範囲での共感覚の遺伝のありように当てはまっていたからなのだろう。シトーウィックが調べた家系では、母方からも父方からも、男女両方の性の子孫に共感覚が伝わっていて、また共感覚が表れなかった世代がないように観察されたから。でもこのモデルでは、シトーウィック自身の研究例も含めて繰り返し見られること、つまり共感覚は女性に非常に多い、ということを説明できない。ベイリーとジョンソンは、共感覚は男性では表れ方が弱くなるということもありうるのではないか、という理由から、この常染色体によるモデルも捨てがたいと考えていた。

でも共感覚者には女性が多いという、クローンからバロン‐コーエンに至るまでの論文に書かれている事柄からして、共感覚の遺伝モデルはこの女性対男性の割合について説明可能なものであるべきだ。そうである以上、ベイリーとジョンソンの論文も、それからバロン‐コーエンらの論文も、データに最も当てはまるのは「X染色体上にあって伴性遺伝する、優性の形質」という遺伝モデルだという見解をとっている。もし共感覚がX染色体上にある伴性優性遺伝として受け継がれるならば、女性対男性の割合は、次に示すように3対1になるはずだ。つまり、X染色体上にあるならば、異型接合(すなわち、二つの性染色体Xのうちの片方の対立遺伝子が共感覚優性)である母親は、男女両方の子どもに50%の確率で共感覚を受け渡すし〔訳注　男女2人ずつ計4人の子どもがあった場合、確率としては男1人女1人が共感覚になり、残りの男女は共感覚にならない。共感覚者は、女対男=1対1〕、もし父親が共感覚者〔性染色体XとYのうち、X染色体上に共感覚遺伝子がある〕ならば、娘〔父からX染色体を受け継ぐ］は全員共感覚者となるのに対し、息子［父からY染色体を受け継ぐ］は共感覚者とはならない［男女2人ずつ計4人の子どもがあった場合、共感覚者は、女対男＝2対0］。こうすると見かけ上は、女性の方に共感覚者が多いことを説明している［上記の母が共感覚者の場合の1対1、父の場合の2対0を合わせれば、女対男＝3対1となる］。でも、女性対男性の比率は、普通、3対1よりももっとずっと大きい数値が報告されている。実際、たいていは6対1に近い。この比率を説明するには、遺伝モデルにもうひとつ別の要因を組み込む必要がある。おそらく、共感覚遺伝子は、男性に受け渡される場合、時として致死作用がある可能性が考えられる。

男性に致死性のある伴性優性遺伝

女性対男性の比率が3対1よりも大きくなることに適合したモデルを作るため、共感覚遺伝子（というものが存在したとしての話だが）は、子宮内の胎児が男児であれば、その50%を死なせてしまう性質を持つ、という可能性を考える必要がある。でもこの考え、どれくらいありそうなものだろうか。何しろ、ただのX染色体による伴性優性遺伝に、そんな特徴をくっつけるなんて、かなり劇的に注意を引く。ところが興味深いことに、手持ちのデータには当てはまるようなのだ。図29の共感覚家族の家系図を見直して、共感覚者であることが確認された子孫の数を数えてほしい。手間を省くためにあらかじめ数えておいたのだが、女性18名、男性9名だ。これはまさしく、もし男の胎児の半分が亡くなるとしたらそうなるだろう、という数値だ。

この家系図には、このモデルが当てはまることが他にもある。たとえば、母方から共感覚が伝わった子どもの割合は50%をちょっと上回るくらいで、この遺伝形式の予想するところに合っている。それから、遺伝がX染色体と結びついているのだから、共感覚の父親から娘へは共感覚が非常に伝わりやすいだろうと推測できる。これもデータはそうなっていて、共感覚の父親を持つ娘5人のうちの5人ともが共感覚者だ。それからこのモデルが正しいならば、父親から息子への共感覚の遺伝はないはずだ。というのは、息子のX染色体は母親から受け継ぐから。これもデータはそうなっている。今説明している共感覚の遺伝モデルを、第5章で見た「いつも名前のあがる人物」に照らして考えると興味深い。有名な「共感覚者」がたくさんいたが、その中でひとりだけ本物らしかったのは、作家のウラジミール・ナボコフだった。親愛なるウラジミール氏は、共感覚者の父親を恵まれていた。でもこのことは、ウラジミール氏が共感覚を受け継ぐための十分条件でも必要条件でもない。一方で、ナボコフの母親も共感覚者だったことがわかっており、この条件こそが私たちが検討している遺伝モデルにピッタリ当てはまっているわけだ。おそらく、このモデルの妥当性を示唆する最も重要な所見は、女性と男性の共感覚者の割合が、単純なX染色体の伴性優性遺伝だったら3対1になるはずのところ、女性の方が極めて多くなっている、という、単にそのことだろう。

この遺伝モデルの適用によって予想されることに矛盾するデータは、今のところはないが、モデルを検証するために、もっと大きなサンプルによってさらに多くの研究を、慎重に重ねるべきだろう。

で、それは遺伝なんですか？

共感覚が遺伝するというのは、驚かされることではあるけど、でもかなりありえそうだ。ゴールトンが百年以上も前に指摘していたことである。でも、多分、共感覚が引き起こされる状況が遺伝される、と言った方がもっと正確だろう。私たちが提案した共感覚の遺伝モデルを支持する証拠をどうやって見つけ出したらいいのだろうか。その方法は、もしかしたらもう持っているのかもしれない。ベイリーとジョンソンが思い出させてくれたのだが、この「X染色体による、男性に致死性のある伴性遺伝モデル」から予想されることのひとつは、共感覚者の女性に流産の率が高くなる、ということだ。これに関しては今のところ何のデータもないが、こういった研究をすることで、この遺伝モデルを支持する証拠が少しは手に入る可能性がある。

ある遺伝子を探し出す方法というのは実に複雑で、この本のように小さな本ではおよそ扱い切れない。ヒトゲノムを解読する能力は、凄まじい勢いでほぼ毎日前進している。近いうちにはヒトゲノムを構成している塩基対の配列をすべて解読してしまいそうだ［訳注　ヒトゲノム計画により、その後、２０００年にドラフト配列の解読終了が宣言され、２００３年に全作業が終了された］。それがヒトを作り上げている法則を理解する最初の重要なステップとなる。国の研究所や企業などの私的機関の両方の科学者たちに利用可能な技術や技法が、もっと洗練されれば、退屈で非常に多くの労働力を要する作業の大部分を自動化できるようになる。最近、こういった洗練された技術がいかに有効なものであるかが証明されるできごとがあった。ショウジョウバエのゲノムの一部にある遺伝子を特定するために設計されたソフトウェア・プログラムを使うようにと、たくさんの研究室が提供を受けた。研究者たちはプログラムを使いこなして、この遺伝子情報のかたまりみたいなものから、タンパク質の配列を86％から97％ぐらいまで特定することができた。コンピューターは、脳の画像化技術の発展を促したのとちょうど同じように、今ではヒトゲノムの内容を解読・解明するのにも活躍している。この種の研究のありようには最近新しい用語が与えられて、「コンピューター（シリコン）内で（in silico）」と呼ばれる。生物学に関するこの種のモデル化研究が、シリコンでできた「有機体」、つまりコンピューターの中で行われるからだ。この用語は、生物学実験や生物学分析がどこで行われたかを示すのに使われる、他のラテン語系学術用語の伝統ある系列にひとつ加えられたものだ。もともと科学では、子宮の中で起こる事柄を述べるためには「子宮内で（in utero）」、体内で起こる事柄を述べるためには「生体内で（in vivo）」、体外で起こる事柄を述べるためには「試験管内で（in vitro）」という用語が使われてきた。

共感覚の研究にこうした知識と技術の組み合わせを利用することはもちろん助けになるが、共感覚が本当に遺伝するという可能性を調べたり、もしそうならその遺伝の起こるメカニズムについての説明を探求したりするためには、さらにあと二つの事柄が必要だ。ひとつは原材料、つまりこの場合には共感覚を持っている人のＤＮＡが必要だし、もうひとつはある種の知恵だ。実は、この章の前半で述べた、共感覚者の人口比率と家系研究を行う手続きの一環として、共感覚者の有志の方々から血液を提供していただいた。この血液は現在、イギリスはオックスフォード、ウェルカム財団分子遺伝学センターのトニー・モナコ博士率いる遺伝学チームの管理のもとに保管されている。いつの日か、共感覚遺伝子を見つけ出すチャンスが訪れるその日まで……。と、ここでまた別の問題がある。それは単一遺伝子なのか、それとも遺伝子の集まりなのか？

一遺伝子性か多遺伝子性か

ヒトゲノムに関する基本統計のひとつによれば、ヒトの遺伝情報の99%以上が全員全く同一であることが明らかになっているそうだ。他にも驚くような統計値があって、ゲノム全体の97%がタンパク質の生成に関係がないらしい。ゲノム上のこの部分は、非常に専門的な用語で、見かけ上あまり重要ではなさそうだ、という意味で「ジャンクＤＮＡ」と呼ばれている。明らかに、個人の違いはゲノムの非常に限られた部位で決まっているらしい。ここで基本的な問題がひとつあって、こういった個人間の違いの中には、あるひとつの遺伝子によるもの（一遺伝子性）もあれば、複数の遺伝子によるもの（多遺伝子性）もあるのではないか、ということだ。あるたったひとつの遺伝子が、人間の中のある一握りの人々に、音を聞いたら色を知覚する能力を与えるほどの根本的な影響を本当に与えうるものだろうか。確かにその可能性はありうる。たとえば、デュシェンヌ型筋ジストロフィー、鎌状赤血球貧血、嚢胞性線維症などの病気は、どれも単一の遺伝子の変異によって起こることがすでにわかっている。それから色盲もそうだ。色盲では世界を知覚する仕方が劇的に異なっているけれども、これも単一遺伝子によっている。ひょっとしたらこのくらい単純に、共感覚も単一遺伝子の違いで起こっているのかもしれない。もしそうであることが判明したら、そのときにはその遺伝子を特定することによって、共感覚の起こる仕組み、つまり感覚情報がある感覚モダリティから別のモダリティへと漏れてしまう仕組みを解明することが、できるかもしれない。たとえば、もし、その遺伝子がアポトーシスの過程をコントロールする要因に関係しているなら、脳の聴覚野と視覚野を結んでいる新生児期の神経がそのまま残されたもの、という私たちの説を支持する、強力で直接的な証拠とすることができるかもしれない。

　単一遺伝子の違いである方が、たくさんのいろんな遺伝子が関わっているのよりも、明らかに研究はたやすい。でも多くの生理的条件や病気、性質などは、たくさんの遺伝子がお互いに相互作用し合っている影響を受けているものらしい。複数の遺伝子が共感覚といったものにどう影響を与えるのかを解明するのは、おそらくかなり骨が折れることだろう。

第8章

病理と理論

第1章では『共感覚――古典文献と現代の文献』［未訳］で提案している共感覚理論について概略を述べたが、その最後のところで、共感覚についてはこの百年の間に他にもいろんな人が仮説を立ててきているから、後でそれらの理論についても紹介して検討する、と約束した。前の方の章、とくに第2章と第3章で、ある種の脳損傷や脳疾患によって、共感覚的な状態が引き起こされる可能性が確かにあるということを述べた。これについてはたくさん症例報告があって、こういった後天的な共感覚の発生の仕組みについて考察している。そのような病理学と健康な人についての学説とはお互いにオーバーラップしていて、同じ章で扱うのがいいので、この章でまとめて論じることにしよう。まず後天的な共感覚の例から始める。この「後天的」という用語は、これまで主に話題としてきた、遺伝することが想定される共感覚（特発性共感覚。第1章参照）と区別するために用いる。典型的には誕生後のいつかの時点で出現する、何らかの病的な状態に伴う共感覚のことだ。これから見ていくように、後天性の共感覚と遺伝性の共感覚との間には、あるはっきりとした違いがある。次の節の終わり

の部分でその違いをまとめよう。まず、脳損傷ないし脳疾患に起因していると見られる共感覚の事例から始める。視神経を含む、目の損傷によって引き起こされた共感覚だ。

視神経と目の損傷

視覚経路のうち、（大脳皮質ではなく）前方部の損傷によって視覚障害になり、その結果「共感覚」が引き起こされる例を報告している研究はたくさんある。その良い例はレッセルとコーエンの１９７９年の報告で、片方の目ないし視神経に疾患がある患者３名について書かれている。この報告には注意してもらいたい重要なことがあって、その患者たちは共感覚が見えたのではなくて、その代わりに音を聞くと光のまだらを知覚したのだ。光のまだら、というのは、学問的には眼内閃光と呼ばれていて、これが見えること自体は別に珍しい現象ではない。目をこすったり、暗闇の中で長時間過ごしたり、頭に打撃を受けたりすると、「星が見える」ことがある。目をこすると、視神経が圧迫されてインパルスが生じ、それが視覚皮質に送られるのだと考えられている。それから片頭痛発作のときにもよく眼内閃光が伴うことがある[1]。いずれにしても、この眼内閃光というのは、共感覚者が報告する知覚ほど複雑なものではないようだ。

　これよりもほんの少し共感覚に近い視覚の例は、ベンダー、ルドルフ、それにステイシーによる次の症例だ（１９８２年）。患者は視神経炎を患っていた。視神経炎とは視神経の炎症によって起こる病気で、しばしば多発性硬化症の危険を示す前兆となる。この患者の場合は特に、大きな音を聞くといつも青い光が見え、突然の痛みが生じると訴えた。でもこの青い光ではやっぱり、色聴の人が表現する共感覚の複雑さには及ばない。もう少し複雑な視覚の例が、リッツォとエスリンガーによる１９８９年の報告だ。十七歳の症例で、水晶体後線維増殖症の結果、出生前後に視覚を奪われるという既往があった。この視覚障害は１９４０年代に最初に報告され、未熟児を過剰に酸素にさらすことによって起こると考えられていた。最近になって、この推測には疑いが持たれるようになった。というのは、月満ちて生まれた赤ん坊で、酸素を当てられていない場合でも、この障害が起こることがあるからだ。原因が何であれ、この病気にかかると水晶体の背後に繊維状の網膜組織が増殖し、視覚が失われてしまうため、水晶体後線維増殖症という名で呼ばれている。この患者の少年の場合には注目すべきことがあって、音楽の音と色のついた形とが強く連合していた。これまでに見てきた色聴の場合とちょうど同じように、ある特定の楽音は常に同じ色の感覚を引き起こした。このことからリッツォと

---

［１］たくさんの著作を出している有名な神経学者オリバー・サックスから次のことを教えてもらった。片頭痛発作によって起こる視覚現象は、宗教的な幻視者によって報告される視覚経験の原因になっているかもしれないという。サックスはビンゲンのヒルデガルド（１０９８-１１７９）が次のように記録した例を引用している。「私は非常に見事な美しい大きな星を見た。その星とともに、南の方へ落ちていく並々ならぬ多数の星を見た。……そして突然、それらはすべて滅してしまい、黒炭になった……奈落の底に沈み込んでしまい、もはや見えなくなってしまった。」サックスによれば、これは片頭痛に伴う視覚現象に非常に似ているようだという。

エスリンガーは、この症例は共感覚の事例に当てはまると論じている。

リッツォとエスリンガーは聴覚性誘発電位を含むさまざまな精神物理学的検査や神経生理学的検査を行った。でも特に目立ったり異常だったりする結果は見つからなかった。そこで、この患者の共感覚は、神経伝達の異常というよりは、むしろ「感覚モダリティ間の強い連合能力」によるものであると結論した。私の考えでは、この結果はまだ決定的ではなく、この二つの可能性のうちのどちらが正しいか選ぶことは本当にはできなかったと思う。最近発見されたことだが、脳には、生まれて間もない頃に起こった脳損傷であれば、驚くほど再構成の能力がある（先天盲の人の視覚野が触覚刺激によって活動することを示す最近の研究については、第9章で論じる）。そうだとすると、リッツォとエスリンガーの患者が、連合ではなく対応を発達させたのはきわめてありうることだと思う。

どのようにして音楽が視覚を引き起こさせるのかについて、ジェイコブズらが視神経ないし視交差の損傷のために視覚障害のある患者9名の症例報告で説明している。患者はみな音を聞くとフォティズム（光の幻視）を体験した。ほとんどの場合、その幻視はかなり複雑で、時には「炎、振動する線の花びら、万華鏡、あるいはアメーバ」というような表現になった。行われた検査手技のひとつは視野検査だった。これは患者の視野の限界を曲線で示すもので、視野障害の範囲を明らかにすることができる。この検査によって注目すべき所見が得られた。フォティズムは常に、視野の欠損している部分に現れるのだ。これは明らかに、私たちが研究している特発性共感覚者とは異なっている。というのは、私たちが調べた人々は、共感覚は視野の中に起こってはいない、と明言しているから。ジェイコブズらの患者報告と異なっている点は他にもある。この音に引き起こされるフォティズムの方は、音に対して驚愕反応を誘発するような状況下で起こる、という事実だ。ジェイコブズらはこれらのフォティズムについて、バロン‐コーエンと私とが前に「感覚漏洩《ろうえい》理論」として提案したのと同じ説明をしている。この感覚漏洩理論についてはこの章の後の方でもう少し詳しく論じる。ところでこのジェイコブズらの研究には注意すべき重要な点がある。患者について書かれていることをよくよく読んでみると、患者のうち４名（症例１、２、４、７）までは、聴覚刺激がないときにもフォティズムが起こっているというのだ。これらの事例が聴覚と視覚の共感覚であると本当に言ってよいものかどうか、疑問を抱かせる。それから、患者のうち７名はいつも「リラックスした、眠い状態あるいはうとうとしている状態」（原書２１４ページ）のときにフォティズムを見る、というのも見逃せない。こういう状態のときには入眠時幻覚が起こりやすいことはよく知られているのだから。

脳腫瘍の結果もたらされた共感覚

ヴァイク、ジャバリ、メイトランドは、65デシベルのカチッという音を聞くと、左目に万華鏡と渦巻き状の光が見えるという男性を調べた結果について報告している（１９８４年）。左側頭葉の内側面から中脳にかけて嚢胞状の塊が広がっていたが、それを取り除いたところ、その男の人の共感覚はなくなった。これは小さいながらも興味深い症例報告で、病気や脳損傷の結果生じた共感覚について報告している唯一のものだ。ともあれ、神経病理学的に異常な状態になると、どうやら後天的な共感覚が引き起こされる可能性があるらしい。そういった事例について書かれている最も古い文献のひとつはカーナズのもの（１８５１年）で、どんな種類の共感覚も「病理的であり、何らかの視覚系統の損傷に基づいている」（クローンの１８９３年の文献の33ページに引用）のであり、そのため「色の感覚に対する知覚過敏」が原因であると見られる、と推測している。これら後天的なタイプの共感覚は、私たちが問題にしている遺伝するタイプの共感覚に比べれば、ずっと単純なもののようではあるけれども、この二つを比較することには興味をひかれる。次の数ページで、こういったケースについてさらに見てみよう。

精神疾患における共感覚

統合失調症［訳注　以前は精神分裂病と呼ばれていた］は、人が適合的に機能するための能力を台無しにしてしまう。一般に誤解があって、統合失調症というのは、その患者が分裂した人格、つまり多重人格を患っているという意味ではない。もし人格に影響が及んでいるとすれば、それは人格の崩壊（統合の失調）という言葉で特徴づける方がずっと合っているだろう。その他の多くの脳疾患とまったく同様に、統合失調症に特徴的に見られる精神病的な言動がどういう原因で起きるのか、まだよくわかっていない。だから当然のことだが、今のところ、統合失調症を治すことはできないし、多くの場合できることと言えば、その病気で起こる症状を強力な薬でいろいろにコントロールすることぐらいしかなく、しかもその薬自体、しばしば不快な副作用を引き起こす。それでも、１９４０年代から１９５０年代にかけて、多くの犠牲者に施された脳外科手術よりはましだ（これについては次の章で詳しく述べる）。

統合失調症の臨床所見は非常にさまざまで、この病気にはいろんなタイプがあるのはほとんど間違いなく確かだ。よく見られる症状には、思考障害、妄想、思考挿入があり、これらはみんな、患者の現実感の知覚を乱してしまう。そして、かなり稀ではあるのだが、統合失調症の症状のひとつとして、患者がいろんな共感覚らしいものを感じていると訴える傾向がある。精神疾患の患者に共感覚が起こりうることを私が初めて知ったのは、頼まれて『タイムズ・ハイアー・エデュケーション・サプリメント』「訳注　TSLエデュケーション社が出している高等教育分野の情報マガジン」に『ヒューマン・ブレイン』という本の書評を書いていた時だ。この本の中で共感覚について簡単に論じられていて、共感覚は精神疾患の患者に見られることがある、と書いてあった。これを読んでバロン‐コーエンと私はとても興味を引かれた。というのも、精神疾患の患者の共感覚について書いた論文などに出会ったことがなかったからだ。それから何人か精神科医に会って直接意見を訊ねたが、感覚が混合されるという訴えが精神疾患の症状のひとつであると診断される場合があることは知っていると明言していた。でも、自分自身はそういう症例に出会ったことは全くない、とも言っていた。実際、公刊されている研究で精神障害に伴う共感覚を扱っている、私が見つけた唯一のものは、１９８８年に出された「共感覚と主要情動障害」という題の論文だけだ。これは共感覚を併発していると見られるうつ病の2症例について書いた短い論文で、両方ともとても短いので、ここに全文転載しておこう。

【症例1】

四十二歳の女性ＥＭは、精神科の既往はなく、出産後に病的な抑うつ状態に陥り、それが持続しているため来所した。検査中、患者は興奮し、うつ状態で、すすり泣いていた。身体疾患があるという妄想があり、赤ん坊の世話をめぐって罪悪感と無能感を抱いていた。また患者は無快感症、神経性食思不振症、早く目が覚めすぎて眠れない症状、日周リズムで症状が悪くなること、集中力の低下を訴えた。患者は五感が「みんな混ざってしまう」と言い、さまざまな共感覚を訴えた。たとえば嗅覚と味覚の共感覚で、「鼻で味を感じ」たり「口の中で匂いを感じ」たりした。また聴覚と味覚の共感覚もあり、「味が聞こえ」たりした。身体検査の結果は異常なし。初期治療として三環系抗鬱薬を投与し、続いて電気ショック療法を行ったが効果なし。後にフェネルジンが効果を示し、情動障害と知覚の混乱は共に解消した。一年後も良好な予後を保つ。

【症例2】

四十五歳の女性ＭＷは、精神科の既往はなく、自殺企図に伴い来所した。患者は抑うつ、刺激過敏、倦怠感、性欲減弱、集中力の低下、著しい体重減少を伴う神経性食思不振症、早朝に目が覚めてしまう症状を訴えた。患者は、「口」の中に頚部脊椎症からくる「痛み」を「味わう」という表現で共感覚を訴えた。最初、電気ショック療法およびチオリダジン投与により部分的に回復し、気分のいくらかの改善を見たが、共感覚、抑うつ的認知傾向、自律神経失調はそのままであった。アミトリプチリンを投与して数週間後には、情動変化も知覚変化も完全に緩解した。

いずれの症例も、共感覚は情動障害と不可分であったようだし、両方とも抗うつ剤の投与がうまくいくとともに共感覚もなくなった。この二つの症例で興味深いのは、患者が両方とも妄想を患ってはいなかったようであり、したがって患者が訴えた共感覚の内容は正真正銘のものだろうと考えられる点だ。共感覚が本当にあったのかどうか、体系的に検査されたのかどうかについては書かれていない。十中八九、患者にうつ状態について症状を訊ねた時、共感覚症状を訴えるのを書き留め、それをそのまま額面通り受け取ったものだろう。患者の共感覚が事実だったとして、報告された共感覚の種類（味‐匂い、味‐聴覚、味‐痛覚）が、大多数の特発性共感覚者のタイプ（聴覚‐視覚）と大きく異なっているのは興味深い。

もちろん、次のような可能性は大いにありうる。精神科医が診断のために、精神病患者に共感覚があるかどうか訊ねる、などということは滅多になく、精神病において共感覚が起こる割合は、実際よりも少なくしか報告されていない、という可能性だ。でも、たとえ精神病患者が、たとえば音を聞くと色が見える、とそう実際に告げたとしても、そういうことばを私たちはどう捉えるべきだろうか。この訴えが正しいかどうか捉えるのに何が難しいといって、少なくとも次の三つある可能性のうち、どの説明が正しいかを見分けることだろう。（1）患者は実際には妄想を持っている、（2）患者は自分の感覚を混乱している、（3）患者は本当に聴覚刺激に対して共感覚を感じている。科学的見地からすると、この難しさというのは、これら三つの可能性の中から正しいものを選択するための方法が、今のところはないことにある。でももしかしたら、機能画像法を使えば、少なくとも妄想と共感覚とを区別する手助けにはなるかもしれない。フリス教授が、神経画像法《ニューロイメージング》は、主観的な精神状態というものに対して客観的な証拠を示すことを目指す、有益な方法だ、という見方をしていたのを思い出してほしい。もし色聴を訴える精神病患者に、私たちがＰＥＴ研究で使ったのと同じ実験デザインで撮影を行うことができ、同じような脳活動パターンが見られたとしたら、この患者は確かに共感覚を感じている、と想定してもよい理由になるだろう。でも残念ながら、これだけでは決定的とは言えない。どうしてかというと、共感覚の中には、色聴ですらも、全く別の神経基盤によって起こっているものがあるかもしれないからだ。多分、薬物の乱用の結果起こる共感覚は、これに当たる。次にこれについて見てみよう。

薬物濫用による共感覚

幻覚剤を体内に入れると五感が混合する、というのはかなりよく聞かれる。とは言え違法なことだから、これについて信頼できるデータを見つけるのは難しい。最近、ドン・デグラシアという人がインターネットを通じて質問紙調査を行った（http://www.csp.org/practices/entheogens/docs/kundalini_survey.html）。これによると、幻覚剤を使ったことを認めた回答者合計62名のうち、45・9％が共感覚症状があったと報告した。明らかにもっとも多かった（90％以上）のは「音が見える」ものだった。さて、前の節で精神病患者について述べたのと全く同じように、こういった回答は注意して慎重に扱わなければならない。つまり、「本物の」共感覚と、共感覚のようなものを想像しただけである可能性とを区別するのが難しいからだ。ちょっとここで、次のことを検討してみよう。もし、ハシシ（第

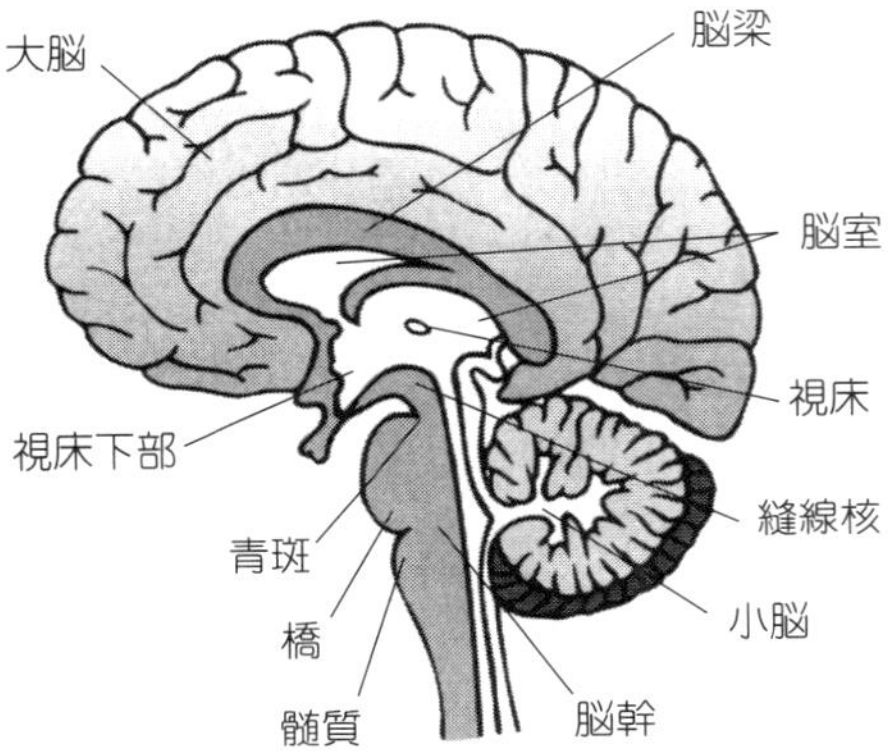

図 32　縫線核と青斑の脳内における位置。

5章の「いつも名前のあがる人物」のとくにボードレール参照）や、ＬＳＤや、その他の幻覚剤が、本当に色聴を引き起こすのだとして、それが私たちの特発性共感覚の理解に一体どんなふうに役立つだろう。ＬＳＤのような物質が脳にどのような影響を与えるのかについてはほとんどわかっていないが、最も信頼できる証拠から、縫《ほう》線核《せんかく》と青斑《せいはん》の神経細胞の中のセロトニンという物質の働きを邪魔するらしい（図32）。

　さて、縫線核と青斑は両方とも、脳のいろんなたくさんの部位に強く結びついていて、その中には大脳皮質の重要な部位も含まれている。最近のＰＥＴを使った研究によれば、ＬＳＤの影響で活動する主な脳部位は、私たちのＰＥＴ研究で活動が見られた部位とは違っているようだった。ということは、薬物使用の結果として起こる色聴現象に関わる神経基盤は、特発性共感覚の神経基盤と同じではない、ということになる。確かに、この二種類の共感覚に何か類似性を期待できると考える理由は全くない。というのも、幻覚剤の使用者と共感覚者とで、自分の感覚について述べている内容は、結局のところ、かなり大きく違っているのだ。

この章ではここまでいろいろなことが出てきたが、これらは私たちが研究してきたタイプの共感覚を説明する理論を検討していく上でも重要な事柄だ。共感覚にもいろんな種類があったけれども、ここではっきりしたことは、すべてのタイプの共感覚を説明するような唯一の理論があるなんて考える必要は、必ずしもない、ということだ。ここまでの部分で、少なくともひとりはそういう「唯一の理論」を追求していたけれども。次の節では、共感覚について説明を試みているさまざまな学説を調べてみよう。

なぜ共感覚が起こるか

過去二百年以上にわたって、共感覚の原因について説明しようと数々の仮説が考え出されてきた。ここでそれらを論じる前に、マークスは神経生物学的な側面を否定していたということに注意を喚起しておきたい。マークスの立場は、マークスが執筆活動をしていた時代に即して考えるべきで、次の節を読めばわかるように、最近の数々の知見からは、共感覚には神経生物学的な原因があると考えるのがもっともと思われることが示されている。まず、私たちにとっては帰無仮説とも呼ぶべき理論から始めよう。共感覚は、無意識のうちに身につけてしまった、単語や音と色との連合だ、という考えだ。

1　学習された連合

この説について書かれた最も古い文献のひとつは、１８９３年のカルキンズによる論文だ。色聴を訴える人々は、無意識に色と音ないし単語とを結びつける連合を学習してしまったのだ、という見方をしている。つまりカルキンズや、その他の一群の研究者の見方では、単に連合の学習だけが起こっている、というのだ。そしてその連合がいつ起こったかについては本人は気づかないままでいる、というわけだ。この理論の本質は、優れた神経学者であるマクドナルド・クリッチリーの次の文によく言い表されている。

（この説では）色聴は心的連合の鎖《くさり》の産物であると考えている。その鎖が作られた時の記憶はしばしば失われてしまっている。したがって、トランペットの爆音が赤いフォティズムを呼び起こすという、よくある話は、その音がある人々の心に即座に行軍中の兵隊の映像を呼び覚ます、といったことに由来しうるであろう。通常、兵士たちは制服を着用しているものである。これは緋色の映像を喚起する。この概念を成立させた中間部分の記憶が埋もれてしまっても、トランペットの召集音と赤い色との共感覚的な結びつきはそのままに残されるのである。

似たような説明によって理解しようとしている人は他にもいて、私たちが面接した共感覚者の中にもそう言う人がいた。よくある説明は、共感覚者は子どもの頃、色のついた文字の書いてある本を与えられ、そのため意識的にか無意識的にか、文字と色との連合を学習してしまったのだ、というものだ。でもこういった考えとは裏腹に、共感覚者たちは通常、これら特定の色の連合を学習したときのことを思い出すことができない。それに多くの共感覚者で、連続した文字に同じ色の異なった色合いが結びついている、というのも見逃せない。私たちが調べたところ、色つきアルファベット絵本で文字の色をこのようなパターンに塗るのは稀で、普通は隣り合った文字はお互いに全く異なる色にすることが多い。それから、もしこの説が正しいなら、同じ家族のメンバーなら似たような文字と色の連合の「もと」にさらされているはずだから、同じ家族のきょうだいとか親子では、色と文字の対応に何か類似性が見られるだろうと予測してもよいはずだ。ところが、色とアルファベットの対応は、たとえ双生児の場合ですらも、ひとりひとりとても違っているのがわかった。もし連合学習による説明が共感覚を説明するのに十分なものならば、家族の中で色と文字の対応にあまり類似性がないというのは驚きだ。単純な連合で説明することの難点は他にもたくさんあり、たとえば文字と色との連合を、故意に、あるいは偶然に、学習してしまった、ということをちゃんと承知していて、それを思い出すことができるという共感覚者に出会ったことが、私たちには一度もない。でも多分説明するのが最も難しいことと言ったら、共感覚者に見られる女性と男性の割合だ。もし色聴の共感覚がすべて学習された連合で説明可能だというなら、どうして女性の方がそんなにもたくさんそういう連合を形成するのだろうか。共感覚は学習された連合に基づく、という理論は、こういった不都合を説明するのに十分な解釈をしていない、と結論するのが無難なようだ。

2　感覚漏洩理論

脳損傷患者で共感覚のようなものが起こるという研究で、その著者たちはしばしばしまいには、フォティズムや共感覚は複数の感覚の間の漏れが原因だと言わざるを得なくなる。似たような説明はおおむね、特発性共感覚を説明するのにも用いることができる。そこで、この理論についてもう少し詳しく調べてみよう。

　色聴の共感覚に即して言えば、要するにこの理論では、聴覚情報が、通常は視覚情報を扱っている脳内部位や脳内経路に「漏れて」しまう、と言っているわけだ。この漏れやすくなっている配管部位としては、たくさんの候補があげられている。ジェイコブズらは外側膝状体《がいそくしつじょうたい》がその神経部位の候補のひとつではないかとしている。視床の一部で、「脳の電話交換台」と言われている部位だ。でもジェイコブズらは他にも「視覚経路と聴覚経路が構造的に近接して通っている脳内部位はたくさん」あることを認めている。他の候補には、薬物による共感覚のところで述べた縫線核や、視神経の損傷例のところで出てきた視覚経路の前方部がある。

　異なった感覚モダリティ情報のための器官どうしの間に漏れがありうる、ということを示す証拠はほとんどなく、ジェイコブズらの理論の旗色は悪い。でも、最近の研究では、必ずしも漏れを仮定する必要はないのではないかということが示されている。脳のある部位には、複数の感覚モダリティからの刺激に反応する能力がある、一群の神経細胞のかたまりを見つけ出すことができる、というのだ。たとえばグラツィアーノらによる１９９４年に行われた研究では、運動前野皮質《うんどうぜんやひしつ》の腹側《ふくそく》部位にある１４０個以上の神経細胞の活動を記録した。これらの神経細胞のうち約30％は二つのモダリティに反応していて、視覚刺激と身体感覚刺激を別々に、あるいは同時に与えても発火することがわかった。

　二つのモダリティに反応する神経細胞が存在するということは、こういった神経細胞の発火に対して、他の脳部位では複数の解釈がなされる可能性があるということになる。おそらく普通の状況では、求心性［訳注　末梢から中枢へ向かっていく方向］の感覚情報を扱っている脳部位では、その情報の詳しい「情報源」を規定する働きがあるのだろう。ところがハリガンらが最近指摘しているように、通常の脳機能がおかしくなった場合、情報の性質について他の情報源を参照する経路が失われてしまう可能性がある。ハリガンらの論文で報告されている患者ＤＮは、その種の障害を示す一例であるらしい。患者は脳損傷の結果、片側感覚消失になり、左半身になされる触覚刺激を感じとることができない。ところが、刺激が与えられるところを見ているのを許される条件では、患者は触れられているという感覚がある、と報告する。ハリガンの理論がＤＮの状態について正しく説明していることがもし判明したら、この理論は、情報がすべて揃っているというわけにはいかない場合、脳がどのようにして、入力された感覚刺激を意味あるものとして解釈しようとしているのかを示す、一例となっていることになる。この考え方は前にも出てきた。特に、夢がどのように成立するのかについて述べたところで。ハリガンの患者も、不完全な、あるいは曖昧な情報を意味づけようとしているのだというように見える。

3　シトーウィックの共感覚理論

おそらく最も賛否両論を呼ぶ共感覚理論は、最近シトーウィックが提案した説だろう（１９９３年）。シトーウィックは、共感覚が起こるのは「脳の一部が他の脳部位と切り離され、……辺縁系の正常な働きが解き放たれてしまい、意識にさらされ、そうして共感覚が経験される」（原書１６３ページ）

という仕組みからだと考えている。片頭痛でも似たようなことがあり、いずれにおいても、ある刺激によって脳の部分的な代謝バランスが調整される、という概念が基礎にある。シトーウィックは次のように類推している。共感覚も（ある種の）片頭痛も何らかの刺激によって喚起されるのであり、その結果として、ちょうど片頭痛を引き起こす刺激が代謝や血液循環の変化を引き起こすのと同様に、共感覚の場合も刺激がそのような働きをするのだ、と。辺縁系が関わっている証拠としてシトーウィックがあげている主な根拠は、ＭＷの脳の部分脳血流をゼノン１３３を用いたＳＰＥＣＴで調べた結果、「皮質の驚くべき沈黙」を観察したことだ。残念ながら、ゼノン１３３を用いたＳＰＥＣＴでは、辺縁系のような脳の深部構造を撮影するのは困難で、辺縁系の関与を直接的に証明するためには、脳のこの部位の血流が変化していることを直接示す証拠が必要だ。残念ながら、シトーウィックが対象としている他の共感覚者の脳画像データは公表されていない。シトーウィックが調べている共感覚者の中に、ＭＷで観察されたのと同じような脳血流の特徴を示す人が他にもいるのかどうか、知りたいところだ。

シトーウィックにとっては、共感覚という現象の衝撃があまりにも大きいため、現在通用している脳機能理論を共感覚者のデータに当てはめる代わりに、むしろ共感覚者のデータに当てはまるよう、脳機能理論の方を変更するべきだ、と言っていることになる。確かに、現在通用している脳機能理論ではおそらく不十分なのだ、という見解には、ある種の共感を抱かざるを得ない。とは言っても、脳の働き方に関するシトーウィックの革新的な新理論を支持するような、説得力のある証拠は存在していない。［訳注　２００４年９月、シトーウィック氏来日時に聞いたところ、自分の理論はこの時点とは変わった、ということである。」

4　グロッセンバッハーの理論

もう少し保守的な神経科学に戻って、最近、別の説明が、ペーター・グロッセンバッハーのグループによって提案された。この理論の概略は、雑誌『ディスカバー』の１９９９年12月号に載っている共感覚についての記事の中に見られる。

グロッセンバッハーによれば、共感覚者は感覚経路における「逆向きに送り込む」働きが異常なほど強いのだという。グロッセンバッハーが指摘しているように、ヒトの脳は感覚が入力すると、その情報はまず単一の感覚領域から来た感覚情報を扱う皮質モジュールに入り、それから複数感覚を扱う領域へと運ばれていくように組織されている。その複数感覚を扱う領域というのは、さまざまな感覚モダリティからやってきた感覚情報を組み合わせることによって、ある感覚モダリティからきた感覚情報と別の感覚モダリティから来た情報との対応作業がうまく実行されるようにする（つまり、見たことしかないものを手で触わって取り上げるなど）。単一の感覚を扱う脳領域と、複数の感覚を扱う脳領域とは、双方向に連絡している。ただほとんどの人では、複数の感覚を扱う領域から単一の感覚を扱う領域へ、という方向へ進む働きは抑制されている。この抑制が弱まったり、ないしは消えてしまったりすると、共感覚が起こるのだ、というのがグロッセンバッハーの仮説だ。これも前と同じで、この理論を証明する直接の証拠を手に入れるのは難しい。グロッセンバッハー自身は、私たちのＰＥＴ研究の結果に複数の感覚を扱う領域の活動が示されているじゃないか、と言っているが。グロッセンバッハーはまた、共感覚は新生児期に存在した脳内経路が残されているために起こる、という理論には論理的に矛盾がある、と提議している。「もしLSDやメスカリンを十分なだけ摂取すれば、たいてい誰でも共感覚を体験するはずだ……これらの人々の脳の中に、新しい結合経路ができるわけではないことは明らかである。われわれみんながもともと持っている結合経路が使われているのだが、ただ新しい方法で使われているのである」という。この説は、特発性共感覚と薬物による共感覚とが同じ神経基盤に基づいていることを前提としている。ところがこれまでの証拠からは、この二つが全く異なっていることが示されている。

5 環境によって方向づけられた脳の成熟

前の章で、アポトーシス、つまりあらかじめプログラムされた細胞死の概念が出てきた。この反対に、あまり使われなかった結果として細胞死が起こるという概念がある。ここで述べようとする共感覚理論の基礎になっている事柄は、ちょっと説明が必要だ。次にしばらくこれについて述べよう。

【生きる時、死する時】

第1章で、共感覚は、新生児の時に脳の聴覚野と視覚野の間にあった神経経路が大人になっても残っていることによって起こる、という理論について論じた。第7章ではこれを遺伝子に結びつけて、共感覚者は遺伝子の影響で、普通なら起こるはずのアポトーシスが起こらなかったのかもしれない、という可能性について考えた。その結果として、共感覚者でない人では感覚間の機能分化が起こるところを、共感覚者では感覚モダリティの融合となってしまうのかもしれない。こういったタイプのアポトーシスは、たいていの場合、遺伝子配列の中に命令が組み込まれていて、あらかじめ定められた化学信号によって起こる。つまり、生物という有機体それ自体の構造としてある、最も重要な仕組みだ。プログラムされた細胞死は、脳以外のところではありふれた現象で、たとえば胎児が発達していく過程で、手や足の指は、指の間の組織が自発的に崩壊していくことによって形作られる。月経中には子宮の内膜が、プログラムされた細胞死の結果、はがれ落ちていく。一方、細胞は、他の細胞から十分な刺激を受け取らないと自殺する、というのも明らかだ。脳機能において、この一見逆説的な現象は実に大きな意味があって、脳がどのようにして情報処理を学習するのかに関する数々の理論に影響を与えてきた。「遺伝か環境か」の論争を仲裁する潜在力がある考え方なのだ。

【ヴァイオリンを弾くノーベル賞神経科学者】

ジェラルド・エーデルマン教授（１９２９－）は優れたプロのバイオリニストになる才能があったのに、代わりに臨床医学研究にエネルギーを注ぐことに決めた。１９７２年にノーベル医学・生理学賞を受賞したから、その選択は間違っていなかったのかもしれない。興味深いことに、ノーベル賞はエーデルマンの免疫学における業績に与えられた。一般にそれ以前の免疫学では、感染症にかかって私たちの体の中に抗原が侵入してくると、とあるひとつの特殊細胞、すなわちリンパ球に出迎えられるのだと考えられていた。このリンパ球は、侵入者を捜し出して撃退する働きをもっている。謎だったのは、どのような仕組みでたったひとつの細胞がいろんな種類の侵入者に対して免疫反応を起こすことができるのか、ということだった。エーデルマンの貢献は、実際には身体は、柔軟性のある単一のリンパ球ではなくて、何百万もの異なったリンパ球をランダムに生成しているのだ、ということを示したことにあった。侵入してきた有機体が免疫反応システムを刺激すると、これらのリンパ球は侵入者をやっつける栄誉をめぐって競争する。それに成功したリンパ球が選ばれて、次の侵入に備えて体内に製造される。

違う分野の専門家なのに、脳機能に興味をひかれる科学者というのはとても多いらしく、エーデルマンもその良い例だ。エーデルマンの場合、脳機能に関心を持った理由は、免疫学に見られた選抜原理は脳へも拡張できる、と考えたからではないかと思う。

【神経のダーウィン主義《ニューラル・ダーウィニズム》】

自然淘汰に似た原理が、免疫反応という体内の小さなシステムでも働いているのを見いだしたことで、エーデルマンは、赤ちゃんの脳はいろんな方向に発達していく潜在能力を持って生まれてくるんじゃないか、という可能性を考えるようになったのだと思う。ちょうど、侵入してきた抗原が最もピッタリなリンパ球を選び出すのと同じように、入力してきた感覚情報は、小さなネットワークを形成している神経細胞間の結合パターンの中から特定のものを選び出すのかもしれない。その結果、結合パターンのうちのあるものは生き残り、別のものは死ぬ運命となるわけだ。ここで重要なことは、エーデルマンの見解は、これまでのところ証明されてはいないということだ。それでも、脳がどのようにして発達するのかについて、直感に訴える説明を与えてくれる。それに、両極端に対立している遺伝‐環境論争にもうまく折り合いをつけられるかもしれない。つまり、エーデルマンの見方に従えば、遺伝的に決定された組織の構造に環境が彫刻する、ということになる。この考え方は、遺伝的素因が必ずしも「既成事実」ではないことを思い出させてくれるのにも役立つ。私たちの表現型は、遺伝子型と経験との間の相互作用によって形成されるのだ。さらに、この「神経のダーウィン主義」理論はまた、生まれたての脳で、なぜそんなにもたくさんのプログラムされた細胞死が起こらなければならないのかについても、うまく説明してくれる。つまり、有効な入力を受け取った細胞は選ばれて生き残る一方、わずかな入力しか受け取らなかった細胞は死ぬことになる、というわけだ。最近の研究によれば、プログラムされた細胞死は説明の一部でしかないことがわかった。経験は脳の構造と機能の関係に、もっと広範な影響を与えているということを示す証拠が集まってきている。次にこれについて見てみよう。

【使うか、さもなければ失うか】

今では、環境要因が特定の神経結合を選択的に強化することによって、脳の構造を形作っている、という考えを支持する研究結果がとてもたくさんある。ここにもノーベル賞を受賞した研究があって、今度はデイビッド・ヒューベル（１９２６‐）とトーステン・ウィーゼル（１９２４‐）で、経験が脳の構造を形成する主要な役割を担っていることを示した。二人の研究によって、視覚皮質にある別々な種類の細胞が、特定の形や大きさ、色、線の強度に反応するということがわかった。さらに、これらの細胞は別の細胞に情報を送り、そこでは個々の断片情報をまとめてひとつの映像にしていることを発見した。もう少し詳しく説明すると、ある細胞の配列はある特定の角度の直線だけに反応し、別の細胞の配列はまた別の角度の直線だけに反応している。こういった直線を検出する細胞配列が基礎単位となって、曲線や弧を作るのにいくつか直線を組み合わせたりして、複雑な映像を作り出している。そうして、動物がある特定の感受性の高い時期に視覚刺激をまったく与えられないと、視覚皮質のいろんな部位に著しい変化が起こるようなのだ。共感覚の原因としてどんな可能性があるか考える上で、この研究の何が重要かと言えば、脳が比較的「柔軟」なうちに与えられた初期の視覚経験が、いかに永続的な影響を神経構造に与えうるかを示している点だ。

共感覚者の脳は、今見てきたことからすると、環境要因によって「形成された」のかもしれない。そういうことが起こるのがどんな環境なのかについては推測するしかないが、最近、フランシス・クリックが、それが起こりうる状況について仮説を述べている。後に共感覚者であることが検査で明らかになるような人というのは、新生児のときに、色のついた文字を遊び道具として与えられた人々なのではないか、というのだ。文字と色との連合が脳に「配線」されてしまい、成長してからも文字を見るだけで色の感覚を引き起こすのに十分なほどになってしまったのではないか、という仮説だ。

この共感覚理論は、表面的には、前の方で考えた連合学習説とほとんど共通しているように見えるが、本質的な違いがある。確かにどちらの理論も、共感覚は環境が仲立ちするメカニズムの結果であると見ているが、だからといって両者は必ずしも同じではない。学習された連合の方は、脳の聴覚野と視覚野の間に直接的な結合を必ずしも必要としない。この種の連合は意味のレベルで形成され、そのため記憶痕跡として、おそらくは側頭葉皮質のどこかに貯蔵されるのだろう。これに対して、環境によって形成された神経経路の方は、脳の聴覚野と視覚野の間に直接の結合を必要とする。つまり、確かに連合というのは脳に貯蔵されるが、学習された連合に関わるのはむしろ出来事の記憶に関わる脳部位であって、聴覚野と視覚野に配線された直接的結合というわけではない、ということだ。もうちょっと違う言い方をしてみる。前章でみた遺伝理論では、共感覚者になることが生物学的に決まっている人だけが共感覚を持つようになる、と考えている。これに対して、共感覚は環境によって形成されるという理論によれば、私たちみんなの中に、実は今も共感覚者のままでいる潜在的可能性があるかもしれないということになる。正しいトレーニングをすれば、私たちみんなが鮮やかな共感覚を持つことができるかもしれない、というわくわくするような可能性があるとすると、実は私たちはみんな、程度の違いはあれ、多少は共感覚を感じているのかもしれない。そういう意味では私たちはみんな、共感覚者でありうるんだ、ということになる。次に説明する理論では、この可能性について考えている。

6　量的なのか、それとも質的なのか

多くの科学分野でしばしば論争になるのは、ある出来事、もの、人、あるいは病気などが、はっきりと基準とは「異なって」いるのか、それとも単に程度の違いに過ぎないのか、ということだ。普通、前者のタイプの違いは質的な違いと呼ばれ、後者のタイプは量的な違いと呼ばれる。同じような論争が共感覚の論者の間にもある。量的な違いだと主張している論者は、普通の人でもよく感覚モダリティの違うもの、特に聴覚と視覚とを積極的に組み合わせたがることを指摘する。ローレンス・マーク

ス教授はこういったことを調べる実験をたくさん行って、普通の実験参加者が驚くほど一貫して１０００ヘルツの音と明るい白光とを組み合わせるのを示した。それからまたそれらの実験参加者が、音の大きさ、音程、明るさといった尺度を使って、聴覚・視覚のメタファーを評定する際にも、やはり著しい類似性があるのを示した。実験参加者の判断には注目すべき一致が観察され、たとえば全員が「日光」は「輝き」よりも音が大きく、「輝き」は「月光」よりも音が大きいとした。

　マークスが聴覚と視覚の判断は互いに影響し合うことを示したのと同様に、ツェルナーとカウツは１９９０年に、匂い知覚の強さは匂いを嗅いだ物質の色の影響を受けることを報告した。この色の効果は、条件づけられた連合のためか、ないしは「感覚の間に残っている神経結合の結果」起こっているのではないか、とツェルナーとカウツは考察している。最初の仮説に関しては、透明で色のついていない溶液はたいてい無臭で、色のついた溶液はたいてい匂いがするだろうと思われていることが多いことを指摘している。実際、このような思い込みはかなり強く、ツェルナーとカウツの実験参加者は、実際には同じ強さの匂いをつけてある無色の溶液と着色した溶液の匂いを判断するよう求められて、実際には匂いの強さは同じだ、と明かされても、頑として信じようとはしなかったほどだった。また匂いと色との対応は直接の神経結合による、という仮説の方は、明らかに、私たち自身のも含めた他の共感覚理論と共通する部分が大きい。

　それでは、共感覚者は根本から別人種なのだろうか、それとも単に程度の差にすぎないのだろうか？　可能性のひとつとして、共感覚がないと見なされる人でも、実際には軽度の共感覚を持っている、つまり、マークスの実験やツェルナーとカウツの実験で確かめられたぐらいの感覚モダリティ間の連合を作り出せるくらいには十分なほどの、軽度のものは持っている、ということはありうる。医学には軽症型ないし不完全型という用語があるが、とても軽度なので通常の検査では検出されず、そのため病気だとも診断されないような最小限の病状のことを指している。それで可能性のひとつとして、私たちすべてが軽症型の共感覚で、だから共感覚者とは質的に違うわけではなく、単に量的に違うだけだ、ということがありうる。でも、注意しておきたいのだが、共感覚がすべての普通の人にも見られるのかどうか調べようとデザインされた研究には、共通して次のような問題がある。これは、「大量に共感覚を持っている人（共感覚者）」を調べる場合にも当てはまる問題だ。普通の実験参加者が明るい視覚対象と甲高い音の間の関係について、みんな似たような判断をしたがるというのが、文化の間に受け継がれているメタファーを学習した結果なのか、それとも軽症型の共感覚のせいなのか、絶対の確信を持って区別することはできない。

すべてを統合する学説は？

ローレンス・マークスは１９７５年の論文に、「ありとあらゆる形式の共感覚を」説明しようと仮説を立てるのでは不適当だと思われる、と書いた。私もそれに同意したいと思う。でも多分、混乱の理由のひとつは、共感覚という言葉がしまりなくいろいろな現象に使われていることだろう。たとえば、現在、共感覚という言葉は、視覚経路の損傷の結果フォティズムを思うようになった人々の知覚や、薬物使用の結果幻覚のある人の知覚にも使われている。これほどいろんな形態があるものにうまく当てはまるような、ただ一つの学説など、ありそうにもない。共感覚という用語はさらに、メタファーとした方がよりよくその現象の性質を捉えられるのではないか、という場合にまで使われるに及んでいる。それに、シトーウィックが「形を味わう人」とした共感覚についての説明を使って、色聴をも十分に説明することができるだろうとは、ほとんど期待できそうにない。

共感覚の原因についてのいろいろな理論を詳しく書いてくるうちに、これらの理論は必ずしもお互いに排除し合うものではない、と思うようになった。ほとんどの神経科学研究が暗黙の前提にしている考えがあって、人間の行動を完全に理解するためには、機能レベルと構造レベルの両方について説明するような理論が要求される、という考えだ。というわけで、第1章の科学の階層の話に戻る。ある同じ概念に関する理論を、しばしば全く異なる分野の言葉で言い換えることができる、という話だ。だから、ここで見たたくさんの理論は見かけ上は異なって見えるけれど、その専門領域にふさわしい言葉を使って説明を与えているだけで、共感覚の理論モデルとしてそれほど競合しているものではないのだ。

第9章

ロマン派の神経学からＩＳＡへ

この十年あまり、共感覚の研究は大いに進展して、古い文献に見られる注釈や仮説の多くが検証され、その多くが本当であることがわかった。この共感覚に対する関心のルネサンス（復興）の結果、今では世界中にいくつか研究グループがあって、共感覚やそれに関連した状態について調べている。この最終章ではそのような現在行われている研究のいくつかについて論じる。共感覚への関心が高まってくれるのはありがたいことだと思う。共感覚にはまだ説明を要することがたくさんあるのだから。この最後の章で、そういったさらなる研究を要する事柄について、いくつかまとめる。特にある事柄については、とてもたくさんの紙数を割こう。それは、十年以上もの間、考え続け、研究してきた私でも、いまだにわからないこと。単純なことだ——共感覚を持っているというのは、どんな感じな

［訳注］本章のタイトルにある「ＩＳＡ」が何を指すかは明記されていないが、著者によれば、謝辞にある「国際共感覚協会（International Synaesthesia Association）」のことである。

んだろう？　これらについて始める前に、共感覚について今ではわかっていることについて振り返り、まとめてみよう。

ここまでのあらすじ……

共感覚について現在行われている研究を検討する前に、前の八つの章で見いだされた研究結果を簡単に振り返ろう。

1　共感覚者は言葉に対応する色について、全く同じ表現を繰り返し再現できる。統制群の実験参加者は、単純な単語と色との組み合わせを覚えて再現する課題で、記憶イメージを使うようにという指示までされていたのに、共感覚者の方が成績がよかったのは確実であることがわかっている。

2　ゴールトンが推測した通り、共感覚は家系内を遺伝するらしい。ただし私たちの研究によれば、ほとんど例外がないほど女性に多い特性であるようだ。これまでに集めた家系からは、X染色体上の優性遺伝であることが推測され、またおそらく男児に致死性がある。共感覚は最低でも2000人に1人の割合で起こるようである。

3　共感覚者は確実に次のように断言する。

a　いつも共感覚を持ち続けている。

ｂ　色と単語の対応関係は一定で変わらない。

ｃ　笑い者にされるのを恐れ、他人には共感覚のことを話さない傾向がある。

4　色聴の共感覚者は、目隠しされていて視覚入力がない状態であっても、色の情報処理に関与している脳部位の部分脳血流（ｒＣＢＦ）が顕著に増大する。

5　認知テストの成績、ライフスタイル、職業、社会階層などにおいては、共感覚を持っている人はとくに他と変わったところはないようである。

6　ある種の「単純な」共感覚が、神経学的ないし精神的な疾患の結果として起こりうる。しかし、私たちや他の研究グループが研究している共感覚者の大部分には、いかなる脳疾患もない。

7　また単純な共感覚は、ＬＳＤのような幻覚誘発性物質の使用者にも時として起こることがある。

以上は私たちのグループの研究結果を簡単にまとめたものだが、他の研究グループではどうなのだろうか。この章の最初の部分で触れたように、共感覚は今複数のグループで研究されている。最近、そのうちのひとつが脳波（ＥＥＧ）を使った実験結果について報告している。

さらなる電気生理学

エリザベス・スチュアート‐ジョーンズさんがうちの精神医学研究所に来たとき、脳の電気活動を計測したのを覚えているだろう。この検査の目的は、脳波の技術を臨床医学的に応用して、なにか異常な所見が見られるかどうか調べることだった。でも、こういった電気生理学［訳注　生体の電気現象について調べる研究分野。脳波の他、心電図や筋電図、脳磁図なども含まれる］を学問的な目的に用いることもできて、最近、ハノーヴァーのグループが、色のついた文字の処理について、共感覚者とそうでない人とを比べた脳波研究を報告している。図4に示されているのと同じ10から20の電極を使い、実験参加者には文字の系列を提示して、ある特定の文字や数字が出てくるかどうか見ているよう言った。実験参加者はターゲットとなる文字や数字が見えたらボタンを押すよう指示された。ハノーヴァーの研究グループはいろいろな場所から脳波を記録したが、特に前頭葉で起こるであろう活動に関心を持っていた。私たちのＰＥＴ研究で観察された脳活動部位のひとつにも、右前頭前野《みぎぜんとうぜんや》皮質《ひしつ》の一部があった。この脳活動の解釈としては、色がついているという特徴も持っているような単語が聞こえてくるのを取り扱わなければならないために、共感覚者ではより注意が高まることに関係があるのではないか、とした。言い換えれば、共感覚者は、単語の処理をするのに余計な視覚処理をしなければならず、より集中力が必要なのかもしれない、ということだ。だが、この前頭前野の活動は注意の集中で確かに説明できるのだ、という考えは、実は厳密な根拠があってのものではなかった。まず強調しておきたいが、この解釈は、先行研究の結果に基づく、合理的な解釈ではある。でも、この推測を支持するような直接の証拠は何もない。その理由のひとつは、前頭葉の役割を厳密に説明するのがとても難しいからだ。ほとんどの脳部位の役割についてはかなり十分なことがわかっていて、大部分で、同じ部位ならば多くの人々において同じ機能を果たしているだろう、と比較的自信を持っていられる。でも前頭葉に関しては、その根拠についてあまり自信を持てないのだ。それは時として、前頭葉に損傷のある患者さんについて、その患者さんが被っている認知障害を正確に明記することができないときに、「前頭葉的」という表現を使ったりするほどだ。前頭葉が認知機能に果たしている役割は、現在、神経心理学が取り組んでいる最も挑戦的な課題と見なすことができる。次の節でこの挑戦についていくつか検討し、どうして前頭葉がそのような謎として残されてきたのか、その理由について論じよう。

前頭葉は何をしているのか

これについては大きく意見がわかれている。外科医の中には、その唯一の機能は額を持ち上げることだけだ、と考えたがる人がいる。この考えは、かつて前頭葉を傷つけたり取り除いたりする手術があったという事実に基づいているのかもしれない。悪名高き、ロボトミー処置だ。この手術は前頭葉白質切断術とも呼ばれ、ポルトガルの神経学者アントニオ・エガス・モニスによって広められた。モニスは、攻撃的・暴力的な行動を鎮める方法としてこの処置を導入し、手術は大変効果があったので、１９４９年、ノーベル医学生理学賞を受賞した。ところがちょうどその頃、臨床医たちは、この処置を受けた患者の多くが極端に受動的になり、時として活発さを失って自発性が著しく減少するのに気づくようになった。

　ロボトミー処置は「洗練」されて、１９４０年代後半には前頭葉への神経繊維束を切ってしまうまでになった。今でも謎であり続けていることがあって、こういう処置をしても、行動や知性に及ぼされる影響は比較的穏やかであるように見えたのだ。残念ながら、ロボトミーの影響についてのきちんとした検査はほとんど行われなかったから、この処置が本当に認知機能に無害であったのかどうか知るのは難しい。実際、そんな処置をしたら、前頭葉に神経基盤があるいくつかの認知能力に危険が及ぶ可能性があることが、今ではわかっている。１９５０年代に抗精神病薬が偶然発見され、このロボトミーという仕方での精神外科は患者を扱う処置としての威信を失墜した。

前頭葉に特異的な機能については、神経科学の最善の努力をもってしても混乱したままだ。何が難しいといって、二人の患者の前頭葉に見たところ似たような損傷があっても、その認知機能への影響はひどく異なっていることがありうる。その違いはあまりにも大きくて、時として小さな、一見したところ大したことはなさそうな損傷が、非常に大きな心理学的障害を引き起こすことがある一方で、前頭葉全体がなくても、認知障害が全くないか、あったとしても小さなものにとどまる場合もある。前頭葉損傷後に行動が大きく変化した事例として卓越しているものがある。フィニアス・ゲージの物語で、その病歴はおそらく神経科学で最もよく知られているだろう。

それに触らないで……

フィニアス・ゲージは鉄道建設団の現場主任で、ラットランド・アンド・バーリントン鉄道で働いていた。そして誰に聞いても、とても頭がよく、知的で、模範的な従業員だという評判だった。不運なことに、１８４８年9月13日のこと、フィニアスが火薬を充填する鉄の棒（図33）を取り付けていたところ、自分で詰めた弾薬が突然暴発し、充填棒が吹き飛ばされて頭部を突き抜けた。

ゲージを診察した医師、ジョン・ハーロウ（1819-1907）博士が描いたゲージの頭蓋骨のスケッチ（図34）を見ると、ゲージの脳に加えられた打撃の実態がよくわかる。驚いたことに、その事故でゲージは気を失うことすらなかったようだ。充填棒は左の頬の下から入って、左前頭部位を破壊し、頭のてっぺんから出ていき、さらに30ヤード（約27メートル強）も優に飛んでいく力で突き抜けたはずなのに。

図 33　充填棒の展示。フィニアス・ゲージの頭を貫通した充填棒。この鉄の棒は3フィート7インチ（約1.1メートル）の長さ，13.5ポンド（約6.1キログラム）の重さで，直径は一方の端が1.25インチ（約3.2センチ），反対側の端では約1フィート（約30センチ）をかけて徐々に細くなり，先端は0.25インチ（約6ミリ）であった。

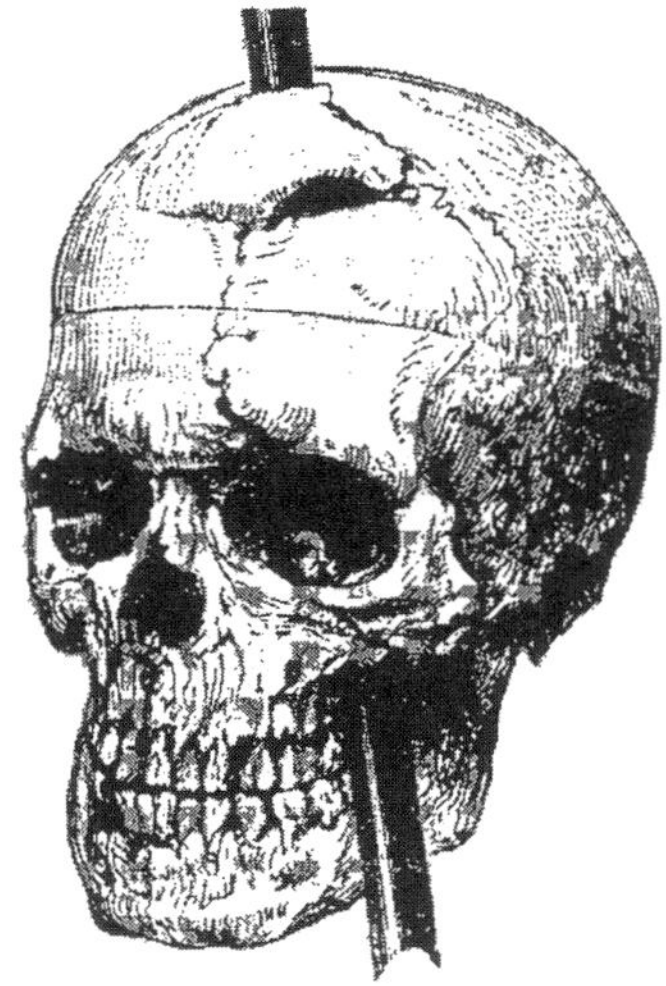

図 34　ハーロウによるゲージの頭蓋骨のスケッチ。このスケッチはゲージを診察したジョン・ハーロウ博士によって描かれ，図33の充填棒がゲージの頭蓋骨を貫通した軌跡を示している。

少し休むと、フィニアスは主任の仕事に戻れるくらい十分に体が回復した。でも残念ながら、雇い主たちは、ゲージにはもはや責任を果たす能力がないと見なした。認知能力が壊滅的に減退したから、ではなくて、ゲージには著しい人格上の変化が起こっていたのだ。どうやら脳の損傷はフィニアスを無礼で不敬な人物に変えてしまい、またイライラして強情になり、工事日程を最後までやり通すことはどうやら不可能になってしまった。ゲージの友人の言葉を借りれば、彼はもはやゲージではなかった。このフィニアス・ゲージの事例からすると、左前頭葉前部の損傷により、人格上の変化が常に起こるものだ、と考えたくなる。あいにく、必ずしもそうだとは限らない。しばしば患者はかなり大量に前頭葉を切除される場合があるが、それでも見たところほとんど悪影響を被らない。ところが別の場合には、一見わずかな病変が、大幅な認知機能不全を引き起こしうるのだ。

でも、前頭葉って必要？

神経科学に携わってきて、脳のことを知れば知るほど、機能の局在を証明するのがかえってより難しくなってしまうような、いろんなケースに遭遇してきた。たとえば後頭葉の損傷は、その認知的障害についてかなり予想しやすい。それに対して前頭葉部位への損傷は、その認知機能に及ぼす結果はかなり予想しにくいのだ。私はよく、私の最初の「前頭葉」患者を思い出す。とても感じのいい、バーミンガムから来た三十歳の女性で、あいにく、前頭葉を圧迫する腫瘍が少しずつ大きくなっていた。この治療のために脳外科手術を受けて、左前頭葉の先端5・5センチが切除された。手術は成功で、私は手術の三日後に徹底的な神経心理学検査を実施する手配をした。前頭葉損傷の影響を受けやすいことが過去に示されている、途方もなく大量の検査を準備して、時々休憩を入れながら、何時間もかけてその女性の検査を行った。ところが驚いたことに、どの検査の成績もちゃんとしていて、正常の範囲を外れたものはひとつもなかった！　ちょっとびっくりしたが、前頭葉についてさらに調べていくと、前頭葉の損傷で認知機能が深刻に変わってしまう患者さんも中にはいることを確認した[1]。

---

[1] この女性に認知機能障害を何も見いだすことができなかったのは、大きな驚きだった。もしかして「それは、面白い論文に書けるんじゃないか」と思うかもしれない。表面的にはそう見える。でも悲しいことに、神経科学の世界では、「ない」結果というのは、学術雑誌にとってはあまり面白くないと見なされている。それで、みんな、結果に何の違いもない研究なんて面白くないし、だから公表する価値はない、と信じるように「教育されて」いるのだ。実際、そういう結果はしばしば否定的所見と呼ばれてすらいる。結果に差が出なかったものを研究者が公表したがらないことで、文献がとても偏って蓄積されているという可能性がある。統計の検定で有意差の基準として5％を採用している話を覚えているだろう。この基準は、もし誰かが同じ実験を20回行ったとしたら、純粋な本当の効果の結果ではなくして、偶然によって1回は統計的に有意な結果が得られる、ということだ。この種の結果のことを、統計学者はタイプⅡのエラーと呼ぶ［訳注　偶然に得られた「有意差あり」の結果が論文として掲載される一方で、真実である「有意差なし」が掲載されない可能性がある、の意］。この筋書きはファイル整理箱問題と呼ばれている。というのも、たくさんの面白い重要な研究が、公刊のために学術誌に送られることなく、むしろファイル整理箱行きにされてしまっている可能性があることを認めているわけだ。

一方で、前頭葉がかなり損傷されているにもかかわらず、見たところどんな認知能力の障害をも免れている人もいるのだ。

前頭葉の損傷が認知に与える影響が多様である理由として、いわゆる前頭葉検査に取り組むに当たって、ひとりひとりがとっている問題解決方法が異なっているからだという可能性があるかもしれない。たとえば、前頭葉の機能としてよく言われる知見に、前頭葉は解くべき問題が新奇な場合に用いられる、というのがある。この考え方からすると、前頭葉の損傷が成績に反映されるのは、患者にとって新奇な課題を行う検査の場合だけだ、ということになる。私のいちばん最初の前頭葉患者は、それまでずっとパズルやゲーム（時として、私がやってもらった検査のいくつかと非常に類似したもの）が大好きだったことを自認していて、このよい例だったかもしれない。そのとてもわかりやすい例のひとつだが、やってもらった検査の中に「ケンブリッジの靴下」という名前のものがあった。この検査は、有名なロンドン塔パズルの変形で、図35に説明がある。

私の患者は、このパズルをするのに全く何の問題もなかった。この検査が、計画したり作戦を立てたり反応を抑制したりする能力といった、古くから前頭葉の機能と見なされているものを調べるのに強い、という評価が高いにもかかわらず。だが、上に述べた通り、この患者は、ロンドン塔パズルと本質的に同じである、似たようなパズルを以前にもやって、解いたことがある、と自分でも話していた。

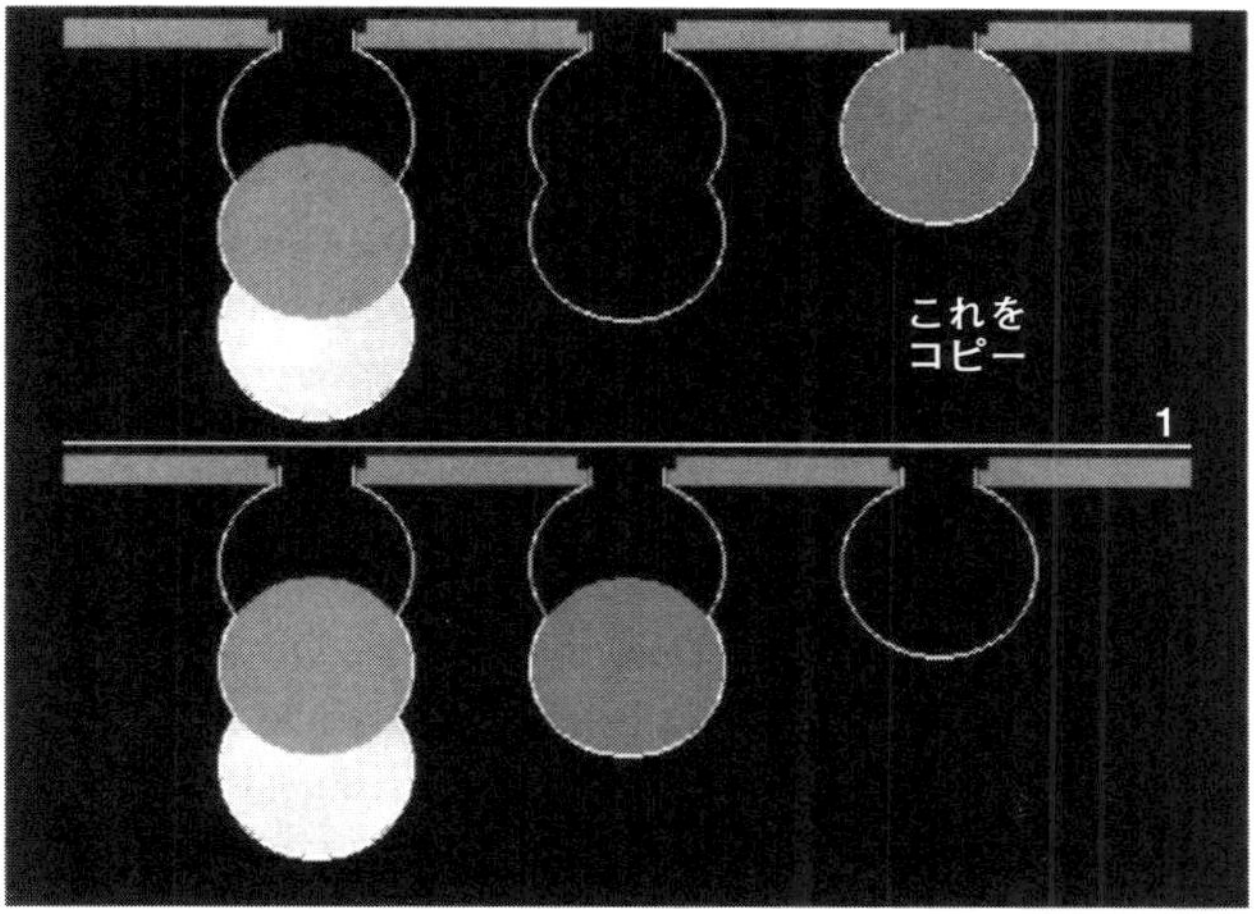

図 35　ロンドン塔パズル。ロンドン塔パズル（しばしばバラモンの塔とかこの世の終わりパズルなどとも呼ばれる；訳注　ハノイの塔とも呼ばれる）は，1883 年，フランスの数学者エドワール・リュカ（Edouard Lucas）によって考案された。リュカは，あるヒンドゥーの寺院では若い僧たちの精神修養のためにピラミッド型のパズルを用いている，という言い伝えにヒントを得た。言い伝えでは，寺院の僧たちは，この世の始めに 64 枚からなる金の円盤一積みを与えられた。円盤は上にいくほど少しずつ小さくなっている。僧たちの仕事は，64 の円盤を三つの柱のうちのひとつから他の柱へと移し替えることであったが，ひとつ重要な決まりがあった。大きい円盤は，より小さい円盤の上には決してのせてはならない，というのである。伝説によれば，僧たちがこの仕事を終えたとき，寺院は粉々に崩れ去り，世界は消える，という。図の例では，被験者の課題は次のようである：「画面の下半分の絵の中のボールを動かして，上半分と同じようにしてください。」これはボールをひとつ動かす課題例で，真ん中のポケットのボールを右端のポケットに入れさえすればよい。カラー図版 4 も参照のこと。CeNeS Pharmaceuticals の許可を得て転載。

ハノーヴァーふたたび

上に述べたようなことからすると、ＰＥＴ研究で見られた部分脳血流の増加や、ハノーヴァーの研究グループの研究で見られた脳波の違いについての解釈には、大いに慎重にならなければならないことになる。それに、ハノーヴァー・グループの研究には他にもよく考えなければならないことがある。ハノーヴァー研究では、共感覚者は文字や数字をモニターで見て（つまり読んで）、ターゲットの単語が出たらボタンを押すようにと言われていた。ここが、私たちが検査した共感覚者とハノーヴァー・グループで選ばれた共感覚者とで、決定的に違っているところだ。私たちが検査してきた共感覚者に共感覚を起こさせるには、単語や文字の発音を聞くことが必要なことが、一貫して見いだされてきた。ハノーヴァー・グループの論文だけからだとよくはわからないが、対象となった共感覚者たちは、文字を読むだけでも十分共感覚が起きたのかもしれない、という推測が成り立つ。そうすると、どうやら似たような脳部位が活動を示してはいるけれども、実はこの二つの共感覚者群は、質的に異なる共感覚を持っているのかもしれない。

共感覚があるってどんな感じ？

第４章で、十年以上もの研究と考察にもかかわらず、私はいまだに共感覚がどんな感じのするものだか、よく理解できないと感じている、と述べたのを覚えているだろうか。ここまでの章を書いてきてもそれは何も変わっていないが、多分、それがどんな感じだか、そして、それがどんな感じだか理解することが共感覚のない人にも少しは可能なのかどうか、思案してみるべきだろうと思う。共感覚があるというのがどんなものなのかについて、最も示唆に富む説明のひとつに、アリソン・モトラックがエリザベスさんと週末を過ごしたときのことを書いた、素晴らしい文章がある。アリソンは現在『ニュー・サイエンティスト』という雑誌のジャーナリストで、自分自身も共感覚者だ。『共感覚――古典文献と現代の文献』の中の一章（「二人の共感覚者、色について語る」）を書いていて、共感覚があるというのがどんな感じなのか、私がこれまでに出会った中では最もよく伝わってくる文だ。それからアリソンは、自分もエリザベスさんも共感覚者だとはいっても、二人の間には違いがあることも明らかにしている。アリソンは第3章で報告した実験参加者たちに典型的だったタイプの共感覚を持っていて、「より一般的で限界がある」のに対して、エリザベスさんの共感覚は「より精緻で、詳細で独特である」と書いている。その章の後の方で、アリソンはその違いについて次のように描写している。

「単語羨望」などというものがあるとしたら、私は今、それを感じている。いくらかの敗北感と共に理解したのだが、これらは私が文字や単語に付加しているような、どちらかといえば単純な色とはまるで違っている。私のはみんなもっと滑らかで、こっちがちょっと光ったり、あっちがビロード状だったりはするけれども、全体としてはかなり平板で普通なのだ。たとえば「メレディス［訳注　人名・地名］」は、私には一種の平板な草の緑色である。ところがエリザベスさんには、言ってみれば色の格子縞だ――深緑と紫が絡み合って、カンバス地から浮き上がっている。私は「メレディス」ウールのジャンパーはどんなに素敵かしら、と思わずにはいられない。

というわけで、アリソンの文章からして、エリザベスさんとアリソンが似たような経験を共有していると確信することはできるだろうか。率直に言って、できない。それに、他者の心問題というのがあって、どんな二人の人間も、相手の見方や経験を正真正銘に理解しているのかどうかについて、私たちには確信することはできないのだ。

哲学の助け

先に、ものを見るという経験が、網膜上に光として受け取られる情報、「心の目」に受け取られる情報、それに殴られて星が見えるといったようなときの視覚体験の三つにいかに限られているか、という話を詳しくした。それから、共感覚者は確実に次のように言うということも述べた。自分にもこの三種類の視覚経験が全部あるけれども、共感覚はそのどれとも違っている、と。そうだとすると、共感覚者になったらどんな感じか理解することなど、自分に期待できるだろうか。リチャード・シトーウィックに言わせれば、それはもうはっきりしていて、理解する唯一の方法は、それを直接経験することしかない、という。共感覚とは認識論であり、言葉に言い表せないものなので、共感覚のない人には理解することはできないのだ、とシトーウィックは書いている。これは神経科学ではお馴染みの問題だ、と聞いても驚かないだろう。実際には、他者の心問題として広く知られる、深遠な哲学的問題の一変形であるに過ぎない。それで、この有名な哲学問題の真髄とは何かということだが、まず最初に言っておけば、これは、神経科学をきれいに分けてしまうような問題なのだ。こういうとき、普通は二グループに分かれるものだが（遺伝論者と環境論者、など）、この問題の場合にはたくさんのバラバラのグループに分かれる。この問題に対する見方のひとつを、哲学者トマス・ネーゲルが提示している。ネーゲルは『フィロソフィカル・レビュー』誌に掲載された論文の中で、「コウモリであるとはどのようなことか」という問いを投げかけている。これはこの論文のタイトルで、論文ではこの問いについて論じている［訳注　勁草書房より永井均氏の訳で同書名の翻訳書が出版されている］。ネーゲルが議論の中で言っているのだが、ここでスズメバチとかカレイとかであるとはどのようなことか、という問いにしてもよかった。でもなんでこういう種ではなくて、他でもないコウモリにしたかというと、単に、昆虫や魚類では系統発生的に見てちょっと距離が遠すぎるのに対して、コウモリはここで議論するのにちょうどよいくらいわれわれに近いと感じたから、というのがネーゲルの理由だ。次の節ではネーゲルの議論を簡単に紹介するが、その前に、ちょっとお願いがある。ネーゲルの論文では、コウモリであるとはどんな感じか想像するようにと読む人に促しているが、この「コウモリ」というのを「共感覚者」に置き換えてみたら面白いだろうと思うのだ。それからネーゲルは、前にも出てきた「深紅色の性質」についても、いろいろ思い当たる説明を引き合いに出している。

共感覚者であるとはどのようなことか

ネーゲルの論文は、実は、神経科学におけるもうひとつの有名な哲学的問題である、「心身問題」についての考察だ。これは前の方の章で考えたこと、特に、心とは何か、それは身体とどのように関係しているのか、という問題の一変形だ（第1章）。ネーゲルにとっての根本的問題は、自分の意識体験という、個人的で主観的な現象について、どうしたら満足のいく説明をすることができるのか、ということだ。そこでネーゲルは、まず次のように前提を置いている。ここで問うている問題を突き詰めれば、他の生命体であるとはどのようなことか、という問題になる、というのは、もしわれわれがそれを想像できるというのなら、他の生命体も意識体験を持っているだろう、ということになるから。ネーゲルは考察のためにコウモリを取り上げたが、それは単に、コウモリが人間とはとても異なった仕方で世界を知覚しているからだ。つまり、ヒトが視覚を使いそうなところで、音波ないし反響を使う傾向がある。ネーゲルの立てた問題は、単純に言えばこういうことだ――われわれははたして、コウモリであるとはどのようなことか、理解することなどできるのだろうか？　ネーゲルはその難しさを次のように特徴づけている。

> 自分自身の経験が、われわれの想像力の基本的な素材となっており、その範囲はそれゆえ限定されている。その経験は、次のようなことを想像しようとするのを助けてはくれない。自分の腕に水かき状の翼

> があって、夕暮れや夜明けに飛び回って口で昆虫を捕まえることができるようになっている。目はほとんど見えず、高周波音波の反響を用いるシステムによって、外界を知覚する。日中は屋根裏で足から逆さまに吊り下がって過ごす。私がこれを想像できる限りでは（その範囲はそれほど広くもないが）、自分がコウモリの行動を行動するとしたらどんな感じであるか、しか教えてはくれない。しかし、これでは問題が違うのだ。私が知りたいのは、コウモリにとって、コウモリであるとはどのようなものなのか、なのである。しかし私がこれを想像しようにも、自分自身の心の資源が限られていて、それらの資源ではこの問題の解決には不十分なのである。私はこの課題を、自分の現在の経験に何か付け加えると想像することによっても、あるいは逆に少しずつ部分を減じていく想像をすることによっても、あるいは、付加、減算、修正の何らかの組み合わせを想像することによっても、遂行することはできない。

ネーゲルの文章から、次のことが明らかだ。われわれはコウモリであるとはどのようなことか「想像」することはできるけれども、コウモリであるとはどのようなことかを「知る」こととなると、かなり難問である。われわれは主観的な見解ならばきわめて容易に展開することができるが、客観的な知見となると、達成するのは思った以上に困難だ。私は、共感覚者であるとはどのようなことか知りたいという私の望みも、似たような難題なのだと思うようになった。共感覚者であるとはどのようなことか、想像することはできる。でもそれがどのようなことか知ることとなると、歯が立たない。ちょうど、反響定位システムを使って世の中を動き回るのがどんなことであるか知るのが難問なのと同じだ。主観的経験（想像すること）と客観的経験（知ること）の間を取り結ぶのはあまりに難しいので、この溝を埋めることはできない、これに関する満足な説明がなされることはないであろう、と結論する人も中にはいる。私の信じる物理主義哲学では、そういう虚無的な考えは禁止だ。とはいっても、この問題は物理主義に対する信奉を揺るがすような、大問題なのだ。でもネーゲルは、このギャップを埋めることには楽観的で、この論文を「ひとつの思弁的な提案」で締めくくっている。それによれば、可能性のある解決法のひとつは、客観的な現象学を開発することで、それは他の生命体の経験を想像を用いずに理解することを可能にしてくれる言語なのだという。ネーゲルは、これがかなりの難問であることを認め、コウモリであるとはどのようなことか理解しようとするよりも先に、他の人物であるのがどのようなことかを理解する試みを始めるべきであると提案している。それなら私たちが個人として毎日行っていることだ。私たちの行為の大部分は他者の視点に立つことができるかどうかにかかっている。少なからぬ量の証拠が蓄積されてきているように、ほんの幼い子どものうちに「こころの理論」が発達し、他者の視点を理解できる能力を持てるようになる。でも、ネーゲルは感情（自己）移入とはもうちょっと違うものを求めていて、ネーゲルが主張しているのは、純粋な理解を可能にするような系統的方法なのだ。これは明らかに無理難題だ。ネーゲルがこの提案をしたのが1974年というかなり以前にさかのぼるのに、いまだに大した進歩がないことからしても、単にそんな方法は達成不能だ、ということなのかもしれない。次の節でももう少しネーゲルの見解について続けよう。というのは、私たちにとって興味深いことを引き合いに出しているのだ。

ロックの盲目の真理探求者ふたたび

第2章で、盲の人が「深紅がどんな色か、今ではわかった。それはトランペットの音に似ている」と結論したという議論があった。いまだに、これが本当に純粋に共感覚だと言えるのか、私は確信できない。偶然にも、ネーゲルのコウモリについての論文の最後の方のパラグラフでこの事例に触れていて、複数感官の間のルーズなアナロジーだと言って却下している。私にこれをもっとうまく説明するということはできない。だが、ネーゲルがこの事例を持ち出してきた文脈が、私たちにとって非常に興味深いものだ、と思う。これを引き合いに出しているのは、ネーゲルが、何か（コウモリでも共感覚者でもその他でも）であるとはどのようなことかについての理解を進めるために、出発点としては「生まれつき盲の人に、見るとはどのようなことであるかを説明するのに使うことができるような概念を開発」するのがいいであろう、おそらく、知覚の構造的な特徴の客観的記述から始めるのがよい、と提案している中においてなのだ。これは決して簡単な課題ではない。だが、もし本当に他者の（そしてコウモリの）体験を客観的に理解したいと望むなら、欠かせないことだ。ところで私は、共感覚者であるとはどのようなことか、理解を進める手段として、そして、共感覚自体を理解する手段として、別のことを提案しようと思う。

第2章で、幼い子どもの頃に失明した人の中に共感覚者の割合が高いらしい、でも生まれつき盲の人ではそうではないようだ、という話があった。この盲人の研究で見られた共感覚者の割合は、普通考えられているのよりもかなり高かった（私たちの研究では共感覚は約２０００人に一人の割合で見いだされることを確認した）。ここからすると、共感覚を調べるのに都合のいい実験参加者は、子どもの頃に盲になった人だ、ということを意味する。もちろん、盲人の共感覚が私たちが調べてきた共感覚と同様のものだという保証は全くない。というのも、盲人群の方は、共感覚は遺伝ではなくて、生後に獲得された後天的なものになるから。つまり、手持ちの限られた証拠からすると、獲得された共感覚の場合、遺伝の場合と比較して、あまり複雑ではないらしいことが示されている。第8章で論じた、水晶体後線維増殖症の患者が報告している色のついた音の症例に描かれていた通りだ。ではあるけれども、このモデルを私たちの理解を高める手段として使ってみたくなる。とくに、盲の実験参加者を対象とした最近の神経画像研究に照らしてみたいと思う。

脳機能の再組織化

脳損傷が人をひどく弱らせてしまう理由のひとつは、脳細胞が再生不能であることだ。悲しいことだが、脳細胞は一度壊れたら、それきり失われてしまう。そういうわけで、脳卒中はあんなにも破壊的な影響を及ぼしうるのだ。だが、時として、脳のかなりの範囲が失われても、機能の損失が比較的小さいことがある。その良い例が、大脳半球切除術を受けた人々の症例だ。片方の大脳半球が取り除かれるという劇的な外科手術で、普通は難治性のてんかんの治療のために行われる。すでに見てきたように、言語は左半球の神経構造に基づいていることが多いから、左半球全体の切除術は患者の言語能力を奪ってしまうはずだ。ところが、ほとんどすべての症例で、患者は言語機能を発現させるのに成功する。事例の示すところから、これは右半球の神経構造がその役割を担当するからだということがわかる。脳機能において、これほどまでの柔軟性、神経科学者の用語で言えば、可塑性があるというのに、なぜ、脳卒中患者はあんなにもしばしば、言葉を話したり理解したりする能力を失ってしまうのだろうか。脳卒中患者と大脳半球切除術患者の間のこの相違の理由は、どうやら年齢にあるようだ。脳卒中は概して年配者に起こることが多いのに対して、大脳半球切除術は乳幼児期に行われることが多い。若い頃の脳の方が年長の場合よりも、より可塑性があるらしく、思春期頃が臨界期らしい。思春期というのはちょうど、第1章で論じた、ミエリン化の過程が終わりに近づく時期に一致する。

　脳が損傷にも適応しうることには、きわめて明白な証拠がある。少なくとも幼少期については。もちろん大脳半球切除術は、脳の一定領域が失われたときにどんなことが起こりうるかを示す例だが、でも脳への入力が消えてしまったり失われたりする場合にはどうなるのだろうか。たとえば、目を通した視覚入力が少なくなったり取り去られたりした場合には、どんな再組織化が起こるのだろうか。最近まで、この問題を扱うことは全く不可能だった。でも脳機能画像法の出現によって、最近では視覚入力が乏しくされてしまった脳について研究する機会が提供されるようになった。特に関心が持たれるのは、盲の実験参加者が点字を読み取っているときに、脳のどの部位が活動するのか調べることだ。私たちは、感覚運動野という細長い脳部位が、触覚を検知するということを知っている。だから、点字読みの神経基盤は、当然、この部位だろうと予想できる。ところが、この研究を行ったグループには驚きが待ち構えていた。以下ですぐに説明しよう。

私を見て、感じて

機能レベルにおいては、感覚情報の欠損を補うような代わりの方法を見つけ出す創造力を、人間は大いに発達させてきた。ルイ・ブライユ（１８０９－１８５２）によって考案された、触覚による読みのシステムは、その明白な例として壮観だ。ブライユが失明したのは、片方の目に父親の靴作り用の錐が突き刺さるという事故がもとだった。この傷はすぐに感染症を起こし、その感染が幼いルイのもう片方の目にも広がると、三歳の時に完全に失明した。ルイは利発で意欲的な子どもで、国立盲学校に入学した。ブライユが学校にいた時、フランスの陸軍大尉、シャルル・バルビエ・ド・ラ・セールが来校して、「夜間筆記」と呼ぶ自分の発明を披露した。これは、兵士たちが夜間に声を出さずに連絡しあうための手段として考案されたものだった。ド・ラ・セールの方法は、12の点が縦横に並んだものを用いて音を符号化するというものだった。この方法が軍隊において実際に使われることは一度もなかったので、バルビエ・ド・ラ・セールは盲人にこの方法を使ってもらおうと考えた。ルイは12点式の点字では必要以上に複雑で、6点式にすれば標準的なアルファベットを符号化する方法として完全にうまく機能させられると考えた。6点式だと、ひとつの文字を一回触れるだけで感じ取ることができるという利点もあった。

　点字読み（ブライユ・リーディング）は人間の技能としては比較的新しく、たった二、三百年しかたっていない。私たちの種の歴史という点からは、目を使って読むというのも比較的新しくて、数千年よりも古くはない。このことからして、ヒトの脳が読みに専門化しているということはなさそうだ。単純に、専門化が起こるのに十分な時間がたってはいない。このようなことのため、ヒトの読みの能力は、すでに存在していたいくつもの認知技能に助けられているということはありうる。たとえば見る能力や言語能力だ。これらの能力は、後頭葉や側頭葉の神経構造に宿っていることが知られている。脳機能についての理解の多くが、自然の例外によって明らかにされてきた。その結果、神経科学研究の多くは、脳ないし脳へ情報を運ぶ感覚部位のいずれかが物理的に損傷された患者に表れる、さまざまな障害で占められている。脳機能画像法の出現によって初めて、どのように自然がこれらの例外を取り扱っているのかを調べることができるようになったということができる。それで、先天的ないし後天的な盲人で点字読みを学んだ人を研究すれば、書かれたものを視覚的に理解することから触覚的に理解することへの転換を、脳がどのように取り扱っているのか調べる絶好の機会となる。結果は興味深いものであることがわかった。さて、ではそれを見てみよう。

触覚の神経基盤を画像化する

この分野で最初に行われた研究のひとつ（定藤ら、１９９６年）では、健常な統制群の実験参加者と、幼少時に失明し、点字読みができる実験参加者の脳血流マップを比較した。いずれの被験者も、手で触ってものを区別する課題と、同じく触覚課題だが特に区別はする必要がない課題に取り組んで、その両方でスキャンを受けた。後の方の課題はいずれの実験参加者においても予想外の結果は何も出なかった。ところが、区別をする触覚課題では両者の間に顕著な違いが見られた。点字読み群では一次視覚野の脳血流が増大したのに対し、健常群では減少したのだ。この注目すべき研究によって、目の見えない人が触覚弁別を行う場合には、普通は視覚のために使われる脳部位が駆り出される、ということがわかった。論文の著者たちは、「盲の被験者においては、本来は視覚のために用意されている皮質部位が、他の感覚モダリティによって活動するのかもしれない」、さらに、「これらの結果は、盲の被験者においては、通常は二次身体感覚野につながっている触覚処理経路が、もともとは視覚的形態弁別のために用意されている腹側後頭《ふくそくこうとう》皮質《ひしつ》を通るように、経路の変更がなされていることを示唆している」と論じている［訳注　既出のように、腹側後頭皮質すなわち後頭葉の中でも位置的に下の方の皮質には、見たものの形を区別することに特に関与すると考えられている部分がある］。

この研究によって、幼少時に失明した人の脳では、触覚弁別を要する課題を遂行する際に、使われていない脳部位を使うことができることが示された。ここで明らかに問題になるのは、見る経験が一度もなかった人、つまり先天盲の人にもこういったことが当てはまるのかどうかだ。二つ目に答えるべき問題としては、右の研究で見られたようなことが、実験参加者が点字読みという、定藤らの実験で用いられた単純な触覚弁別よりも、もっと難しい課題に取り組んでいる場合にも見られるのかどうか、さらにその上で、点字読みにおける脳活動と言葉の聴き取りをしている時の脳活動を比較したらどうなるか、という問題がある。私たちのPET研究の共同研究者の中に、こういった問題について調べようという研究に携わっている人がいる。それによると、先天盲の実験参加者では、言葉を聞いているときよりも点字を読んでいるときの方が、外線条視覚野という部位［訳注　一次視覚野のすぐ外側にある」の活動がより増大することが示された。別の実験参加者群は、思春期の後に失明するまでは見ることができた人々から選ばれていて、さらに一次視覚野も活動していた。［訳注　定藤規弘氏らはその後、先天盲の実験参加者により、触覚判断や点字読みで一次視覚野が活動することを確認している。さらに、一次視覚野のそのような可塑性が可能である臨界期は十六歳頃であることを示している。ここで、ある人が先天盲であるかどうかは、無眼球症であるような場合をのぞき、ときに判定が困難であることを指摘しておく。］

こういうわけで、目の見えない人が点字を読むとき、脳では触覚情報の処理を助けるために、「視覚」皮質が使われているらしい。ということは、もしかしたら、盲人の脳の視覚野は、聴覚情報を扱う神経基盤にもなりうるのかもしれない、と想定しても不合理ではないわけだ。もしそうなら、もしかしたらこれが、なぜ子どもの頃に失明した人の50%にも及ぶ割合において、色聴の共感覚が見られるのか、ということを説明する理由なのかもしれない。スターが次のように述べているのは先見の明だったと言えるだろう（１８９３年）。「盲人における色のついた音、そして心的イメージは、格別に興味深い研究対象であると私は確信している」。多分、将来研究が進んだら、もっといろんなことがわかるだろう。

母なるロシアからの見解

現代における、最も悲しむべき、また最も人為的な分断のひとつは、芸術と科学とのあいだの分断だ。作家のC・P・スノーは両者間を融和しようと弁護したけれど、深淵は依然として相容れがたい広さのようだ。本当に奇妙だと思うのだが、レオナルド・ダ・ヴィンチは両方の陣営に片足ずつ突っ込むのをためらいはしなかったようなのに、今でもまだ両方にいて居心地がいいというのは難しいようだ。私は毎年、ケンブリッジ・アート・ヒストリーの夏学校で正規の講義をしているが、いつもこの二つの文化の間を飛び越えるという、特別な喜びを与えてくれる。いつも共感覚をテーマに話す。サイモン・バロン-コーエンと私は、ときどき共感覚について書いてくれと芸術雑誌に頼まれることがあって、数年前にはふたりで『レオナルド』という雑誌に、共感覚についてわかっていることをまとめた記事を書いた。この記事が出ると、ブラト・ガレエフというロシアの研究者から手紙が来た。グルジア〔訳注　カザンの間違いと思われる〕のプロメテウス研究所で、四十年以上も共感覚の研究を重ねてきた人物だ。ガレエフは私たちに共感覚について全く別の視点を与えてくれた。

　ガレエフはまず、共感覚が「生物学的な」機能であることを否定し、代わりに社会文化的な現象、もっと特定して言えば、「言葉を使わない思考の現れであり、異なったモダリティ間の印象を、不随意にか、あるいは目的的にかのいずれかによって、比較することによって実現されている」ものとして起こっているのだと推測している。ずいぶん異なる解釈だが、私たちの実験結果とは合うのだろうか。脳画像データとはよく合う。つまり、共感覚者と共感覚のない人との間に見られる画像の違いは、単にそれらの人々の「考え」の違いを反映しているだけであるのかもしれないからだ。では、私たちが実験参加者に観察している色と単語の対応の一貫性は何と説明できるだろうか。ガレエフは、自分が学習された連合説の陣営に属していることを断固として宣言して、「基本的な、心理学的現象（複数感覚間の結合)」に基づく条件付けだと考えるべきだと提言している。
ガレエフの見解は明白で、共感覚は生物学的に例外的な現象であると主張する根拠はない、と表明している。事実、共感覚が異常な状態であると示唆するような人に対して、かなり手厳しく批判していて、特に、同国人のルリアが記憶術家Sの共感覚について書いている（1966年）のに対し、「偏見にとらわれており、明らかに無意味なことを書く著者」である証拠だと書いているのだ！ ガレエフにとって共感覚とは「共に起こる想像ないし共に起こる感覚」であると説明するのが最も適切であり、「その心理学的性質から、共感覚は連合、特に複数の感覚間の連合」であると考えるのがよいという。そこでガレエフの見解では、共感覚には特別なことは何もなく、その説明によれば、私たちのすべてが共感覚を経験できる能力を持っている、ということになる。というのも、ガレエフは「意識の中で視覚現象と聴覚現象を結びつける能力……これは誰にでも備わっている」と主張しているのだから。

ガレエフは、よく話題にされるスクリャービンやカンディンスキーなどの共感覚状態について私と同じ心証を持っていて、それらの人々が実際には色が見えているわけではないと明確に述べている。だが、このように主張するガレエフの根拠はといえば、どの共感覚者も本当には色が見えてはいない、というガレエフの根本的信念だけなのだ！ それでは、共感覚についてのブラト・M・ガレエフ氏の見解は、私自身のも含めた別の研究者の見解と、多少とも両立しうるのだろうか。次の、そしてこの本の最後の部分では、これをやってみようと思う。これまでの説明とは理論的にまた別の見解だ。ブルーピーター［Blue Peter 訳注　出帆旗。青地中央に白い四角。出帆のため乗組員に帰船を促す意味がある。

が、ここでは英国ＢＢＣの同名の人気教育番組のことを指しているものと思われる」でよく言っている言葉を使えば、みんな家で試してみることができる考えだ。

最後の考察

もちろん、共感覚についてのガレエフの見解は、私たちのデータに見られる変則的な事柄、特に性差について、何も説明してくれない。それから前にも指摘したように、私たちが説明しようとしている共感覚現象は、リチャード・シトーウィックやブラト・ガレエフなどの人々によって説明されているものとは、質的に異なっているのかもしれない。しかし、私にとっての大きな問題は、共感覚を持つという体験の基本的な性質について、説明し、そうして理解する、ということだ。何と言っても、どうやらガレエフの見解とは正反対なことに、私たちの知っている共感覚者たちは、自分には本当に色が見えている、ととても強く信じている。にもかかわらず、ガレエフが言っている、共感覚は共に起こる想像（co-imagination）ないし共に起こる感覚（co-feeling）によって学習できるかもしれない、という可能性を、私は捨てきれない。そういうわけで、私たちがみんな、試してみられる実験を今から提案したいと思う。でもその前に、この考えの背景について説明しよう。

目撃者の証言

エリザベス・ロフタス教授は、その一連の有名な実験の中で、ほんのわずかな暗示技法を用いるだけで、ある出来事について人が記憶している内容に影響を与えることが可能であることを発見した。１９７４年に行った実験でロフタス教授とその共同研究者は、実験参加者に複数の自動車がからんだ自動車事故の短い映画を見せた。その後実験参加者に、その映画についていくつか質問をした。この実験の独立変数は、実験参加者に向けられた質問の形式がどのようなものであったか、だった。あるグループの実験参加者には次のように訊ねた。「車どうしが激突したとき、自動車はどれくらいのスピードで走っていましたか。」別のグループの実験参加者にも同じ質問をしたが、こちらの場合は「激突した」という言葉が「ぶつかった」に代えられていた。三番目のグループは統制群で、自動車の速度についての質問はされなかった。実験参加者は一週間後に再度、面接を受けた。その二度目の時の質問の中には、次のようなものがあった。「ガラスが割れたのは映っていましたか。」統制群の実験参加者と、「ぶつかった」という言葉を使った質問を受けた実験参加者群では、ガラスが割れているのを見たと誤って答えた人は14%だった。それに対して、「激突した」という言葉で質問された実験参加者の方は、32%が割れたガラスを見たと答えた。でも実際には、映像の中でガラスは全く割れていなかった。それではいったいなぜ、実験参加者はウソをついたのか？　多分、ウソをついている、と責めるのはちょっと言い過ぎだ。実験参加者たちは、実際にはそこになかったもの、つまり割れたガラスを想起するように仕向けられた、と言った方がより適切だろう。

つまり、少なくともある人々は、記憶を再構築するよう仕向けられやすく、そこからして、もともと記銘された出来事をそのまま想起することができないことが示されている。夢やフォティズムや幻覚などの現象はみんな、人間の記憶や知覚は、意識によって常にアクセス可能であるとは限らないような仕方でもって、影響を受けることがありうるという事実を証明している。このことは共感覚の理解にも当てはめられるかもしれない。可能性の指し示すところによれば——もしかしたら、私たちは一種の共感覚を持つように、自分自身を訓練することができる。

次のように想像してみよう。腰をおろして、いくつかの単語と特定の色のパターンとを連合させて覚える。たとえば、この本のカラー図版1に描かれている絵を見てみよう。共感覚者である画家のエリザベスさんが描いた、アラン・エイクボーンとハロルド・ピンター〔訳注　ともにイギリスの劇作家〕の「肖像画」だ。この画像を見つめながら、両名の劇作家の名前を思い浮かべてみてほしい。私はこれを、このところずっと（これを書いている約半年ぐらいの間）試している。それで、いまでは、片方の名前をちょっと聞くだけで、鮮明に画像が意識に上ってくるのに十分なほどにまでなった。この感じは、心の目というのとは違っている。心の目の場合には画像を呼び出す必要があるが、ピンターとエイクボーンの場合は即座に見える。画像は意図的に仕組んだものだということを私はわかっているが（事実、私がそう仕組んだのだ）、本当には画像が見えているんじゃないという確信度は、この六ヶ月で著しく減少した。こういった類の内観的ですべて見通しの自己試験は、科学の企てとして危険だ。でも、私は確信しているのだが、ある出来事を繰り返すことによって、その記憶痕跡は心に深く刻印されるようになり、ロフタスの実験参加者たちが割れたガラスを「思い出した」のと同じように、視覚的にリアルになり始める。よかったら、この「実験」をあとで自分で試してみてほしい。というのも、これで私の考えは言い終わったから。

お後がよろしいようで

いつでも、ずっと書き続けていたいと思うものだが、多分、この話題について、自分で適切に扱えるだけのことは書いてしまったと思う。もしかして、読む人の期待に十分なだけの回答を提供できなかったかもしれない、とちょっと不安だが、でも、神経科学分野のこれまでの成果に対しては、適度な謙虚さを持つべきなのだ、と言っておこう。確かにこの二十年間で、心的現象についての理解は目覚ましく進展した。でも、人間の行動や、その認知的基礎、またその神経基盤を本当に理解した、と正当に主張できるようになれるまでには、明らかにまだまだ長い道のりがある。共感覚について説明するのは本質的に重要なことである、というのは私の信念だ。もしかしたら、共感覚は単なる学習理論で説明できることが判明するのかもしれないが、そうであるという確信はない。もしそうであることが判明したら、そういう一見して面白みのない説明原理にさえ、認知、行動、それに脳機能について私たちが理解するのによりよい情報を提供できるだけの潜在能力がある、ということになる。

私にとって一番大切なのは、この本を楽しんでもらうことだ。そうであったことを祈っている。読んでくれてありがとう。

訳者あとがき

本書はJohn E. Harrison, *synaesthesia — the strangest thing*（Oxford University Press, 2001）を訳したものです。この本には、共感覚という非常に興味をそそられる事柄についての研究が述べられています。さらに、心理学ないし行動科学の初心者に、その研究技法の基本概念についてわかりやすく説明することをも目指した意欲作です。著者（および訳者）は心理学出身の研究者です。本文中に何度も出てくる著者ハリソン博士の共同研究者、サイモン・バロン-コーエン博士は、日本では自閉症研究でより広く知られているかもしれません。

本文中にもありますが、共感覚とは「ひとつの感覚器官によって複数の感覚を知覚する現象」であると言うことができます。どの感覚器官にも起こりえますが、音や言葉を聞いて色を感じる「色聴」が最もよく見られます。感覚は、その本人には明確であっても、本来主観的なものですから、共感覚を持たない一般の人々の中には、共感覚の存在を認めようとせず、「そういう気がするだけではないか」、「単に目立ちたがりなだけではないか」などと考える人がいるようです。このような「偏見」すなわち一方的なものの見方に対して反論するためには、優れた論理性・正しい科学的態度が必要です。本書には、心理学者の面目躍如たる科学的な論理展開が随所に見られます。

共感覚に限らず、心理学で扱う多くのトピックは、目で見たり手で触ったりできない、主観的な事柄です。それを何とか、本質を損なわないようにデータ化し、論理的に結論を導き、主観的ないし認知的側面を説明する「仕組み・メカニズム」の解明を目指し、それによってヒトの真実に迫ろうとするところに心理学の真骨頂があります。

この本を読むと次のようなたくさんのよいことがあります。

（1）共感覚について知ることができます。

（2）心理学の歴史や方法論について概略を知ることができます。

（3）統計学的考え方や遺伝学のおおよそにも馴染むことができます。

（4）ｆＭＲＩやＰＥＴなど最近の脳機能計測法について概略を知ることもできます。

（5）共感覚および関連事項や著名人などに関するさまざまなエピソードが満載されているため、雑学が増え、教養を高めることができます。

このように一石何鳥にもなる、大変お得な本です。読み進めるうちに、人間とは何かについて、また人間の心について科学的に研究するとはいかなることかについて、いろいろ考えさせられ、楽しくなります。

なぜ、心理学なのに、統計学や遺伝学、病院の大型装置を使った計測などが関係してくるのでしょうか。その理由は、それらを利用すれば、より深い人間理解に至ることができると考えられるからです。使える道具なら何でも使えばよろしいでしょう。狭い井戸の中に閉じこもっているべき理由など何もありません。これは今の時代の流れでもあります。科学もここまで進歩してくると、一方では専門化が進んで先鋭化するとともに、それら最先端の専門技術や専門的知見を統合し、融合化する必要も生じてくるのです。

訳出にあたっては、「親切な心理学の先輩が、まだ心理学のことはよく知らない学部の学生に、自分の研究について説明している場面」をイメージしました。原文も語りかける調子で書かれています。ところどころ、イギリス英語らしくわざと気取ってユーモラスになっているところもあります。ただし、とくに研究内容に深く関わる部分では、きちんとした学術的表現や専門用語が正確に用いられています。研究室の先輩が話す時もそうなりますよね。専門の学生どうしだと、文語や専門用語をわざと使って滑稽に話したりします。本書もその雰囲気で、世話好きな先輩が後輩に語りかけているように訳しました。学術用語は、中島義明他編集『心理学辞典』（有斐閣、１９９９年）および森敏昭・吉田寿夫編著『心理学のためのデータ解析テクニカルブック』（北大路書房、１９９０年）を特に参考にしました。またニューロイメージング（本文中では脳機能画像法などと訳しています）に関する用語は、訳者ないしその共同研究者が普段用いている訳語をほぼ反映させました。遺伝学については、国立遺伝学研究所の遺伝学電子博物館（http://www.nig.ac.jp/museum/index.html）やウィキペディアなどのウェブサイトを参照しました。ただしそれらにとらわれずに訳したものもあります。「とらわれずに訳した」のは学術用語だけではありません。文学的表現や、とくにフランス語からの翻訳部分は、もしかしたら不適切な訳になっているかもしれません。これについては電気通信大学の久野雅樹さんにアドバイスをいただくことがありましたが、必ずしも忠告に従わなかった部分もあり、もちろん、訳文のすべての責任は松尾にあります。またところどころ原文に飛躍があると思われる箇所があり（特に遺伝学に関する部分）、訳者の理解に基づいて意訳・加筆しました。もしお気づきの点があればご指摘いただければ幸いです。

最後に、この日本語訳を出版することになった経緯について、簡単にご説明します。心理学科の学部生だったとき、藤永保先生の素晴らしいご講義（「心理学概論」他）を受けました。その中に共感覚の話題もあり、強く興味を引かれました。まるで昨日のことのようです。先生は非常によく調べておいでになり、本書に出てくる古典文献の記述内容のほとんどすべてについて、講義でお話しになっていた記憶を辿ることができるほどです。大学院生になり、新しい研究テーマを決めるときに、共感覚をテーマにできないか、と考えました。ある方にそう話しますと、それはいいテーマだとは思えない、自分にはそのような感じはしないから、とおっしゃいました。そのとき共感覚について研究する意義をうまく伝えられなかったことと、身近に研究対象にできる共感覚者が見当たらなかったことから、関心はありながらも気持ちがしぼんでしまい、以来、そのままになっていました。それから十年以上たち、国際学会で海外に出た折に書店に立ち寄ったところ、本書が目に留まり、吸い寄せられるように手にとり、迷わず購入しました。私にしては珍しく、比較的すぐに読み始めました。そのうちに、ふと訳してみたくなり、自分の研究が行き詰まったときに、ひそかに翻訳していました。そのようにして半分程訳してみると、今度は実際に出版したくなってきました。幾人かのひとに当たってみたのですが、最終的に、母校・お茶の水女子大学で学位審査の主査をしてくださった、内田伸子先生にご相談したところ、新曜社の塩浦暲様をご紹介くださいました。以上にあげました皆々様おひとりおひとりとのご縁のすべてが、この出版につながっています。ここに皆様に心より御礼申し上げます。

この本によって、ひとりでも多くの方が心理学の方法論への関心を高め、心理学を楽しんでくださるようになれば、と願っています。

著者紹介

ジョン・ハリソン（John Harrison）
心理学者。博士。ロンドン大学およびケンブリッジ大学にて研究に従事。製薬会社の臨床開発プログラムにてヒトの認知検査を行う仕事に携わり，その後，「ケンブリッジ心理計測コンサルタンツ」（www.ceepee.com）にて統括コンサルタントとなる。10年以上の間，共感覚に関心を持ち続け，「ホライゾン」や「明日の世界」といったラジオ・テレビ番組の討論に参加。30以上の学術論文の著者ないし共著者。現在オックスフォードのラドクリフ病院にてパーキンソン病の認知心理学的研究を続けている。
著書として本書の他，*Synaesthesia: Classic and contemporary readings* (Simon Baron-Cohen と共編者，Blackwell Publishers)，*Cognitive deficits in brain disorders* (Adrian M. Owen と共著，Dunitz Martin Ltd) がある。

訳者紹介

松尾香弥子（まつお　かやこ）
心理学者。お茶の水女子大学大学院博士課程修了。博士（学術）。認知心理学の立場から fMRI を用いた脳機能計測研究を行う。現在，国立長寿医療センター研究所にて認知症の診断に役立つ脳機能計測の研究等に従事。

共感覚
もっとも奇妙な知覚世界

初版第 1 刷発行　2006年 5 月20日 ©
初版第 3 刷発行　2008年 1 月20日

著　者　ジョン・ハリソン
訳　者　松尾香弥子
発行者　塩浦　暲
発行所　株式会社 新曜社
〒101-0051　東京都千代田区神田神保町 2-10
電話 (03)3264-4973(代)・Fax (03)3239-2958
e-mail info@shin-yo-sha.co.jp
URL http://www.shin-yo-sha.co.jp/

印刷　銀河　Printed in Japan
製本　難波製本
ISBN978-4-7885-0998-6　C1011

人名索引

■タ　行

■ナ　行

■ハ　行

■ワ　行

事項索引

■た　行

■な　行

■は　行

■わ　行

さらに学ぶための本

Baron-Cohen, S., and Harrison, J. E.（1996） *Synaesthesia: classic and contemporary readings*. Oxford, Blackwell.

Cytowic, R. E.（1989） *Synesthesia: a union of the senses*（*Springer series in neuropsychology*）. Springer.

Cytowic, R. E.（1995） *The man who tasted shapes*. Warner Books.（リチャード・E・シトーウィック著／山下篤子訳（2002）『共感覚者の驚くべき日常：形を味わう人，色を聴く人』草思社.）

Nagel, T.（1974） What is it like to be a bat? *The Philosophical Review* LXXXIII, 435-50.

Smith Churchland, P.（1986） *Neurophilosophy: toward a unified science of the mind/brain*. MIT Press.

Zeki, S.（1993） *A vision of the brain*. Blackwell Science Inc.（S・ゼキ著／河内十郎訳（1995）『脳のヴィジョン』医学書院.）

引用文献

Baron-Cohen, S., Wyke, M. and Binnie, C.（1987） Hearing words and seeing colours: an experimental investigation of synaesthesia. *Perception* **16**, 761-7.

Baron-Cohen, S., Harrison, J. E., Goldstein, L.H. and Wyke, M.（1993） Coloured speech perception: is synaesthesia what happens when modularity breaks down? *Perception* **22**, 419-26.

Baron-Cohen, S. and Harrison, J. E.（1996） *Synaesthesia: classic and contemporary readings*. Oxford, Blackwell.

Baron-Cohen, S. Burt, L., Smith-Laittan, F., Harrison, J. E. and Bolton, P.（1996） Synaesthesia: Prevalence and familiarity. *Perception* **25**（9）, 1073-9.

Baudelaire, C.（1860） *Les Paradis artificiels*. Paris: Gallimard.（ボードレール著／渡邊一夫訳（1955）『人工楽園』角川書店.）

Bender, M. B., Rudolph, S. and Stacey, C.(1982) The neurology of visual and oculomotor systems. In *Clinical Neurology*. Hagerstown, Harper and Row.

Bransford, J. D., Johnson, M. K.(1972) Contextual prerequisites for understanding: Some investigations of comprehension and recall. *Journal of Verbal learning and Verbal Behaviour* 11, 717-726.

Bücje, C., Price, C., Frackowiak, R. S. J. and Frith, C.(1998) Different activation patterns in the visual cortex of late and congenitally blind subjects. *Brain* 121 (3), 409-19.

Byatt, A. S.(1985) *Still Life*. London, Penguin Books.

Calkins, M. W.(1893) A statistical study of pseudo-chromesthesia and of mental forms. *American Journal of Psychology* 5, 439-64.

Calkins, M. W.(1895) Synaesthesia. *American Journal of Psychology* 7, 90-107.

Chomsky, N.(1957) *Syntactic Structures*. The Hague, Mouton Publishers.(ノーム・チョムスキー著／勇康雄訳（1963）『文法の構造』研究社出版.)

Churchland, P. S.(1986) *Neurophilosophy*. Cambridge MA, MIT Press.

Coriat, I. H.(1913a) A case of synaesthesia. *Journal of Abnormal Psychology* 8, 38-43.

Coriat, I. H.(193b) An unusual case of synaesthesia. *Journal of Abnormal Psychology* 8, 109-12.

Cytowic, R. E. and Wood, F. B.(1982) Synesthesia. II. Psychophysical relations in the synesthesia of geometrically shaped taste and colored hearing. *Brain and Cognition* 1(1), 36-49.

Cytowic, R. E.(1989) *Synesthesia: a union of the senses*. New York, Springer.

Cytowic, R. E.(1993) *The man who tasted shapes*. London, Abacus Books.(リチャード・E・シトーウィック著／山下篤子訳（2002）『共感覚者の驚くべき日常：形を味わう人，色を聴く人』草思社.)

Downey, J. E.(1911) A case of colored gustation. *American Journal of Psychology* 22, 529-39.

Feynman, R. P.(1988) *What do you care what other people think?* London, HarperCollins.(リチャード・P・ファインマン著／大貫昌子訳（1988）『「困ります，ファインマンさん」』岩波書店.)

Galton, F.(1883) *Inquiries into Human Faculty and its Development*. London: Dent.

Graziano, M. S. A., Yap, G. S., and Gross, C. G.(1994) Coding of visual space by

premotor neurons. *Science* **266** (5187), 1054-7.

Hadjikhani, N., Liu, A. K., Dale, A. M., Cavanagh, P. and Tootell, R. B. H.(1998) Retinotopy and colour sensitivity in human visual cortical area V8. *Nature Neuroscience* **1**(3), 235-41.

Halligan, P. W., Marshall, J. C., Hunt, M., and Wade, D. T.(1997) Somatosensory assessment: can seeing produce feeling? *Journal of Neurology* **244**(3), 199-203.

Harrison, J. and Baron-Cohen, S.(1995) Synaesthesia: reconciling the subjective with the objective. *Endeavour* **19**(4), 157-60.

Harrison, J. E. and Baron-Cohen, S. B.(1996) Acquired and inherited forms of cross-modal correspondence. *Neurocase* **2**, 245-9.

Huysman, J. K.(1884) *Against Nature*. Paris, Cres; Penguin Books Trans. Robert Baldick (1959), London: Penguin.

Jacobs, L. Karpik, A., Bozian, D. and Gothgen, S.(1981) Auditory-visual synaesthesia: sound induced photisms. *Archives of Neurology* **38**, 211-16.

Krohn, W. O.(1893) Pseudo-chromesthesia, or the association of colours, with words, leters and sounds. *American Journal of Psychology* **5**, 20-39.

Lemley, B.(1999) Do you see what they see? *Discover* **20**(12), 23-4.

Lessell, S. and Cohen, M. M.(1979) Phosphenes induced by sound. *Neurology* **29** (11), 1524-6.

Locke, J.(1690) *An essay concerning human understanding: Book 3*. London: Basset; reprinted Oxford: Clarendon Press (1984).（ジョン・ロック著／加藤卯一郎譯 (1940)『人間悟性論』上・下, 岩波書店.）

Luria, A.(1968) *The mind of a mnemonist*. New York: Basic Books.

Marks, L.(1975) On coloured- hearing synaesthesia: crossmodal translations of sensory dimensions. *Psychological Bulletin* **82**(3), 303-31.

Merleau-Ponty, M.(1962) *Phenomenology of perception*. Hillsdale NJ, Humanities Press.(メルロー＝ポンティ著／竹内芳郎, 小木貞孝訳 (1967-1974)『知覚の現象学』１・２, みすず書房.)

McKane, J. P. and Hughes, A. M.(1988) Synaesthesia and major affective disorder. *Acta Psychiatrica Scandinavica* **77**(4), 493-4.

Myers, C. S.(1915) Two cases of synaesthesia. *British Journal of Psychology* **7**, 112-17.

Nabokov, V.(1966) *Speak, memory*. London: Penguin.（ウラジーミル・ナボコフ著／大津栄一郎訳 (1979)『ナボコフ自伝：記憶よ，語れ』晶文社.)

Nagel, T.(1974) What is it like to be a bat? *The Philosophical Review*

LXXXIII, 435-50.

Odin, S.(1986) Blossom scents take up the ringing: synaesthesia in Japanese and Western aesthetics. *Soundings* **69**, 256-81.

Paulesu, E., Harrison, J. E., Baron-Cohen, S. Watson, J., Goldstein, L. Heather, J., Frackowiak, R. and Frith, C.(1995) The physiology of coloured hearing. *Brain* **118**, 671-6.

Rizzo, M. and Eslinger, P. J.(1989) Colored hearing synesthesia: an investigation of neural factors. *Neurology* **39**(6), 781-4.

Sadato, N., Pascual-Leone, A., Grafman, J., Ibanez, V., Deiber, M. P., Dold, G. and Hallett, M.(1996) Activation of the primary visual cortex by Braille reading in blind subjects. *Nature* **380**(6574), 526-8.

Schiltz, K., Trocha, K., Wieringa, B. M., Emrich, H. M., Johannes, S., Munte, T. F.(1999) Neurophysiological aspects of synesthetic experience. *Journal of Neuropsychiatry & Clinical Neuroscience* **11**(1), 58-65.

Skinner, B. F.(1957) *Verbal behaviour*. New York, Appleton-Century-Crofts.

Starr, F.(1893) Note on color hearing. *American Journal of Psychology* **51**, 416-18.

Vike, J., Jabbari, B. and Maitland, C. G.(1984) Auditory-visual synesthesia. Report of a case with intact visual pathways. *Archives of Neurology* **41**(6), 680-1.

Walsh, V.(1996) Perception: the seeing ear. *Current Biology* **6**(4), 389-91.

Weber, E.(1986) *France fin de siècle*. London, Belknap Press.

Zeki, S.(1993) *A vision of the brain*. Oxford, Blackwell Science.(S・ゼキ著／河内十郎訳（1995)『脳のヴィジョン』医学書院.)

Zellner, D. A. and Kautz, M. A.(1990) Color affects perceived odour intensity. *Journal of Experimental Psychology* **16**(2), 391-7.

用語解説

AC-PC ライン　ヒトの脳をマッピングする際に基準として用いる線で，前交連と後交連を通る直線として定義される（図 24 参照）。

AEP　Auditorily evoked potential（聴覚性誘発電位）の頭文字。聴覚刺激によって賦活される脳電位。

BOLD　Blood oxygenation level dependent（血中酸素レベル依存）の頭文字。生体の脳活動を調べる MRI 技法のひとつ。

CAT　Computerized axial tomography（コンピュータ断層撮影法）の頭文字。現在では単に CT と呼ばれる。

DLPFC　Dorsolateral prefrontal cortex（背外側前頭前野皮質）の頭文字（図 25 参照）。

EEG　Electroencephalography。脳波計測。

EPI　Echo planar imaging の頭文字。MRI の高速撮影法の一種。

fMRI　Functional magnetic resonance imaging（磁気共鳴機能画像法）の頭文字。

Gesamtkunstwerk　「総合芸術」を意味するドイツ語。

Grundstorung　本文中には「基本障害」と訳す。大まかに訳せば「全体的要因」となるドイツ語。

LGN　Lateral geniculate nucleus（外側膝状体）の頭文字（図 11 参照）。

MRI　Magnetic resonance imaging（磁気共鳴画像装置，磁気共鳴画像法）の頭文字。

NMR　Nuclear magnetic resonance（核磁気共鳴）の頭文字。

PET　Positron emission tomography（陽電子放射断層撮影法）の頭文字。

PGO　Pons geniculate occipital（橋 - 膝状体 - 後頭葉）の頭文字（睡眠中に見る夢に関係があるとされる）。

rCBF　Regional cerebral blood flow（部分脳血流，局所脳血流）の頭文字。

SEP　Somatosensory evoked potential（体性感覚性誘発電位）の頭文字。

体性感覚（触覚）刺激によって賦活される脳電位。

SPECT　Single photon emission computerized tomography（単光子放出コンピューター断層撮影法）の頭文字。

TMS　Transcranial magnetic stimulation（経頭蓋磁気刺激）の頭文字。

VEP　Visually evoked potential（視覚性誘発電位）の頭文字。視覚刺激によって賦活される脳電位。

WAIS-R　Wechsler adult intelligence scale-revised（ウェクスラー成人知能検査改訂版）の頭文字。

WMS-R　Wechsler memory scale-revised（ウェクスラー記憶尺度改訂版）の頭文字。

アキネトプシア，運動盲　Akinetopsia　脳損傷などの結果，視覚的に運動を知覚する能力が失われた症状。

アポトーシス　Apoptosis　計画された細胞死。

異型接合　Heterozygous　ある遺伝子について，両親からそれぞれ受け継いだ遺伝子の種類（優性・劣性）が異なっている場合のこと。

遺伝子　Gene　親から子へと受け渡される遺伝の機能的および物質的単位。遺伝子の実体はDNAの塩基配列であり，ほとんどの遺伝子は特定のタンパク質を作り出す情報を含んでいる。

イン・ヴィヴォ（インビボ）　In vivo　生きている状態（生体）で行われる実験。

イン・ヴィトロ（インビトロ）　In vitro　試験管内で，の意味。生体の外で行われる実験。

イン・シリコ　In silico　コンピューターの中で行われる実験。

イントロン　Intron　DNA上で，見かけ上，何も役割がないように見える部分。時として「ジャンクDNA」とも呼ばれる。

イン・ユーテロ　In utero　子宮内で，の意味。

ウェルニッケ野　Wernicke's area　カール・ウェルニッケにより言語理解の神経基盤であると仮定された脳部位。

運動緩慢，運動緩徐　Bradykinesia　運動量の減少。パーキンソン病の主要な症状のひとつである。

エクソン　Exon　遺伝子の中で，タンパク質を生み出すための符号を含んでいる部分。各エクソンは，完全なタンパク質の特定部分を符号化

している。

延長　Res extensor　物質的なもの（デカルト哲学の用語）。

解剖学　Anatomy　身体の物的な構造について研究する学問分野。

角回　Angular gyrus　脳の「うね」のひとつ。この部位の損傷によりゲルストマン症候群が引き起こされると考えられている。

歌舞伎　Kabuki　高度に様式化された，日本の演劇。

眼内閃光　Phosphene　眼球の圧迫や目の損傷などによって起こる，典型的には「星のような」ものが見える現象。

記憶術家（者）　Mnemonist　驚異的な記憶能力を持つ人。

共感覚　Synaesthesia　ある感覚モダリティへの刺激が同時に他の感覚モダリティの感覚をも付随させる生理的状態。

共感覚者　Synaesthete　共感覚を持っている人のこと。

共感覚的知覚　Synaesthesiae　共感覚を持つ人が経験している知覚。

局在論　Localizationism　神経科学で，ある認知機能は特定の神経基盤と結びつけることができる，という見方のこと。

虚血　Ischaemia　血液が十分に供給されないこと。

経験論　Empiricism　哲学における概念的枠組み（パラダイム）のひとつ。すべての認識は経験に由来すると考える立場。

ゲノム　Genome　遺伝子の総和。生体や細胞に含まれるDNA。これには細胞核の中の染色体（DNAとタンパク質からなる）の他，広義にはミトコンドリア内のDNAも含む。

ゲルストマン症候群　Gerstmann syndrome　神経疾患のひとつで，暗算ができなくなるという症状に特徴づけられる。

行動主義　Behaviourism　心理学における概念的枠組み（パラダイム）のひとつ。観察可能な行動を扱うことを厳守する考えに特徴づけられる。

交絡変数　Confounding variable　独立変数の影響であると説明するのを邪魔するようなすべての変数。

黒質　Substantia nigra　脳構造のひとつで，この部位の損傷によりパーキンソン病が引き起こされることがある。

骨相学　Phrenology　心的能力は脳内で非常に局在していて，それらの脳部位を覆っている頭蓋骨の大きさから計測することができる，とい

う中心教義を奉ずる疑似科学。

コドン　Codon　DNA（デオキシリボ核酸）やRNA（リボ核酸）の配列の中の，3個の塩基の組み合わせのこと。ある特定のアミノ酸を決定する。

彩視症　Pseudochromasthesia　純粋な共感覚に近い状態で，学習によってある単語と色との連合が獲得された状態。

思惟　Res cognitans　精神的なもの（デカルト哲学の用語）。

色覚の異常　Dyschromatopsia　色を知覚する能力の異常（色弱）。

色覚の喪失（色盲）　Achromatopsia　脳損傷などの結果，色を知覚する能力が失われた症状。

視床　Thalamus　非常に強く相互接続している脳構造のひとつ。

失計算症　Acalculia　脳損傷などの結果，計算（暗算）をする能力が失われた症状。

失語症　Aphasia　脳損傷などの結果，言語能力が失われた症状。

失書症　Agraphia　脳損傷などの結果，書字能力が失われた症状。

質的な　Qualitative　質の違いに関する，という意味。

失認　Agnosia　脳損傷などの結果，物体を認識する能力が失われた症状。

周産期の，出産前後期の　Perinatal　出産の少し前ないし後の期間の，の意味。

従属変数　Dependent variable　実験で測定される変数。

出眠（状態）　Hypnopompia　眠りから覚めつつある状態。

常染色体　Autosome　性染色体以外の染色体。

神経科学　Neuroscience　脳の構造と機能について調べる学問分野。

神経心理学　Neuropsychology　心理学の一分野で，脳損傷の結果及ぼされる認知機能への影響について調べる。

神経衰弱症　Neurasthenia　疲労や倦怠感が，純粋に肉体的原因に見合うと考えられるのよりも，しばしば上回っている状態。

信頼性　Reliability　心理学検査において，その検査がある能力を時間を超えてどれだけ一貫した計測値で計測できるか。

心理学　Psychology　人間の行動について調べる学問分野。

心理計測，精神測定　Psychometric　生体組織の直接観察できない特徴

についての計測。

生化学　Biochemistry　生体組織で生起する化学反応について研究する学問分野。

生体計測　Biometry　生体組織の観察可能な特徴についての計測。

生得説　Nativism　哲学における概念的枠組み（パラダイム）のひとつ。認知技能の多くは生まれつきのものだと考える人の見方。

生理学　Physiology　有機体の機能について調べる科学。

センセーショナル　Sensational　ここでは，感覚についての，という意味。

想像上の　Imaginal　想像力によって形成された心像に関わる，の意味。

続発症・後遺症　Sequelae　疾患の合併症。

対象間デザイン　Between design　実験方法のひとつで，複数のグループ（集団）間で差を検定する方法。

対象内デザイン　Within design　実験手法のひとつで，同じ被験者の成績を複数回計測して比較する方法。

対立遺伝子　Allele　染色体上のある特定の位置にある，対になった遺伝子の片方のこと。対立遺伝子の違いにより，髪の色や血液型などといった遺伝的な特徴が変わる。個人において，対立遺伝子のある形式（優性遺伝子）の特徴は，別の形式（劣性遺伝子）の特徴よりも，発現されやすい。

癲癇（てんかん）　Epilepsy　脳疾患のひとつ。脳波に異常が見られ，発作を引き起こすことがある。

電子　Electron　原子核の周りを回っている素粒子。

同型接合　Homozygous　ある遺伝子について，両親からそれぞれ受け継いだ遺伝子の種類（優性・劣性）が同じである場合のこと。

独立変数　Independent variable　実験において実験者が制御可能な変数。

入眠（状態）　Hypnogogia　眠りに就きつつある状態。

ニューロン，神経細胞　Neuron　電気化学的な情報を運ぶのに特化した細胞。

認知主義　Cognitivism　心理学における概念的枠組み（パラダイム）のひとつ。その研究の焦点は心（精神）にある。

俳句　Haiku　17 音節からなる日本の詩の一形式。

標準偏差　Standard deviation　次の数式で与えられる統計概念：ここで，s は標準偏差，N はデータ数，xi は各計測値，x バーは全計測値の平均である。

$$s=\sqrt{\frac{\sum_{i=1}^{N}(x_i-\bar{x})^2}{N}}$$

物理学　Physics　エネルギーや物質の特性や，またそれらの間の関係について調べる科学。

物理主義　Physicalism　世界は質量エネルギーからできており，それだけが実在するものである，と考える哲学の立場。

ブローカ野　Broca's area　解剖学的には左前頭葉の第三脳回にあり，ポール・ブローカにより言語産出の神経基盤であると仮定された脳部位。

ミエリン　Myelin　神経細胞を覆っている脂肪質の組織で，絶縁体としての役割を果たす。

味覚　Gustatory　味の感覚のこと。

モジュール性　Modularity　ヒトの脳機能についての見方のひとつ。認知は，凝集性のある技能が集まってゆるやかに組み合わされたものとして，分解することができる，という考え。

優性（遺伝子）　Dominant　ある特徴（形質）をほとんどすべての場合に出現させる遺伝子。たとえば何かの病気などで，患者のゲノムにはその遺伝子が（対になったうちの）片方しかない場合でも病気が出現する。ある優性遺伝子が子に受け渡される確率は，胎児それぞれにつき半々である。

量的な　Quantitative　量の違いに関する，という意味。

劣性（遺伝子）　Recessive　両親のそれぞれからひとつずつ，2つの突然変異した遺伝子を受け継いだ患者だけに，遺伝性疾患が表れるようである。